NEUER
WOHNUNGSBAU
IN DEN NIEDERLANDEN

KONZEPTE
TYPOLOGIEN
PROJEKTE

NEUER
WOHNUNGSBAU
IN DEN NIEDERLANDEN

LEONHARD SCHENK
ROB VAN GOOL

DEUTSCHE VERLAGS-ANSTALT

LEEUWARDEN
06 10 12

GRONINGEN
05 32 53 58

HEERENVEEN
30

LELYSTAD
16 40 57

21 22 27
31 34 44
45 47 49
51
AMSTERDAM

18 56
ALMERE

08 15
HAARLEM + VIJFHUIZEN

43
NIEUW-VENNEP

55
ENSCHEDE

HUIZEN
14

LEIDERDORP
09

LEIDSCHE
RIJN
50

UTRECHT
07 42

HAAKSBERGEN
02

DEN HAAG
59

WAGENINGEN
26

WINTERSWIJK
24

ROTTERDAM
11 29 36 37
46 48 52

CULEMBORG
28 39

38
EMPEL

35
KAATS-
HEUVEL

'S-HERTOGENBOSCH
13

BREDA
41

ROOSENDAAL
23

TILBURG
17 54

04 19 20 25 33
EINDHOVEN

STEENSEL
01

VENLO
03

INHALT

INHALT

IM WESTEN NICHTS NEUES?

Einführung

Die Niederländer gehören, genau wie die Deutschen, zu den reiselustigen Nationen. Zu ihren beliebtesten Urlaubszielen zählt das Sauerland, das sich jeden Winter in eine Hochburg niederländischer Skifahrer verwandelt. ▪ Unsere Nachbarn reagieren verwundert, wenn sie hören, dass Nordrhein-Westfalen (wozu das Sauerland gehört) mit rund 18 Millionen Einwohnern und einer Bevölkerungsdichte von 528 Einwohnern pro Quadratkilometer noch dichter besiedelt ist als ihr Heimatland. Ein Niederländer kann sich kaum vorstellen, dass ein Land trotz hoher Dichte eine derart großzügige landschaftliche Kulisse besitzt. Zudem passt die relative große Zahl freistehender Einfamilienhäuser nicht in das Bild einer dichten Besiedelung, ebenso wenig wie die niedrigen Immobilienpreise.

All dies spiegelt vereinfacht die komplizierte Raumordnungs- und Wohnungsproblematik wider, mit der sich die Niederländer im so genannten Post-Vinex-Zeitalter auseinandersetzen müssen (zum Vinex-Programm siehe Interview S. 20).
Berücksichtigt man beispielsweise, dass die Gesamtbevölkerung der Niederlande zwischen 1970 und 2000 um 20 Prozent zugenommen hat, während die Siedlungsflächen um 60 Prozent und die Zahl der Haushalte um 70 Prozent angewachsen sind, wird das angespannte Verhältnis zwischen ökologischen Zielen und Ansprüchen der Wohlstandsgesellschaft deutlich. Bedenkt man außerdem, dass zwischen 1991 und 2001 eine Verdreifachung (!) der Immobilienpreise in den Stadtagglomerationen zu verzeichnen war, stellt sich auch die Frage nach Gewinnern und Opfern dieser rasanten Entwicklung.[1]

Tabelle 01
BEVÖLKERUNG – WOHNUNGSBESTAND

	Bevölkerung [Gesamtzahl]	Wohnungsbestand	Wohnungen [Zahl]	Wohneinheiten [Zahl]	Ferienwohnungen [Zahl]	Wohnkapazität in Einrichtungen [Zahl]	Wachstumsraten [‰]	Wohnungsdichte [Wohnungen/km²]	Gesamtwert [×1.000.000 Euro]	durchschn. Wert [×1.000 Euro]	Neubauwohnungen	fertiggestellte Wohnungen [Gesamtzahl]	Eigentumswohnungen [%]	Mietwohnungen [%]	EFH [%]	MFH [%]
1995	15 424 122	6 191 922	93 717	73 117	316 922	13,6	183				93 836	69,0	31,0	74,1	25,9
1996	15 493 889	6 276 045	95 719	75 588	320 100	13,0	185				88 934	65,1	34,9	68,6	31,4
1997	15 567 107	6 357 569	98 718	78 109	318 393	13,0	188	497 622	79		92 315	72,0	28,0	71,0	29,0
1998	15 654 192	6 440 511	101 267	80 811	320 903	12,7	190	506 831	79		90 516	76,3	23,7	73,0	27,0
1999	15 760 225	6 522 362	103 807	84 860	324 961	10,3	193	518 055	80		78 625	77,6	22,4	73,3	26,7
2000	15 863 950	6 589 662	107 211	87 463	321 170	9,3	195	528 177	80		70 650	78,5	21,5	75,3	24,7
2001	15 987 075	6 650 911	108 633	89 197	346 250	8,8	196	878 075	131		72 958	80,7	19,3	74,4	25,6
2002	16 105 285	6 709 732	108 572	90 442	346 011	8,1	198	890 944	132		66 704	81,0	19,0	74,3	25,7
2003	16 192 572	6 764 066	108 901	92 225	349 096	6,7	200	903 745	133		59 629	78,2	21,8	72,5	27,5
2004	16 258 032	6 809 581	111 181	93 438	345 768	7,2	202	915 686	134		65 314	78,4	21,6	75,0	25,0
2005	16 305 526	6 858 719	111 851	95 122	347 086	7,8	203	1 384 175	200		67 016	74,8	25,2	70,4	29,6
2006	16 334 210	6 912 405	112 421	96 722	345 981	7,9	205	1 401 463	201		72 382	72,1	27,9	65,0	35,0
2007	16 357 992	6 967 046	114 127	98 622	347 116	8,8	206	1 523 442	217		80 193	71,6	28,4	61,7	38,3
2008	16 405 399	7 043 212	115 110	101 244	348 905	9,0	209	1 633 174	233		78 882	69,9	30,1	61,0	39,0

GA = großstädtische Agglomeration · Datenquelle: CBS – Centraal Bureau voor Statistiek, Heerlen, NL · Stichtag: 01.01.

Tabelle 02
BODENNUTZUNG [HA]

	1989	1996	2000	2003	2006
gesamte Fläche	3 985 794	4 152 618	4 152 803	4 152 795	4 154 307
Verkehrsfläche	130 553	112 503	113 039	114 268	115 955
Eisenbahn, Straßenbahn und U-Bahn	10 132	9 060	8 782	8 400	8 513
Straßen	117 235	100 842	101 622	103 626	104 994
Flugplätze	3 186	2 601	2 636	2 242	2 451
bebaute Flächen	296 962	304 823	318 330	328 867	337 927
Wohngebiete	210 131	213 770	221 141	223 891	227 810
Einzelhandel und Gastronomie	6 988	4 438	4 592	6 249	7 059
öffentliche Einrichtungen	9 778	11 484	11 486	12 193	11 874
sozial-kulturelle Einrichtungen	15 830	15 153	15 167	15 448	15 636
Gewerbe und Industrie	47 781	59 980	65 943	71 086	75 547
semi-bebaute Flächen		37 780	48 573	50 615	52 849
Mülldeponien	2 201	2 844	2 693	2 734	2 615
Schrottplätze	429	513	525	537	542
Friedhöfe	3 745	3 890	3 991	4 116	4 156
Abbauland	6 455	3 069	3 187	3 112	3 121
Bauland	21 470	21 736	32 713	34 890	37 625
übrige semi-bebaute Flächen	6 788	5 728	5 463	5 226	4 730
Freizeit und Naherholung	76 099	86 166	88 877	93 702	96 311
Parks	14 788	22 672	24 011	26 675	27 716
Sport	26 872	31 081	31 484	32 218	33 374
Erholung	12 150	4 062	3 957	3 908	3 906
Schrebergärten	4 397	9 951	10 255	10 607	10 631
Campingplätze, Ferienhausanlagen, etc.	17 892	18 401	19 151	20 293	20 674
Landwirtschaft	2 399 136	2 360 382	2 326 047	2 304 074	2 285 799
Gewächshäuser	12 708	13 887	14 981	15 660	16 241
übrige landwirtschaftliche Flächen	2 386 428	2 346 494	2 311 066	2 288 414	2 269 558
Wald und Naturflächen		478 396	483 443	484 090	484 024
Wald	309 821	344 079	350 138	346 374	344 700
trockene Naturflächen	86 668	83 571	83 257	83 587	84 591
feuchte Naturflächen	53 989	50 746	50 079	54 129	54 332
Binnengewässer		355 267	357 440	359 815	362 628
IJsselmeer / Markermeer		183 503	183 251	183 170	183 168
eingeschlossene Meerflächen		32 122	32 039	32 121	32 141
Rhein und Maas		18 055	18 057	17 913	18 038
Randmeer		14 313	14 039	15 627	15 432
Sammelbecken	1 175	1 252	1 244	1 248	1 245
Freizeitgewässer	3 834	8 799	8 991	9 680	9 700
Baggerseen		2 614	2 869	2 942	3 325
Schlammflächen		629	748	693	548
übriges Binnengewässer		93 981	96 124	96 420	98 731
Außengewässer		417 301	417 032	417 363	418 315
Wattenmeer, Ems, Dollart	259 344	259 135	259 550	257 265	257 164
Oosterschelde		34 596	34 582	34 585	34 584
Westerschelde	64 401	29 779	29 783	29 855	29 875
Nordsee	94 482	93 792	93 317	95 657	97 198

Datenquelle: CBS – Centraal Bureau voor Statistiek, Heerlen, NL · Stichtag: 01.01.

Tabelle 03
HAUSHALTE

	nach Größe							nach Zusammensetzung			
	Haushalte [Gesamtzahl]		2 Personen	3 Personen	4 Personen	5 oder mehr Personen				ohne Kinder	mit Kindern
1995	6 468 682	2 109 149	4 359 533	2 058 363	903 381	957 174	440 615	2,35	2 109 149	4 359 533	1 886 794	2 472 739
1996	6 517 804	2 123 782	4 394 022	2 097 196	898 954	952 641	445 231	2,34	2 123 782	4 394 022	1 919 610	2 474 412
1997	6 580 943	2 157 561	4 423 382	2 136 268	893 037	948 593	445 484	2,33	2 157 561	4 423 382	1 958 645	2 464 737
1998	6 655 891	2 201 317	4 454 574	2 175 326	889 811	943 693	445 744	2,32	2 201 317	4 454 574	1 995 267	2 459 307
1999	6 745 411	2 254 631	4 490 780	2 215 304	892 410	938 934	444 132	2,30	2 254 631	4 490 780	2 033 473	2 457 307
2000	6 801 008	2 272 219	4 528 789	2 242 256	897 408	943 509	445 616	2,30	2 272 219	4 528 789	2 062 123	2 466 666
2001	6 866 954	2 307 075	4 559 879	2 258 102	901 442	950 980	449 355	2,30	2 307 075	4 559 879	2 073 831	2 486 048
2002	6 934 263	2 344 903	4 589 360	2 275 136	903 225	959 431	451 568	2,29	2 344 903	4 589 360	2 082 747	2 506 613
2003	6 995 724	2 383 580	4 612 144	2 292 761	903 778	964 621	450 984	2,28	2 383 580	4 612 144	2 095 156	2 516 988
2004	7 049 280	2 423 950	4 625 330	2 302 372	904 913	969 062	448 983	2,28	2 423 950	4 625 330	2 099 479	2 525 851
2005	7 090 965	2 449 378	4 641 587	2 317 627	905 839	973 043	445 078	2,27	2 449 378	4 641 587	2 110 295	2 531 292
2006	7 146 088	2 502 084	4 644 004	2 328 134	902 872	973 351	439 647	2,26	2 502 084	4 644 004	2 114 857	2 529 147
2007	7 190 543	2 536 891	4 653 652	2 347 504	900 559	972 325	433 264	2,25	2 536 891	4 653 652	2 128 727	2 524 925
2008	7 242 202	2 571 014	4 671 188	2 371 615	900 475	971 097	428 001	2,24	2 571 014	4 671 188	2 148 277	2 522 911
2009	7 312 579	2 619 394	4 693 185	2 396 462	901 234	971 092	424 397	2,23	2 619 394	4 693 185	2 166 972	2 526 213

Datenquelle: CBS – Centraal Bureau voor Statistiek, Heerlen, NL · Stichtag: 01. 01.

Das vorliegende Buch setzt sich aber nicht explizit mit den Problemen des niederländischen Wohnungsbaus auseinander. Auch soll es nicht als eine umfassende Studie der aktuellen Wohnungsbauarchitektur verstanden werden. Vielmehr soll die Projektauswahl einen Einblick in die niederländische »Architekturküche« geben, in der mit sehr individuellen Ansätzen immer wieder neue Antworten auf die Frage gesucht werden: Wie wohnen wir? Die kreativen Lösungen, mal mutig, mal ambitioniert, mal bescheiden und mal radikal, vermitteln nicht zuletzt ein Bild von einem Land, in dem sich Architekten und die Architektur wieder einen angesehenen Platz in der Gesellschaft zurückerobert haben. ▍ Richtig neidvoll kann (und darf) man werden, wenn man sieht, dass in den Niederlanden die architektonische Kultur nicht einer auserlesenen Gruppe von Liebhabern vorbehalten bleibt, sondern in alle gesellschaftlichen Schichten vordringt und über politische und religiöse Orientierungen hinweg als geschätztes Gemeingut fest in der Gesellschaft verankert ist. Ein kurzer Spaziergang durch ein Neubaugebiet genügt, um einen Eindruck von der Vielfalt der Architektur zu bekommen und sich über die überraschend vielen neu errichteten und qualitativ hochwertigen Wohngebäude zu freuen. ▍ Die Niederländer lassen sich diese Qualität etwas kosten, wie das Zentrum für Niederlande-Studien der

Universität Münster belegt. Der »Kulturbericht 2003«[2] sprach von etwa 26,3 Millionen Euro, die für die Architekturförderung bereitgestellt wurden. Aufgeteilt auf zwei Architekturfonds, wurde vor allem die Generation der Nachwuchsarchitekten mit Starthilfen unterstützt. Alleine der »Stimuleringsfonds voor Architectuur« hatte im Krisenjahr 2009 ein Budget von 4 500 000 Euro.[3] ▍ Diese kulturfreundliche Haltung kann zum Teil der kollektiven Identität der Niederländer zugeschrieben werden, aber sie lässt sich auch als Äußerung einer Wohlstandsgesellschaft deuten, einer Gesellschaft die sich diesen Luxus leisten kann und leisten will. Das war nicht immer so: Wenn Ausländer im 18. Jahrhundert die Vereinigte Republik beschrieben, bemängelten sie die Kleinkariertheit und Geldgier der Niederländer, ihre Beschränktheit und Spießbürgerlichkeit. So beschrieb Goethe den »Philister« vor einem niederländischen Hintergrund. Die Niederlande seien neblig und kalt, düster und ohne Aufregung, voller langweiliger Menschen mit wenig Fantasie, die ebenso geradlinig seien wie ihre Kanäle und so flach wie ihre Polder.[4] ▍ Dass diese Einschätzung von einer Vergangenheit zeugt, die mit den Niederlanden von heute wohl kaum noch Gemeinsamkeiten hat, zeigen zum Beispiel die unzähligen Architekturwallfahrten, die von Wohnungsbaugesellschaften und Bauämtern orga-

nach Zusammensetzung		0 Kinder	1 Kind	2 Kinder	3 oder mehr Kinder		0 Kinder	1 Kind	2 Kinder	3 oder mehr Kinder		1 Kind	2 Kinder	3 oder mehr Kinder	
518 116	418 506	56 057	33 137	10 416	3 436 991	1 424 616	728 233	892 368	391 769	360 754	218 280	106 362	36 112	43 572	**1995**
552 889	441 052	62 981	37 142	11 714	3 429 247	1 435 447	715 441	883 327	395 032	368 775	222 766	108 547	37 462	43 111	**1996**
583 194	459 903	69 317	41 187	12 787	3 425 385	1 455 587	701 275	874 144	394 379	371 648	223 547	109 807	38 294	43 155	**1997**
609 834	475 782	75 638	45 115	13 299	3 427 189	1 477 038	690 979	865 371	393 801	375 104	225 059	111 001	39 044	42 447	**1998**
633 625	486 080	82 640	50 418	14 487	3 434 157	1 504 022	684 586	854 589	390 960	379 627	227 530	112 411	39 686	43 371	**1999**
657 579	494 809	91 151	55 846	15 773	3 440 642	1 521 063	677 297	852 005	390 277	384 317	229 199	114 434	40 684	46 251	**2000**
674 085	495 693	98 842	62 177	17 373	3 442 027	1 530 722	668 308	851 878	391 119	396 351	235 764	118 808	41 779	47 416	**2001**
696 290	499 191	107 561	70 301	19 237	3 432 715	1 534 892	655 673	851 806	390 344	411 691	244 768	123 617	43 306	48 664	**2002**
714 200	500 064	115 018	78 087	21 031	3 425 384	1 546 656	644 675	847 733	386 320	424 124	251 141	128 189	44 794	48 436	**2003**
726 722	495 214	121 790	86 971	22 747	3 416 714	1 556 343	636 458	842 377	381 536	433 972	256 674	131 804	45 494	47 922	**2004**
747 056	498 513	128 480	95 578	24 485	3 402 433	1 563 808	626 291	836 838	375 496	444 124	262 189	135 863	46 072	47 974	**2005**
759 189	495 029	133 591	104 090	26 479	3 384 769	1 572 152	615 951	828 173	368 493	452 370	267 647	138 547	46 176	47 676	**2006**
777 059	496 187	139 157	113 095	28 620	3 369 128	1 583 956	605 544	818 991	360 637	458 881	272 499	140 596	45 786	48 584	**2007**
800 022	501 445	145 909	121 837	30 831	3 354 949	1 596 319	596 053	809 235	353 342	465 704	278 051	142 199	45 454	50 513	**2008**
819 717	505 151	151 229	130 348	32 989	3 346 156	1 609 418	589 048	800 178	347 512	474 909	285 206	144 034	45 669	52 403	**2009**

nisiert werden und die Niederlande zu einem beliebten Reiseziel von Architekten und Stadtplanern machen. Das Ministerium für auswärtige Angelegenheiten der Niederlande bezeichnet die niederländische Architektur auf seiner Internetseite sogar als Exportschlager.[5]
Diese Publikation möchte jedoch keine Leistungsschau des niederländischen Wohnungsbaus präsentieren, sondern versucht anhand der vorgestellten Projekte auch die Kurswechsel zu dokumentieren, die seit dem Ende der Vinex-Ära fast unmerklich verlaufen und sich dennoch in die lange Tradition des niederländischen Wohnungsbaus einfügen. Auch wenn die Medien inzwischen mehr über die niederländische Architekturszene insgesamt als über den Wohnungsbau berichten, lohnt ein Blick über die Grenze und zeigt, wie fruchtbar und kreativ der Wohnungsbau dort immer noch ist. ▍ Die präsentierten Wohnungsbauprojekte zeigen die Vielfalt der aktuellen niederländischen Wohnungsbaukultur auf. Die Beispiele sind nach einer Gebäudetypologie geordnet, die zwar keine theoretische Schärfe besitzt, aber eine übersichtliche Gliederung des bunten Spektrums der Arbeiten ermöglicht. Zusätzlich wird jedes Projekt mehreren Leitbegriffen zugeordnet, die die jeweilige örtliche Situation, thematische Schwerpunkte und weitere besondere Merkmale auf vereinfachte Art zusammenfassen.

01 Kunstprojekt in Tilburg: rotierendes, freigestelltes Reihenhaus inmitten eines Kreisverkehrs. Künstler: John Körmeling

Tabelle 04

EIGENTUMSWOHNUNGEN

	Wohnungen - alle Typen					EFH - alle Typen					EFH_RH - Zwischenwohnung					EFH_RH - Eckwohnung				
	Verkaufspreisindex [2005 = 100]	Verkaufspreisindex | relativer Wert pro Jahr [%]	verkaufte Wohnungen [Stückzahl]	verkaufte Wohnungen | relativer Wert pro Jahr [%]	durchschnittlicher Verkaufspreis [Euro]	Verkaufspreisindex [2005 = 100]	Verkaufspreisindex | relativer Wert pro Jahr [%]	verkaufte Wohnungen [Stückzahl]	verkaufte Wohnungen | relativer Wert pro Jahr [%]	durchschnittlicher Verkaufspreis [Euro]	Verkaufspreisindex [2005 = 100]	Verkaufspreisindex | relativer Wert pro Jahr [%]	verkaufte Wohnungen [Stückzahl]	verkaufte Wohnungen | relativer Wert pro Jahr [%]	durchschnittlicher Verkaufspreis [Euro]	Verkaufspreisindex [2005 = 100]	Verkaufspreisindex | relativer Wert pro Jahr [%]	verkaufte Wohnungen [Stückzahl]	vk. Wohn. | rel. Wert p. J. [%]	durchschn. Vkp. [E
1995	39,9		154 568		93 750	39,8		111 879		101 412	42,6		50 355		88 628	41,7		20 476		94 962
1996	44,2	10,8	175 751	13,7	102 607	44,2	10,9	126 186	12,8	110 965	46,9	10,1	58 216	15,6	95 760	45,8	9,8	23 647	15,5	102 174
1997	49,4	11,9	185 634	5,6	113 163	49,4	12,0	130 715	3,6	123 001	52,2	11,4	61 565	5,8	106 480	51,1	11,6	24 664	4,3	113 206
1998	54,8	10,9	192 622	3,8	124 540	54,8	10,8	136 659	4,5	134 541	57,2	9,5	66 263	7,6	116 227	56,2	10,0	25 980	5,3	123 560
1999	63,8	16,3	204 538	6,2	144 778	63,7	16,3	142 071	4,0	157 086	65,2	14,1	67 710	2,2	132 923	65,1	15,7	26 707	2,8	141 780
2000	75,4	18,2	189 358	-7,4	172 050	75,3	18,2	128 719	-9,4	188 197	75,7	16,1	61 608	-9,0	156 957	76,1	16,9	23 683	-11,3	169 910
2001	83,7	11,1	195 737	3,4	188 397	83,5	10,9	131 917	2,5	205 648	83,4	10,2	63 774	3,5	172 236	83,8	10,1	24 686	4,2	185 480
2002	89,1	6,4	198 386	1,4	199 752	88,7	6,2	133 058	0,9	217 899	89,1	6,8	64 743	1,5	184 666	89,1	6,4	24 950	1,1	197 883
2003	92,4	3,6	193 406	-2,5	204 829	91,9	3,6	128 863	-3,2	223 818	92,9	4,3	62 452	-3,5	192 385	92,3	3,6	24 244	-2,8	203 498
2004	96,3	4,3	191 941	-0,8	212 723	96,1	4,5	126 558	-1,8	233 103	96,4	3,8	61 586	-1,4	199 425	96,5	4,5	23 389	-3,5	212 718
2005	100,0	3,8	206 629	7,7	222 706	100,0	4,1	138 721	9,6	243 706	100,0	3,7	68 513	11,2	208 205	100,0	3,6	26 844	14,8	220 914
2006	104,5	4,5	209 767	1,5	235 843	104,7	4,7	141 791	2,2	257 208	104,2	4,2	71 305	4,1	220 218	104,4	4,4	26 136	-2,6	233 086
2007	109,0	4,2	202 401	-3,5	248 325	109,0	4,2	134 988	-4,8	271 472	108,3	3,9	64 656	-9,3	228 597	108,6	4,0	25 862		243 055
2008.07	112,8	3,0	17 597	-3,4	258 178	112,8	3,0	12 120	-2,2	280 466	111,9	2,8	5 943	-0,5	238 819	112,3	2,6	2 368	-0,9	247 024
2008.08	113,5	2,7	15 469	-20,9	261 948	113,4	2,7	10 633	-19,5	285 728	112,7	3,0	5 192	-17,4	241 983	112,7	2,7	2 079	-18,0	253 336
2008.09	112,9	2,5	15 374	6,9	258 314	112,8	2,6	10 245	8,9	283 261	111,8	2,5	4 958	10,7	240 431	111,9	1,9	2 037	9,5	251 252
2008.10	112,9	2,3	16 568	-1,6	259 137	112,8	2,3	11 329	0,2	281 790	112,3	2,7	5 440	1,2	238 340	112,4	2,4	2 214	0,5	250 978
2008.11	111,8	1,0	11 619	-35,7	245 292	111,8	0,9	7 781	-36,1	268 197	111,5	2,0	3 823	-35,4	229 100	110,3	1,0	1 566	-32,6	237 360
2008.12	112,1	1,6	16 780	-14,7	252 145	111,9	1,6	11 547	-12,8	273 958	111,5	1,5	5 666	-9,7	232 984	111,9	1,8	2 166	-11,1	247 226
2008	112,2	2,9	182 392	-9,9	254 918	112,1	2,8	122 909	-8,9	277 801	111,3	2,8	59 689	-7,7	235 042	111,5	2,7	23 949	-7,4	248 318
2009.01	112,3	1,2	8 700	-28,6	255 906	112,4	1,1	5 809	-27,3	281 836	110,8	0,7	2 923	-24,2	240 179	111,1	0,6	1 107	-26,3	249 108
2009.02	111,1	-0,5	8 906	-40,9	247 830	111,2	-0,4	6 049	-40,4	271 153	110,8	0,2	2 945	-38,8	232 991	110,1	-1,5	1 227	-39,9	241 451
2009.03	110,1	-1,5	9 612	-29,8	240 130	110,3	-1,3	6 255	-28,8	265 601	109,8	-0,8	3 042	-29,0	226 203	109,4	-1,7	1 281	-23,1	239 392
2009.04	109,5	-2,2	10 073	-45,5	238 277	109,7	-2,1	6 644	-46,9	262 659	108,5	-2,2	3 266	-46,1	222 952	109,0	-2,1	1 354	-44,3	240 592
2009.05	108,7	-2,5	10 275	-25,9	236 447	108,7	-2,4	6 842	-25,5	258 133	108,3	-2,6	3 482	-22,9	223 425	108,0	-2,5	1 316	-26,3	235 451
2009.06	107,8	-3,7	9 921	-36,7	231 684	107,5	-3,6	6 575	-38,3	250 744	107,6	-2,8	3 294	-35,9	221 166	106,3	-4,3	1 362	-35,0	226 012

Datenquelle: CBS – Centraal Bureau voor Statistiek, Heerlen, NL · Stichtag: 01. 01.

DHH Verkaufspreisindex [2005 = 100]	DHH Verkaufspreisindex | relativer Wert pro Jahr [%]	DHH verkaufte Wohnungen [Stückzahl]	DHH verkaufte Wohnungen | relativer Wert pro Jahr [%]	DHH durchschnittlicher Verkaufspreis [Euro]	FEFH Verkaufspreisindex [2005 = 100]	FEFH Verkaufspreisindex | relativer Wert pro Jahr [%]	FEFH verkaufte Wohnungen [Stückzahl]	FEFH verkaufte Wohnungen | relativer Wert pro Jahr [%]	FEFH durchschnittlicher Verkaufspreis [Euro]	MFH_Geschosswohnungen Verkaufspreisindex [2005 = 100]	MFH Verkaufspreisindex | relativer Wert pro Jahr [%]	MFH verkaufte Wohnungen [Stückzahl]	MFH verkaufte Wohnungen | relativer Wert pro Jahr [%]	MFH durchschnittlicher Verkaufspreis [Euro]	Wohnungen_unbekannt Verkaufspreisindex [2005 = 100]	Wohn. Verkaufspreisindex | relativer Wert pro Jahr [%]	Wohn. verkaufte Wohnungen [Stückzahl]	Wohn. verkaufte Wohnungen | relativer Wert pro Jahr [%]	Wohn. durchschnittlicher Verkaufspreis [Euro]	Jahr
40,3		19 279		102 034	34,4		21 769		136 501	40,0		32 423		65 009			13 266			1995
44,7	11,1	20 695	7,3	113 727	38,8	12,8	23 628	8,5	154 803	44,1	10,3	38 121	17,6	72 285			11 444	11,5		1996
50,0	11,7	21 214	2,5	127 032	44,0	13,3	23 272	-1,5	173 414	49,2	11,6	43 214	13,4	80 388			11 705	2,3		1997
55,7	11,6	21 750	2,5	140 066	49,7	13,0	22 666	-2,6	195 365	54,8	11,3	43 514	0,7	89 484			12 449	6,4		1998
64,4	15,5	22 893	5,3	165 205	59,9	20,6	24 761	9,2	232 163	63,8	16,4	48 445	11,3	105 022			14 022	12,6		1999
76,0	18,0	20 977	-8,4	196 319	73,6	22,8	22 451	-9,3	285 622	75,3	18,0	47 226	-2,5	124 177			13 413	-4,3		2000
84,4	11,1	21 163	0,9	214 618	82,7	12,3	22 294	-0,7	315 043	84,5	12,2	49 998	5,9	138 613			13 822	3,0		2001
89,5	6,1	21 452	1,4	228 436	87,2	5,5	21 913	-1,7	328 562	90,8	7,5	52 231	4,5	148 882			13 097	-5,2		2002
92,2	2,9	20 857	-2,8	232 405	89,8	3,0	21 310	-2,8	330 651	94,2	3,8	51 790	-0,8	153 562			12 753	-2,6		2003
96,3	4,5	20 020	-4,0	242 995	95,1	5,9	21 563	1,2	342 217	97,1	3,1	52 967	2,3	158 983			12 416	-2,6		2004
100,0	3,8	21 525	7,5	257 004	100,0	5,1	21 839	1,3	369 966	100,0	3,0	54 353	2,6	164 914			13 555	9,2		2005
104,9	4,9	22 092	2,6	271 937	105,7	5,7	22 258	1,9	389 411	104,0	4,0	52 657	-3,1	173 973			15 319	13,0		2006
108,9	3,8	21 609	-2,2	283 259	110,9	4,9	22 861	2,7	413 759	108,7	4,5	54 608	3,7	185 747			12 805	-16,4		2007
113,0	3,6	1 869	-5,6	303 699	114,6	3,2	1 940	-5,6	426 483	113,1	3,3	4 979	-3,5	197 038			498	-24,9		2008.07
113,2	2,8	1 646	-21,5	306 481	115,3	1,9	1 716	-25,2	437 419	114,2	3,1	4 414	-21,8	198 531			422	-39,9		2008.08
113,6	3,4	1 608	10,7	302 582	114,8	2,6	1 642	1,7	433 377	113,2	2,4	4 669	5,4	194 937			460	-16,8		2008.09
112,9	2,4	1 841	1,6	299 227	113,9	1,4	1 834	-4,2	430 362	113,3	2,4	4 739	-4,9	198 178			500	-8,3		2008.10
113,3	2,0	1 180	-39,2	294 625	112,2	-1,9	1 212	-39,4	405 634	112,2	1,6	3 552	-33,3	188 574			286	-49,2		2008.11
111,0	0,9	1 780	-19,1	284 687	113,6	2,3	1 935	-17,1	413 991	112,6	1,6	4 768	-16,8	192 214			455	-32,5		2008.12
111,9	2,8	19 303	-10,7	294 737	114,0	2,8	19 968	-12,7	424 608	112,6	3,5	54 117	-0,9	195 121			5 366	-58,1		2008
112,7	1,7	853	-33,6	281 736	116,0	1,7	926	-31,2	452 544	111,9	1,2	2 647	-30,7	191 567			244	-37,4		2009.01
111,6	-0,5	913	-42,5	287 370	112,6	-0,4	964	-43,4	410 132	110,6	-1,3	2 593	-41,8	188 088			264	-44,9		2009.02
109,2	-1,3	989	-28,7	281 188	112,5	-1,9	943	-35,2	411 945	109,4	-2,6	3 096	-29,6	181 621			261	-49,1		2009.03
110,8	-0,4	1 029	-47,6	279 094	111,4	-3,2	995	-51,4	406 023	108,6	-2,8	3 170	-42,0	180 610			259	-48,5		2009.04
108,4	-1,5	1 041	-27,8	263 329	110,4	-2,6	1 003	-30,3	402 991	108,7	-2,9	3 172	-26,0	182 643			261	-34,8		2009.05
107,4	-3,6	1 010	-41,0	258 720	108,5	-4,4	909	-46,5	386 125	108,8	-4,2	3 077	-32,7	183 652			269	-40,2		2009.06

Ein Blick zurück: Die letzten zehn Jahre

Seit der Einführung des Wohnungsbaugesetzes zur Linderung des Wohnungsmangels vor etwa 100 Jahren haben hohe Produktionszahlen das Wohnungswesen und die Wohnungsbaupraxis in den Niederlanden bestimmt. Rückblickend ist feststellbar, dass die Rationalisierung der Bauproduktion und die staatliche Fürsorge zu einer begrenzten Wohnungsauswahl und einem eingeschränkten Wohnungsmarkt geführt haben. Erst Ende der 1980er Jahre wurde mit einer beispiellosen Liberalisierungspolitik der Weg für ein neues – nicht immer glanzvolles – Kapitel in der Geschichte des niederländischen Wohnungsbaus freigemacht.

Die unerwartete, explosionsartige Entwicklung der Wohnungsnachfrage erforderte das rasche Eingreifen des Staates. Mit den großen, staatlich geförderten Siedlungen der 1990er Jahre, den sogenannten Vinex-Siedlungen, wurde der niederländische Wohnungsbau zu einem schöpferischen und wirtschaftlichen Erfolg. Das Vinex-Programm, resultierend aus dem Anhang zum »Vierten Bericht der Raumordnung« (1988), ist als ergänzendes Wohnungsbaupaket zu den umfassenden Infrastrukturmaßnahmen des Raumordnungsberichts zu verstehen. Ursprünglich hatte es das Konzept der kompakten Stadt zum Leitbild und forderte die »Konzentration weiterer Wohnungsbauaktivitäten auf die Stadtgebiete an sich«. Es war nämlich deutlich geworden, dass eine weitere Urbanisierung der »Randstadt« – der städtischen Agglomeration im Westen des Landes – nicht aufzuhalten war. Der Anhang zum »Vierten Bericht« war ein indirekter Versuch, die negativen Folgen für die Umwelt möglichst gering zu halten. Die Hoffnung war, dass sich der Pendlerverkehr mit dem Ausbau des öffentlichen Personennahverkehrsnetzes deutlich verringern würde und dass mit dem Verkauf größerer Grundstücke am Stadtrand die Flucht der Besserverdienenden aufzuhalten wäre. ▍ Diese ehrgeizigen Ziele konnten jedoch nur in Einzelfällen konsequent umgesetzt und nicht alle Hoffnungen erfüllt werden. In dem Beitrag »Welcome to Vinex Country« (siehe S. 20) erklären Jelte Boeijenga und Jeroen Mensink das Vinex-Programm.

Die sozialökonomische Konsenspolitik unter Ministerpräsident Wim Kok (1994–2002), auch Poldermodell genannt, war die treibende Kraft hinter der wirtschaftlichen Expansion, die der niederländischen Gesellschaft Wohlstand brachte und einen erhöhten Konsum sowie eine sprunghafte Zunahme der Autokäufe generierte. Für viele Menschen lag der Erwerb eines eigenen Häuschens im Grünen nun im Bereich des Machbaren; die Durchsetzung flexibler Arbeitszeiten ermöglichte vielen Frauen die Teilnahme am Arbeitsleben und ließ das durchschnittliche verfügbare Haushaltseinkommen stark ansteigen. Wenn man außerdem die wachsende Zahl von Einpersonenhaushalten berücksichtigt, wird deutlich, welche dramatischen Auswirkungen diese Verschiebungen für Gesellschaft, Mensch, Natur und Wohnungsbau brachten.

Um die Jahrtausendwende meldete sich die niederländische Regierung – nach jahrelanger Zurückhaltung – zum Thema der Liberalisierung des Wohnungsmarktes als Wortführer zurück, und ist heute bestrebt, mehr Verantwortung für ihre Wohnungsbaupolitik zu übernehmen. ▍ In der »Nota Wonen – Mensen, Wensen, Wonen – Wonen in de 21e eeuw«[6] *(Bericht Wohnen – Menschen, Wünsche, Wohnen – Wohnen im 21. Jahrhundert)* vom November 2000 präsentiert die Regierung ihre Ziele für die nächsten zehn Jahre und skizziert Planungsstrategien für das 21. Jahrhundert. So sollen die Rollen zwischen Staat und Wohnungsmarkt neu verteilt werden, das Wohnungsangebot mehr soziale und gesellschaftliche Trends berücksichtigen und besser auf individuelle Ansprüche der Bürger abgestimmt werden. Der Bericht verweist auf verschiedene Analysen des Wohnungsmarkts, die eindeutig zeigen, dass beträchtliche Teile des Wohnungsbestands dem heutigen Bedarf nicht mehr entsprechen. Das ökonomische Wachstum hat die Forderung nach mehr Raum und Qualität hervorgerufen sowie den Wunsch nach mehr Mitbestimmung seitens der Bürger. Die bisher gängige »Konfektionsstrategie« des niederländischen Wohnungsbaus, so die »Nota Wonen«, könne den Anforderungen der Wohlstandsgesellschaft nicht mehr gerecht werden. Neue Strategien sollen die Wünsche der Bürger auf Grundlage maßgeschneiderter Ansätze besser erfüllen. Die daraus abgeleiteten Aufgaben konzentrieren sich auf fünf Schwerpunkte:

1. Partizipation und Mitbestimmung
2. Chancengleichheit
3. Förderung von Wohn-Pflege-Modellen
4. Verbesserung der städtischen Wohnqualität
5. Berücksichtigung der Nachfrage nach Wohnen im Grünen

02

03

1. Partizipation und Mitbestimmung

Auf dem Wohnungsmarkt wurden weder Wünsche und Vorstellungen der Wohnungseigentümer noch der Mieter ausreichend erfüllt. Der Einfluss der Bewohner auf die Gestaltung ihrer Wohnung und ihres Umfelds soll mit dem Instrument der Mitbestimmung auf mehreren Entscheidungsebenen im gesamten Planungs- und Bauprozess erhöht werden. ▌ So ist der Wallisblok in Rotterdam (siehe S. 118) das Ergebnis einer privaten Initiative, die durch Unterstützung der Stadt und mit viel Eigenleistung zustande gekommen ist. Ein ganzer Wohnblock wurde von einer Käufergemeinschaft umgebaut. Bemerkenswert ist die Zurückhaltung der Architektur, die trotz sehr individueller Wohnungen auf gestalterische Freiheiten verzichtet.

1.1 Verbesserung der Auswahlmöglichkeiten

Mithilfe differenzierter Wohntypen und vieler unterschiedlicher Wohnmilieus soll eine größere und qualitativ hochwertige Produktpalette für den Wohnkonsumenten bereitgestellt werden. ▌ Obwohl die Bauindustrie viel Geld und Wissen in die Entwicklung individueller Lösungen investiert hat, gibt es hier einen relativ geringen Spielraum der abhängig von Bau- und Produktionstechniken nur stark eingeschränkte Auswahlmöglichkeiten zulässt. Nach der politischen Absage an den produktionsorientierten Wohnungsbau wurde klar, dass keine grundlegenden Änderungen in der Entwicklung des gereihten Einfamilienhauses mehr zu erwarten waren.[7] ▌ Mit dem weit verbreiteten Bausystem, basierend auf Tunnelschalungen, sind außer Reihenhäusern aber genauso gut auch andere Bautypen zu realisieren. Die Hofbebauung im Chassé-Park in Breda (siehe S. 134) und das mehrgeschossige Wohngebäude Scherf 13 in Leidsche Rijn (siehe S. 162) zeigen die Flexibilität dieser Bauweise und lassen vermuten, dass sich die Tunnelschalung auch weiterhin wirtschaftlich behaupten wird.

1.2 Zertifizierung und Gütezeichen

Die Nachfrage nach hochwertigen Produkten und gestiegene Ansprüche an das Wohnumfeld haben zu Zertifizierungen verschiedenster Qualitätsmerkmale geführt. In der Hoffnung Käuferinteresse zu wecken, werden solche Gütezeichen – teilweise schon seit den 1990er Jahren – als Vermarktungsinstrument eingesetzt und sind inzwischen allgemein bekannt. So bieten auch die Polizeibehörden eine sehr beliebte Zertifizierung an, die »Politiekeurmerk Veilig Wonen« *(Polizeiliches Gütezeichen Sicheres Wohnen)*, mit der Wohnprojekte ausgezeichnet werden, die eine Reihe hoher Sicherheitsanforderungen erfüllen. Wohnungsbauprojekte können nach Wunsch vom Türbeschlag bis zum Bebauungsplan zertifiziert werden. ▌ Ein interessanter Aspekt bei dieser Zertifizierung ist die Unterteilung der Sicherheitsanforderungen in fünf Kategorien, die direkt an die jeweiligen Projektbeteiligten gekoppelt sind. So werden Gemeinde, Auftraggeber, Architekt, Bauunternehmer, Eigentümer und Bewohner aufgefordert, jeweils ihren Teil der Verantwortung zu übernehmen. Dies kann die Grundlage für eine dauerhafte Projektbindung schaffen.

2. Chancengleichheit

Bestimmte Teile der Gesellschaft drohen den Anschluss an die Gruppen der »Gewinner« zu verlieren. Davon sind vor allem Menschen betroffen, die weniger gut ausgebildet sind und zu den Geringverdienern gehören. Auch wenn die Wohnungspolitik die Ursachen der schwachen Position dieser Bevölkerungsgruppen auf dem Wohnungsmarkt nicht beseitigen kann, versucht sie doch durch Mietsubventionen und durch die Erhöhung des Kontingents bezahlbarer Mietwohnungen, das Angebot zu verbessern.

3. Förderung von Wohnungen für Pflegebedürftige

Die Zahl pflegebedürftiger Menschen wird in den nächsten Jahren stark wachsen. Die Politik fördert die Entwicklung maßgeschneiderter Konzepte, die die individuellen Bedürfnisse und Wünsche dieser Menschen berücksichtigen. ▌ Ein gutes Beispiel dafür ist das BonVie-Zentrum in Culemborg (siehe S. 128), dessen elegantes Erscheinungsbild nicht an ein Pflegeheim erinnert. Das integrative Konzept dieser Einrichtung sieht die künftige Versorgung der benachbarten Wohngebiete vor und kann damit eine wichtige soziale Rolle im Quartier übernehmen, statt eine »Endstation« zu sein.

4. Verbesserung der Wohnqualität in den Städten

Im Vergleich zum ländlichen Raum hat sich die Wohn- und Lebensqualität in den Städten kontinuierlich verschlechtert. Zwar blieben die Bevölkerungsverluste der großen Städte aufgrund von Immigration aus nichteuropäischen Staaten gering, und es wurde mit umfangreichen Umgestaltungs- und Neubauprogrammen versucht, den Prozess der Stadterneuerung voranzubringen, doch konnten die strukturellen Probleme der großen Städte nicht beseitigt werden, wie Ilona Taute in »Kein Platz – kein Problem?« feststellt.[8] Nach wie vor bleiben die hinsichtlich Größe, Typ und Preisniveau einseitige Zusammenstellung

04

des Wohnungsbestands und das im Vergleich zu den Umlandgemeinden deutlich zurückliegende Durchschnittseinkommen die großen wohnungswirtschaftlichen Herausforderungen in den Städten.

5. Berücksichtigung der Nachfrage nach Wohnen im Grünen

Für viele Niederländer bleibt das Häuschen im Grünen ein Lebensziel. Unter Berücksichtigung dieser großen Nachfrage sieht sich die Raumordnungspolitik mit dem Dilemma konfrontiert, den rasant angestiegenen Flächenbedarf und die Urbanisierung des städtischen Umlands in Einklang mit Natur und Landschaft zu bringen.

Darüber hinaus nennt die »Nota Wonen – Mensen, Wensen, Wonen« weitere Themen der Stadtentwicklung, die die Wohnpräferenzen in den Niederlanden der nächsten Jahre maßgeblich bestimmen werden: Individualisierung, Informatisierung, Internationalisierung, Emanzipation, Überalterung und multikulturelle Verdichtung. ▌ Obwohl die genannten Aufgaben und Ziele der »Nota« keine auffälligen architektonischen Spuren bei einzelnen Gebäuden hinterlassen, zeigt doch die Summe des Gebauten eine Neuorientierung in vielerlei Hinsicht. Eine Neuorientierung, die nicht nur als nationale Aversion gegen die Flut an Reihenhäusern der Vinex-Ära betrachtet werden darf, sondern vielmehr alle Merkmale einer differenzierten, höchst individuellen und maßgeschneiderten Reaktion trägt. Sogar die Architektur scheint sich zugunsten büroeigener »Sprachen« von einem einheitlichen Stil zu befreien.

Die Massenfertigung im Wohnungsbau musste Platz machen für die Herstellung zahlloser Nischenprodukte, die zusammen als sogenannte Supernische ökonomisch genauso erfolgreich sind wie Volumenanbieter. Vorreiter dieser Entwicklung waren diverse Anbieter im Internet, die hohe Verkaufszahlen mit dem Angebot sehr vieler Nischenprodukte erzielen, wie Chris Anderson in seinem Buch »The Long Tail: Why the Future of Business is Selling Less of More« verdeutlicht.[9]

Exkurs: Amphibisches Wohnen

Vor genau 50 Jahren hieß es in einem Panoramabuch[10] über Holland, dass das Element Wasser nicht nur zu bändigen sei, sondern auch zu meistern und zu unterwerfen, um ihm einen Nutzen abzuringen. ▌ Mit dem Wasser leben, statt es zu bekämpfen, lautet dagegen die neue Devise, mit der man in den Niederlanden auf die Auswirkungen des Klimawandels reagiert. Klimastudien sehen einen Anstieg des Meeresspiegels bis 2050 um mehr als einen Meter voraus. Damit steigt das Risiko von Überschwemmungen, die katastrophale Folgen für Natur und Umwelt haben und den Menschen in seiner Existenz bedrohen.

Mehr als ein Drittel der Niederlande liegt unter dem Meeresspiegel; mehr als die Hälfte der Niederländer lebt in diesen Regionen. Aufgrund der flachen Topografie des Landes würde schon ein geringfügiger Anstieg des Wassers diese Zahlen in die Höhe treiben, und dementsprechend dramatische Folgen wären zu erwarten. ▌ Aber von einer Paniksituation sind die Niederländer weit entfernt. Im Gegenteil: Die Bedrohung scheint den Gemeinschaftssinn der Bevölkerung zu stärken, wobei sich Staat und Bürger die Aufgaben teilen und beide Seiten Verantwortung übernehmen. ▌ In den letzten Jahren wird daher – unter den Vorzeichen des Klimawandels – verstärkt über den Umgang mit dem Wasser diskutiert, jedoch in völlig neuer Tonart. Statt auf den ewigen Kampf *gegen* das Wasser setzt man jetzt gerade auf dessen Potential. Oder, wie Jeroen Warner von der Universität Wageningen es vor Kurzem formuliert hat: »Wichtig ist, dass wir neue, multifunktionale Wege finden, das Wasser zu nutzen.« Und der richtige Weg heißt nicht mehr: »Mensch oder Fluss, sondern: Mensch und Fluss, beide gemeinsam, an einem und demselben Ort.«[11] Das Hochwasserproblem ist jedoch nicht nur auf den Anstieg des Meeresspiegels zurückzuführen; seit jeher überlasten Regen- und Schmelzwasser regelmäßig die Flüsse und richten auf ihrem Weg zum Meer immer wieder immensen Schaden an. Verschiedene Strategien werden verfolgt, um die Aufnahmekapazität der Gewässer zu vergrößern: Alte Flussarme werden als Speicherbecken aktiviert und zum Teil renaturiert, während in Notzeiten auch niedrig gelegene Polderflächen als eingedeichte Überlaufbecken zur Verfügung stehen. Wenn man bedenkt, dass zudem nicht auf die Erhöhung beziehungsweise Querschnittsvergrößerung sämtlicher Flussdeiche verzichtet werden kann, wird klar, wie umfassend diese Maßnahmen greifen und dass sie letztendlich einer Neuordnung der vorhandenen Flusslandschaft gleichkommen. ▌ Neben den direkt sichtbaren Änderungen, wie dem Abriss von Deichhäusern und Polderbesiedlungen, wird über einen längeren Zeitraum die visuelle Transformation der Landschaft als Folge von Regulierungsmaßnahmen spürbar. Mit der Einschränkung landwirtschaftlicher Nutzungsarten und neuen, strengen Auflagen zum Wasserhaushalt sind die Anlieger aufgefordert, ihren eigenen Beitrag zum Landschafts- und Wasserschutz zu leisten?

Während die Deichprojekte zu den konservativen und radikalen Sicherheitsvorkehrungen gehören, setzt das sogenannte amphibische Wohnen auf eine Art Symbiose, auf einen sanfteren Umgang mit dem Element Wasser. Seit dem gleichnamigen Wettbewerb im Jahr 2000[12] werden unter dem Begriff »Amphibisches Wohnen« verschiedene Konzepte schwimmfähiger Häuser zusammengefasst, wovon einige in den letzten zehn Jahren bis zur Baureife entwickelt wurden.[13] ▌ Auf der Suche nach neuen Konzepten versucht das amphibische Wohnen, durch die Kombination zweier raumgreifender Arten der Bodennutzung – dem Ausbau der Wasserspeicherkapazität und der Ausdehnung von Siedlungsflächen – einen positiven ökologischen Beitrag zu leisten, der aufgrund der ungemeinen Popularität des Wohnens am Wasser auch wirtschaftlich interessant scheint. Grundsätzlich wird mit zwei verschiedenen Schwimmtechniken experimentiert:

1. Hohlraum als Schwimmkörper / Betonwanne
2. Polystyrol als Schwimmkörper / Ummantelung mit Stahlbeton

Auch wenn der große Durchbruch des amphibischen Wohnens noch auf sich warten lässt, sind einige gebaute Beispiele schon zu besichtigen. So sind am Ufer eines ehemaligen Baggersees im ländlichen Maasbommel 46 flutsichere Sommerhäuser entstanden, die bei Hochwasser um bis zu fünf Meter ansteigen können. Das Konzept ist denkbar einfach, erklärt Architekt Ger Kengen: »Das Fundament ist ein hohles Betonbecken, auf dem die Holzstruktur ruht. Der obere Teil ist leicht,

der untere schwer. Wenn das Wasser steigt, beginnt das Betonbecken zu schwimmen. Das ist das ganze Prinzip. Es gibt zwei hohe Pfähle, einen vor und einen hinter dem Haus, an denen das Haus befestigt ist und vertikal hoch- und wieder heruntergleiten kann.« Die Kaufpreise sind mindestens so stolz wie die Bewohner, die über ihr Zweitheim sagen: »Wir haben Heizung und Warmwasser. Es ist ein ganz normales Haus, in dem es sich gut lebt. Und es ist sicher.«[14]

Bereits 2001 wurden im Rahmen der Bauausstellung »Gewild Wonen«[15] in Almere[16] schwimmende Häuser realisiert, die als modulares Selbstbaupaket auf den Markt kamen. Die Aufgabenstellung hatte darin bestanden, innerhalb eines Wohnungsbauprojekts Serienproduktion und individuelles Bauen zu kombinieren. Auf einer vorgefertigten Betonwanne von etwa 5 × 18 Metern Fläche und ausgestattet mit einem dreistöckigen Kern von etwa 3 × 5 Metern mit Küche, Bad, Schlafnische und Anschlussraum konnte ein Haustyp mit viel gestalterischer Freiheit realisiert werden. Diese *floating homes* haben ihren Zugang über einen Steg, der auf einer Höhe von etwa 3 Metern parallel zur Uferkante verläuft und, ausgeführt in Holz und Stahl, Assoziationen an ein Hafenbecken hervorruft. Das experimentelle Projekt zum Thema »Wohnen auf dem Wasser« ergänzt die übrigen ausgestellten Häusergruppen, die sich mit dem »Wohnen am Wasser« beschäftigen.

Zur jüngsten Generation von Wasserwohnungen, die in den Niederlanden gebaut wurden, gehören die in Leidsche Rijn fest verankerten Schwimmhäuser, die mit gewaltigem Aufwand als komplett vorgefertigte Bauten über die Straße zu ihrem Liegeplatz transportiert wurden.

Hier drängt sich die Frage nach der Identität dieser Bauten auf: Sprechen wir über schwimmende Häuser oder über verankerte Schiffe? Diese auf den ersten Blick akademisch anmutende Frage deutet auf eine formale Schwäche hin, die aber auf der praktischen und wirtschaftlichen Ebene erhebliche Auswirkungen zeigt. So führt der Fiskus die Verankerung der schwimmenden Häuser und deren fehlenden Antrieb als Argumente an, um sie wie Immobilien zu besteuern. Bisher wurden Wohnboote in der Gesetzgebung als Schiffe behandelt und beim Katasteramt registriert.

Zwar gilt das schwimmende Haus als sicher, doch war bisher noch keines dieser modernen Archen Noahs extremen Hochwasserproblemen ausgesetzt. So bleibt die Frage, ob sich der Käufer ein kostspieliges Überlebensfloß leistet oder nur ein Lifestyle-Produkt erwirbt, das ihm einen Hauch von Eigenständigkeit und Unabhängigkeit suggeriert, vorerst unbeantwortet. ▌ Trotz solcher Einschränkungen ist das schwimmende Haus als zukunftsfähiges Wohnmodell für ein wasserreiches Land wie Holland ernstzunehmen. Mit einer Mischung aus ökologischen, schiffsbautechnischen und kulturhistorischen Komponenten bietet das amphibische Wohnen – vor allem aus finanziellen Gründen – (noch) keine generelle Lösung für das Hochwasserproblem, wird aber in wenigen Jahren mit der fortschreitenden Rationalisierung der Bauproduktion für einen immer größeren Interessentenkreis zu einer finanzierbaren Alternative werden.

Außer Art Zaaijer mit seinen bekannten Wasserwohnungen in IJburg, die als temporäre Verkaufsräume für Immobilienmakler benutzt werden, und Herman Hertzberger, der in Middelburg ein experimentelles schwimmendes Haus baute, haben sich kaum namhafte Architekturbüros mit der Baupraxis des amphibischen Wohnens befasst. Die Aufgabe des Entwerfens haben bisher Firmen übernommen, die sowohl Produktion als auch Vermarktung in einer Hand entwickeln. Es ist zu erwarten, dass sich die Architekten erst profilieren können, wenn nach einer gewissen Gewöhnungzeit die Nachfrage steigt und die architektonische Qualität als bedeutender Abwägungsfaktor das Kaufverhalten mitbestimmt.[17]

Das amphibische Wohnen steht erst am Anfang seiner Entwicklungsgeschichte; weder seine potenzielle ökologische noch seine soziale und gesellschaftliche Bedeutung sind grundlegend erforscht. Grund-

steuer- oder Erbpachtbeiträge unterscheiden sich von Gemeinde zu Gemeinde, Unklarheiten in der rechtlichen Lage bremsen den Entwicklungsprozess.

Exkurs: Nachhaltiges Bauen

Am 23. September 2009 wurde »De stad van de Zon« durch Kronprinz Willem-Alexander offiziell eingeweiht. Diese »Stadt der Sonne«,[18] südlich von Heerhugowaard in direkter Nähe von Alkmaar gelegen, gilt als die erste CO_2-emissionsneutrale Wohnsiedlung der Niederlande und als eines der größten Solarprojekte im Bereich des Wohnungsbaus weltweit. Auf den Dächern von 1600 Wohnungen verteilt, liefern Photovoltaik-Anlagen insgesamt 3,75 Megawatt Sonnenenergie. Wenn man bedenkt, dass die Niederlande nicht zu den sonnenreichen Ländern zählen, überrascht die Verwendung von Sonnenenergie hier umso mehr, wirft aber Fragen hinsichtlich der Effizienz und Wirtschaftlichkeit auf. ▌ Seit 1993 wurde in enger Zusammenarbeit mit den örtlichen Behörden an diesem Pilotprojekt gearbeitet, das unter Berücksichtigung ökologischer, energetischer, landschaftlicher, kultureller, sozialer und wirtschaftlicher Aspekte als Musterbeispiel einer nachhaltigen Stadt entwickelt werden sollte. Die Gesamtanlage ist etwa 177 Hektar groß und umfasst Wohnungen, kommunale Einrichtungen, Einzelhandelsgeschäfte und Windmühlen. Die unterschiedlichen Wasserflächen dienen der Naherholung und übernehmen teilweise mehrere Funktionen im geschlossenen Wasserkreislaufsystem. ▌ Der gesamte Entwurf trägt mit seiner kraftvollen städtebaulichen Konfiguration die unverwechselbare Handschrift seines Entwerfers Ashok Bhalotra von Büro Kuiper Compagnons.[19] Die eigentliche Wohnsiedlung liegt als quadratische Insel in einer Wasserlandschaft, die, zur Sonne gedreht, das Leitmotiv hervorhebt und den Mittelpunkt der gesamten Parkanlage bildet. ▌ Das städtebauliche Rahmenkonzept entstand aus der Überlagerung verschiedener abstrakter Figuren, die jeweils mit einem eigenen Thema belegt wurden. Das Ergebnis ist eine Collage aus sehr differenzierten Nachbarschaften, die architektonisch unterschiedlich behandelt werden und erst durch die übergeordnete Außenraumgestaltung einen strukturellen Zusammenhang erhalten. Die Vielfalt der Architektur ist kein Selbstzweck, sondern Ausdruck thematischer Schärfe. Abhängig von

06

07

Lage und Thema werden Wohnsettings konstruiert, die auf differenzierte qualitative Nachfragen der Bewohner antworten können.[20] Selbstverständlich kann dieses ambitionierte Projekt nicht für das Gesamtbild des ökologischen Wohnungsbaus in den Niederlanden stehen und bleibt vorerst als Pilotprojekt ein Versuch, Wohnen, Freizeit und Naherholung innerhalb einer künstlichen Landschaft zu kombinieren. Obwohl die Stadt der Sonne vielleicht keine architektonisch gehobenen Ansprüche erfüllt und kein Vorzeigeprojekt innovativer und technisch hochwertiger Lösungen ist, so setzt das Projekt doch ein klares Zeichen in eine Richtung, die das nachhaltige Bauen aus der Welt der bauphysikalischen Optimierungskonzepte holt und auf den Weg einer integrativen Strategie der Nachhaltigkeit bringt. Gleichzeitig demonstriert es, wie man mit einer städtebaulichen Vision globalen umweltpolitischen Problemen entgegentreten und das Ergebnis für breite Bevölkerungsschichten zugänglich machen kann. Ein zweites Projekt, das Aufmerksamkeit verdient, ist die ökologisch anspruchsvolle Siedlung EVA-Lanxmeer,[21] die sich in bester Lage in Culemborg zwischen Bahnhof und Stadtzentrum am Wasserschutzgebiet befindet und deren Baugelände von der Stadt zur Verfügung gestellt wurde. Die Siedlung genießt internationale Anerkennung, die vor allem auf das partizipatorische Organisationsmodell zurückzuführen ist, das sich bewährt hat. ▌ Die Gründung der Siedlung wurde 1996 mit der Zusammenstellung eines Projektteams aus Mitgliedern der Stadtverwaltung und der Stiftung EVA eingeleitet, die als interdisziplinäre Interessengemeinschaft begann und sich bei der örtlichen Bevölkerung als ökologisch orientiertes Zentrum für Erziehung, Information und Beratung etabliert hat. Das Projektteam erstellte ein Anforderungspaket, das als Vorlage für den Rahmenplan diente. Das städtebauliche Konzept wurde mit Experten für ökologisches Bauen, Architekten, Stadtplanern, der Stadtverwaltung und den zukünftigen Bewohnern in verschiedenen Workshops diskutiert und bearbeitet. Die Moderation der Veranstaltungen und die Überarbeitung der städtebaulichen Planung übernahm Martin Dubbeling vom Büro Bügel Hajema. Alle Bürger der Stadt konnten sich über ein speziell zu diesem Zweck eingerichtetes Netzwerk aktiv daran beteiligen. Diese

Initiative des Gemeinderats zeigt, wie stark die Stadt das Bauvorhaben als kommunales Projekt verstand und erklärt ihre Haltung bei der Festlegung der Wohndifferenzierung, die mit einem Verhältnis von etwa 30 Prozent Miet- zu 70 Prozent Eigentumswohnungen genau den übrigen Erweiterungsgebieten der Stadt entspricht. Ganz wesentlich für den Erfolg von EVA-Lanxmeer war der frühe Zeitpunkt der Bürgerbeteiligung, der es den zukünftigen Bewohnern ermöglichte, über ein breit gefächertes Themenfeld zu diskutieren und damit – noch vor dem eigentlichen Siedlungsentwurf – das eigene Wohnmilieu mitzubestimmen und mitzugestalten. ▌ Auf dem mit reichlich Grün ausgestatteten Gelände wechseln sich Geschosswohnungen und Reihenhäuser in verschiedenen hofbildenden Gruppen ab, die trotz einer sehr individuell geprägten Architektur zeigen, dass sie Teil eines ökologisch orientierten Gesamtprojekts sind. Die Seniorenwohnungen unterscheiden sich in diesem Sinne kaum von den anderen Gebäuden und fügen sich harmonisch zwischen der anderen Häusergruppen ein. Ein alter Wasserturm markiert die besondere Lage der Siedlung im Wasserschutzgebiet. ▌ Büroräume, Ateliers und Werkstätten ergänzen das differenzierte Wohnangebot und ermöglichen die integrative Verknüpfung von Wohnen und Arbeiten. Besondere Einrichtungen wie das ökologische Beratungszentrum und der Ökobauernhof mit eigenen landwirtschaftlichen Erzeugnissen vervollständigen die Siedlung zu einem ganzheitlichen Lebensraum.

Dass nachhaltiges Bauen Zukunft hat, ist unstrittig. Doch zeigen diese beiden Beispiele völlig unterschiedliche Wege und Ergebnisse, die sich nicht mit denselben Maßstäben bewerten lassen. Deutlich wird dadurch, dass eine nachhaltige Stadtentwicklungs- und Architekturpolitik nicht auf die energetische Optimierung und stoffliche Minimierung von Gebäuden beschränkt sein kann. Vielmehr muss sie auf Planungsprinzipien beruhen, die vor einem ökologischen, sozialpolitischen, wirtschaftlichen und ästhetischen Hintergrund primär auf der aktiven Beteiligung der Gemeinschaft gründen. Nachhaltiges Wohnen in diesem Sinne besteht nicht im Kauf einer ökologischen Wohnung, sondern in der Übernahme von Verantwortung.[22]

WELCOME TO VINEX COUNTRY

Interview mit Jelte Boeijenga und Jeroen Mensink, Autoren des bei 010 Publishers erschienenen »Vinex Atlas«

Was ist Vinex?   Wenn man von Vinex spricht, stellt sich die Frage, über was man reden will: Wollen wir über eine nationale Planungsstrategie reden, die weit mehr als nur neue Wohngebiete zum Inhalt hatte, oder sprechen wir über Vinex im Zusammenhang mit großen suburbanen Wohngebieten?

Sprechen wir über die Wohngebiete ...   Vinex ist ein Dokument zur räumlichen Planung, in dem die Regierung festgelegt hat, wie sich die Niederlande zwischen 1995 und 2005 insgesamt räumlich entwickeln sollen. Ein Teil dieser Politik war die Festlegung, wo und wie der prognostizierte Bedarf von ungefähr einer Million neuen Häusern befriedigt werden kann. Die Antwort war, im Gegensatz zur Politik der 1970er und -80er Jahre, als neue Städte gegründet wurden und die Wohnbauflächen landesweit gleichmäßig verteilt wurden, diese Flächen auf die bestehenden urbanen Zentren zu konzentrieren. Im Grunde genommen galt die Leitidee der kompakten Stadt, die nicht ausgrenzen, sondern integrieren will: Wie kann man einerseits urbane Nachbarschaften erzeugen und andererseits die Struktur der Städte stärken?   Vinex ist aber auch eine komplett neue Umsetzungsstrategie. Man überließ die Realisierung an den im Vinex-Programm festgelegten Standorten weitgehend der lokalen Politik und den freien Marktkräften in Form einer Art Private Public Partnership. Der soziale Wohnungsbau wurde auf maximal 30 Prozent beschränkt, was einen kompletten Paradigmenwechsel gegenüber früheren Zeiten darstellte, in denen lediglich 5 Prozent aller Wohngebäude ohne staatliche Auflagen und Zuschüsse gebaut worden waren. Es gab also einen kompletten Neustart im Wohnungsbau, der für mehr als 100 Jahre vom sozialen Wohnungsbau geprägt war. Und dieser Wandel war für alle neu – nicht nur für die öffentliche Hand, sondern auch für die privaten Partner. Aber wir dürfen nicht vergessen, dass die Vinex-Gebiete ebenfalls staatlich subventioniert sind, allerdings auf andere Art und Weise. Unglaublich viel Geld ist in Infrastruktureinrichtungen und Verkehrsmaßnahmen geflossen.

Wie hat die Regierung dieses riesige Bauprogramm im Wohnungsbau begründet?   Was den Bedarf angeht, so schwinden auch in den Niederlanden immer mehr die klassischen Lebensformen, wie zum Beispiel Familien mit Vater, Mutter und zwei Kindern. Immer mehr Menschen wohnen in Lebensgemeinschaften oder alleine. Die Bevölkerung schrumpft nur leicht, der Bedarf an Wohnraum wächst dagegen. In begehrten, bestehenden Wohnlagen werden kleine Wohnungen (60 bis max. 80 Quadratmeter für eine Kleinfamilie) zu größeren Einheiten zusammengelegt, bezogen auf die Zahl an Wohneinheiten schrumpft der Bestand. Und die Größe der Wohnungen und Häuser wächst. In der Nachkriegszeit hatte man das Problem der Quantität, es wurden kleine, aber dafür viele Wohnungen gebaut, heute stellt sich eher die Frage der Qualität. Viele Menschen wollten und wollen ihre zu kleine Miet- oder Eigentumswohnung gegen ein Haus mit Garten eintauschen. Im Nachhinein hat es den Anschein, dass das Vinex-Programm auf Leute zielte, die innerstädtisch lebten, sich mehr Wohnraum wünschten und genug Geld hatten, um sich diesen Wunsch zu erfüllen. Vermutlich war die Deckelung des geförderten Wohnraums auf 30 Prozent ganz pragmatisch abhängig vom zur Verfügung stehenden Budget.

Wie wirkt sich das Vinex-Programm auf die bestehenden Quartiere aus?   Ein Resultat des Vinex-Programms ist, dass die besser verdienenden Gruppen mittlerweile in den suburbanen Wohngebieten wohnen. Man hat den Eindruck, dass sich die Probleme in den Bestandsgebieten eher verschärfen. Der Ruf einer Siedlung als *bad neighbourhood* ist primär ein soziales Problem, hier ballen sich die Bevölkerungsschichten mit geringem Einkommen. Die Politik versucht daher, vor allem die Wohngebiete der 1950er und -60er Jahre neu zu strukturieren und eine neue soziale Mischung zu generieren, was mit der Integration von größeren, attraktiveren Wohnungen geschieht. Auch hier wird heute primär auf Qualität vor Quantität geachtet. Allerdings wechselt die Qualität der Quartiere innerhalb nur weniger Jahre. In einer ehemals bevorzugten Wohnlage, in der ich [JM] nach meinem Studium ein paar Jahre gelebt habe, wohnen heute überwiegend einkommensschwache Migranten, und ein ehemaliges Problemgebiet, in dem ich heute lebe, ist mittlerweile eine angesagte Wohngegend.

Sie haben sich mehrere Jahre mit Vinex beschäftigt und haben 120 Quartiere untersucht, von denen rund 50 Gebiete in Ihrem Buch enthalten sind. Was sind Ihrer Meinung nach Qualitäten und Schwächen dieser Neubaugebiete?   Wir haben uns mehrere grundsätzliche Fragen gestellt: Hat die Regierung ihre Versprechungen gehalten? Haben sich die Erwartungen der Bürger erfüllt? Und dann, nach dem Motto »vergiss alles, was gesagt wurde«: Was ist tatsächlich vor Ort vorhanden?   Mehr oder weniger wurde das, was die Regierung versprochen hatte, auch gehalten. Das Programm wurde weitgehend

01   02

marktkonform umgesetzt, die prognostizierte Anzahl der Häuser wurde gebaut und ein großer Teil dieser Häuser entstand sehr nah an den städtischen Zentren. Wenn wir auf die Zusammenarbeit zwischen der nationalen Regierung mit den regionalen Behörden schauen, so wurden auch hier alle Vereinbarungen erfüllt. ▌ Was die Erwartungen betrifft, so sieht die Sache anders aus: Als das Vinex-Programm verabschiedet wurde, hatten viele die Hoffnung, dass die neuen, möglichst nah an den Stadtzentren gelegen Wohnquartiere lebendig, urban – und eben keine Schlafstädte – würden. Diese Erwartungen haben sich nur in Ausnahmefällen erfüllt. Die an und für sich niedrige Dichte von 33 WE/Hektar [Anmerkung der Autoren: einschließlich Flächen für Verkehr, Gemeinbedarf und Grünflächen] wurde sehr selten realisiert, oftmals sind es nur 20, selten 30 Wohneinheiten und mehr. Umso verwunderlicher ist es, dass die meisten der neu gebauten Häuser relativ klein und die Gärten noch kleiner geworden sind! Die Vinex-Siedlungen haben daher unter Fachleuten, in der Presse, in der Politik und auch unter den Bewohnern nicht gerade den besten Ruf. Sie sind reine Schlafstädte, die Dichte ist viel zu gering, sie liegen zu weit von den städtischen Zentren entfernt, es gibt zu wenige öffentliche Einrichtungen, und es gibt immer eine Barriere, eine Umgehungsstraße oder eine Autobahn, die zwischen Quartier und Stadt liegt. ▌ Was die dritte Frage betrifft, so war uns wichtig zu verstehen, wie die Landschaft während der Realisierung transformiert wurde. Wenn man nur alle Versprechungen, Zahlen und Daten beiseite legt und unvoreingenommen vor Ort geht, so sind wir eigentlich positiv überrascht. Denn wenn man die neuen Gebiete mit Wohnbauarealen der 1960er und -70er Jahre vergleicht, so sieht man eine Menge unterschiedlicher Architekturen, überwiegend zwar Reihenhäuser, aber auch interessante Formen des Geschosswohnungsbaus. Die Vielfalt spielt sich zwar zu 90 Prozent nur in den Fassaden ab, die Häuser sind im Grunde genommen gleich: gleicher Grundriss, gleiche Größe, der gleiche kleine Vor- und Rückgarten, und vor dem Haus stehen zwei Autos, wo höchstens anderthalb Autos Platz finden können; gleichwohl, diese Häuser funktionieren für einen gewissen Lebensabschnitt sehr gut. ▌ Die besondere Qualität ist, dass es eine echte Vielfalt in der städtebaulichen Gestalt der unterschiedlichen Vinex-Standorte gibt: Wie zum Beispiel Häuser mit dem öffentlichen Raum interagieren, wie Wohnen am Wasser als ein schönes, identitätstiftendes Merkmal eingesetzt wird, wie auf unterschiedliche Weise das Parkproblem gelöst wird. Der große Gewinn ist aber die Qualität der Landschaftsplanung und der daraus resultierenden Grünflächen. Wir hatten bei unseren

Besuchen vor Ort oft das Gefühl: Wow, wir sollten jetzt nicht arbeiten, sondern einfach nur einen schönen Spaziergang machen!

Wo kann man am schönsten spazieren gehen?   Zum Beispiel in De Vijfhoek bei Deventer, hier sind sehr schöne Bereiche am Wasser entstanden, in Houten-Zuid wurde ein komplett neuer Grüngürtel angelegt, der wie eine Art Deichanlage ausgebildet ist. Getsewoud, Nieuw-Vennep hat einen großen, langgestreckten Centerpark, der als große, abwechslungsreiche Landschaft ausgestaltet wurde. Dies sind Qualitäten, wie sie in Vor-Vinex-Gebieten kaum zu finden waren.

Die aber auch nicht umsonst zu haben sind …   Stimmt, in den letzten Jahren sind die Hauspreise bei gleichbleibender Bauqualität in einem atemberaubenden Tempo gestiegen. Die Preissteigerungen liegen aber weniger an den Kosten für öffentliche Räume, sondern am spekulativen Umfeld der gesamten Baubranche. Man wundert sich schon, wohin das ganze Geld gegangen ist.

Was haben die privaten Partner im Vergleich zum früheren sozialen Wohnungsbau anders gemacht?   Die privaten Wohnungsbaufirmen haben es unter den gegebenen Voraussetzungen verstanden, unterschiedliche Wohnambiente zu erzeugen. Aus der Auflage, Wasserflächen für die Einleitung des Regen- und Oberflächenwassers anzulegen, haben die privaten Partner »Wohnen am Wasser« generiert. Das hat sich wunderbar verkauft. ▌ Neu ist auch, dass ein Haus, ein Quartier Emotionen wecken, das heißt eine »Story« erzählen soll, wie zum Beispiel das Vinex-Gebiet Brandevoort von Rob Krier [bei Helmond, erbaut in Form einer historischen Kleinstadt mit Festungsanlagen, Wassergräben etc.].[23] Nicht immer ist die Atmosphäre rein artifiziell: In Apeldoorn wurde eine bestehende kleine Siedlung erhalten und transformiert. Die bestehenden Straßen wurden in Houten-Zuid in ein Fahrradnetzwerk integriert; und heute ist es schön zu sehen, dass das Quartier eine lange, eigene Geschichte hat. Vor allem im Osten der Niederlande findet man viele Vinex-Gebiete, zum Beispiel De Vijfhoek, in denen man alte Straßen, alten Baumbestand mit der neuen Struktur verwoben hat.

Gibt es in den Niederlanden eine Debatte über »ehrliche Architektur«?   Nein, nicht wirklich. Das erste, was wir über Vinex schrieben, war ein kleiner Artikel, der »Vinex: Leben im Themenpark« hieß und den wir immer noch sehr gerne mögen. Diese neue Vorgehensweise,

03 Vinexsiedlung Portland-Carnisselande

ein Quartier zu entwickeln, hat sehr viel mit den privaten Anbietern zu tun. Architektur und Konsumenten haben sich gefunden, möglicherweise zum ersten Mal in der Geschichte der niederländischen Architektur. Heute sagen die Menschen, Licht, Luft und Sonne haben wir, können wir nicht auch etwas Schönes haben? Brandevoort ist ein gutes Beispiel für das große Bedürfnis nach Schönheit. Darüber hinaus kann man hier auch echte Qualitäten im städtebaulichen Entwurf und bei der Architektur erkennen, Qualitäten des öffentlichen Raums, der bei vielen anderen Vinex-Gebieten schlichtweg fehlt, entdecken und die sorgfältige Behandlung von Details sehen. Man muss den Retro-Stil von Brandevoort nicht mögen, hat jedoch anzuerkennen, dass das Quartier wirklich gut gelungen ist.

Formal gesehen erinnert die Bebauung in Brandevoort an traditionelle niederländische Baustrukturen. Auch hier sind es im Grunde genommen die gleichen Stadthäuser, die jedoch unterschiedliche, individualisierte Fassaden haben. Gibt es einen Unterschied zwischen Alt und Neu? Natürlich gibt es Unterschiede. Die traditionellen Häuser, zum Beispiel die Grachtenhäuser in Amsterdam, haben Raumhöhen von dreieinhalb Metern, hinter diesen alten Fassaden konnte man Hunderte von Jahren flexibel agieren – man kann mit diesen Häusern auch heute noch alles Mögliche anfangen. In den Häusern der Vinex-Gebiete geht das nicht, und die fehlende Flexibilität ist sicherlich eines der künftigen Hauptprobleme der Vinex-Gebiete. Die Häuser sind geplant für Familien mit zwei bis drei Kindern und können kaum verändert werden. Man kann keine Räume miteinander kombinieren, man kann das Dach nicht ausbauen, aufstocken etc. Die Häuser sind möglicherweise auch zu klein, um ergänzende Funktionen zwischen den beiden Wänden aufzunehmen.

Haben Sie bei Ihrer Untersuchung auch Wohntypen beziehungsweise Häuser entdeckt, die der Forderung nach Flexibilität entsprechen? Auf Borneo Sporenburg ist mit dem Patiohaus ein ganz interessanter Typ entstanden, der teilweise sogar gemischt genutzt verwendet werden kann. Sind diese typologischen Experimente Ausnahmen oder nehmen Sie vielleicht neue Entwicklungen vorweg? Bei einem Bauvolumen von 800 000 Häusern, so könnte man vermuten, gibt es

eine Menge Raum für Experimente, aber wir fürchten, dass dabei zu wenig gewagt wurde. Bezogen auf das Vinex-Programm ist es eine verpasste Chance. Die meisten Entwickler scheuten das Risiko. In einem Vinex-Gebiet hatte ein Bauträger einen kleinen Baublock mit rund 15 Häusern angeboten. Jedes Haus war individuell ausbaubar, man konnte die Lage von Küche, Bad, allen Räumen frei bestimmen – aber die Makler waren nicht in der Lage, diese Häuser zu verkaufen. Dann entschied der Bauträger wie die Grundrisse auszusehen haben, und dann kam auch prompt der Verkaufserfolg. Die meisten Menschen in den Niederlanden sind es nicht gewohnt, beim Wohnen eigene Entscheidungen treffen zu dürfen, sie sind einfach durch eine gewisse Bauform geprägt und kaufen die Häuser, die sie kennen.

In Deutschland will jeder sein individuelles Haus haben – und dann werden doch alle Häuser gleich. Nun wird gerade vom Baubürgermeister Adri Duivesteijn in Almere das individuelle Haus gefördert, jeder Bürger soll sein eigenes Haus bauen können. Woran liegt diese Neuausrichtung? In unserer Kultur ist es zunehmend wichtig, die eigene Individualität zu präsentieren. Der Aneignungsprozess steht wieder mehr im Vordergrund. Das Haus ist nicht nur ein Produkt, das man kauft, sondern ein Teil des Selbst. Vinex dagegen ist Massenproduktion, nicht Haute Couture, Vinex ist das, was du im Laden kaufen kannst. Aber wir sollten nicht vergessen – es sind gute Produkte, und viele Menschen, die dort wohnen, sind sehr zufrieden.

Gibt es neben der neuartigen Umsetzung einen weiteren experimentellen Bestandteil des Vinex-Programms? Wir glauben, dass bei Vinex die erfolgreichsten Experimente auf der Maßstabsebene zwischen Architektur, Städtebau und Landschaftsplanung gelaufen sind. Viele Architekten durften kleine Quartiere im Kontext mit Landschaft und öffentlichem Raum entwerfen, die mehr als eine Ansammlung von Häusern sind.

Zum Beispiel das Projekt von Soeters Van Eldonk architects in Skoatterwâld, Heerenveen? Nun, rein »technisch« ist Skoatterwâld kein Vinex-Gebiet, aber Soeters Van Eldonk haben das Verhältnis zwischen den schlossartigen Häusergruppen und der gestalteten Landschaft, dem Schlosspark, sehr gut herausgearbeitet. Im Vinex-Kontext ist es zum Beispiel die Insel 8 von Heren 5 in Floriande, Hoofdorp. Hier bilden die Gebäude kleine, angenehme Nachbarschaften, die ihrerseits auch untereinander in Beziehung stehen.

AKTEURE DES BAUENS

Interview mit Indira van't Klooster, Architectuur Lokaal, Amsterdam

Das Interview fand im Sommer 2008 statt, vor Beginn der Finanzkrise in den USA und den damit verbundenen wirtschaftlichen Entwicklungen.

Funktioniert der öffentliche Nahverkehr? Das Problem ist, dass die ÖPNV-Angebote oft erst zu einem Zeitpunkt zur Verfügung standen, als alle schon mit zwei Autos versorgt waren. Die Nähe zur Autobahn führt natürlich auch dazu, dass diese primär benutzt wird. Speziell in der Region Den Haag – Rotterdam, zum Beispiel in Ypenburg, ist der Zugang zur Autobahn für viele schneller und bequemer als die Benutzung des öffentlichen Nahverkehrs. Vinex hat sicherlich zu einer erheblichen Steigerung des Verkehrsaufkommens beigetragen. Mittlerweile wohnen zwischen 10 und 15 Prozent der niederländischen Gesellschaft in Vinex-Gebieten. Neben Vinex gibt es auch noch unzählige Neubaugebiete, die teilweise gleichzeitig in den letzten Jahren entstanden sind. Fast jeder achte Niederländer wohnt mittlerweile in einem neuen Haus.

Falls Vinex heute starten würde und Sie Ihre Erfahrungen einbringen dürften, was müsste man heute anders machen? Es ist ein Architektentraum, lebendige, urbane Quartiere zu schaffen, dies würden wir gerne unterstützen, auch wenn wir dafür kein Erfolgsrezept anbieten können. Ganz pragmatisch müsste man bessere und realistischere Lösungen für das Parken schaffen. Das Auto bestimmt viel zu oft den öffentlichen Raum.

Welche Vinex-Gebiete würden Sie einem Architekturtouristen empfehlen? Houten-Zuid ist eines der Gebiete, in dem Städtebau und Landschaftsplanung kongenial zusammenwirken: Der deichartige umlaufende Grünring, der Anklänge an das alte Houten in sich trägt, die Transformation der bestehenden Straßen in ein Fahrradnetzwerk. *In a way: Vinex at its best.* Amsterdam IJburg fällt innerhalb des Vinex-Programms allein schon aufgrund seiner Dichte und Unterschiedlichkeit der Baufelder eine Sonderrolle zu. Portland-Carnisselande sollte man sich anschauen, da hier alle vinex-typischen Merkmale, Positives und Negatives, sichtbar sind. Nieuwland bei Amersfoort ist ebenfalls sehr empfehlenswert. Im Nordosten liegt die Siedlung Stadstuin,[24] die aus kompakten Reihenhauszeilen mit integrierter Parkmöglichkeit besteht. Die Wohnungen verzichten auf einen eigenen kleinen Garten, sie stehen in einer wunderschönen, von allen nutzbaren Parklandschaft.

Herr Boeijenga, Herr Mensink, wir danken für das Gespräch.

Was macht das Architectuur Lokaal? Architectuur Lokaal wurde 1993 auf Grundlage des 1993 vom Parlament verabschiedeten Regierungsprogramms »Ruimte voor Architectuur« als Stiftung gegründet. In den letzten 16 Jahren hat sich die Stiftung zu einem unabhängigen, nationalen Architektur-Beratungszentrum entwickelt. Die Qualität und kulturelle Bedeutung der Architektur, insbesondere die Rolle des Auftraggebers, steht bei unserer Arbeit im Vordergrund. Wir beraten überwiegend Kommunen, Bürgermeister, die Stadtparlamente – aber auch Projektentwickler, Wohnbaugesellschaften und Bauträger. Besonders die Kommunen haben einen sehr hohen Beratungsbedarf. Alle vier Jahre werden die Gemeinderäte neu gewählt und die Stadtparlamente müssen ständig über die Vergabe von Bauprojekten entscheiden. Viele Lokalpolitiker haben sich noch nie mit Fragen der Architektur auseinandergesetzt. Wir versuchen daher so viel Wissen wie möglich zu bündeln und weiterzugeben – ohne jedoch die politischen Entscheidungen zu beeinflussen.

Haben Sie in den letzten Jahren eine Veränderung der Rolle des Architekten festgestellt? Im Vordergrund steht bei uns immer das Dreieck öffentlich – privat – Gestaltung. Die Architektur ist nur einer der drei Aspekte. Aber es ist tatsächlich eine Diskussion im Gange, welche Rolle der Architekt im Bauprozess spielt und spielen soll. Gegenwärtig gibt es die Tendenz, dass junge Architekten verstärkt in die Rolle des Entwicklers drängen, was natürlich auch an der rückläufigen Konjunktur liegt. Aber es sind nicht nur die wirtschaftlichen Randbedingungen. Es gab kürzlich eine Ausstellung im Architekturzentrum ARCAM (ARchitectureCentreAMsterdam) in Amsterdam, die studentische Arbeiten der letzten 100 Jahre präsentiert hat. Ich selbst hatte die letzten 25 Jahre analysiert, von 1933 bis heute. Dabei haben sich mehrere Perioden herauskristallisiert. Eine wichtige Periode war die Zeit ab den 1980er Jahren, als die Wirtschaft sehr schwach war. Damals gab es eine Menge großer Entwürfe und Visionen (z.B. die Papierarchitektur von Rem Koolhaas aus »Delirious New York« von 1978). Es war eine Periode, in der nicht sehr viel gebaut wurde, das Design, der Entwurf vor den praktischen Belangen des Bauens im Fokus stand. Es war auch die Zeit der Postmoderne, als Konzepte und Entwürfe wieder stärker diskutiert wurden. Als in den frühen 1990er Jahren die Wirtschaft boomte, war diese konzeptionelle Herangehensweise der Wegbereiter einer Entwicklung, die der Architekturtheoretiker und Hochschullehrer Bart Lootsma »SuperDutch« genannt hat. Im Umfeld der berühmten Architekten wie Rem Kohlhaas gab es eine unglaubliche Aufbruchstimmung in der niederländischen Architektur, und nicht zuletzt das Vinex-Programm mit einem Bauvolumen von bis heute 750 000 Wohneinheiten bot der damaligen Architektengeneration viel Arbeit. ▌ Die in jüngerer Zeit ausgebildeten Architekten thematisieren dagegen temporäre Nutzungen oder verborgener Dinge, wie Um- und Ausbauten, Dinge, die man nicht auf den ersten Blick erkennt. Diese Architekten wollen nicht Teil der Bauindustrie sein und sich zwischen Auftraggebern, Kommunen und Baufirmen aufreiben lassen. Es liegt natürlich auch daran, dass die großen Aufträge nicht mehr so leicht zu bekommen sind, es ist aber auch die Erkenntnis, dass der Architekt immer mehr an Einfluss auf das Ergebnis verliert. Daher ist es interessanter, kleine Projekte zu realisieren, die man in vollem Umfang steuern kann.

Können Sie konkrete Beispiele für diesen Trend nennen? Eine sehr interessante Entwicklung gibt es in Utrecht. Es gibt dort zwar große Neubauviertel, zum Beispiel das Vinex-Gebiet Leidsche Rijn, die Stadt Utrecht kann jedoch nicht mehr weiter expandieren. So entwickelt sich die Stadt innerhalb der bestehenden Quartiere weiter – was zu sehr hohen Hauspreisen führt. Die Bewohner wurden sehr kreativ bei der Erweiterung ihrer Häuser – mit Anbauten, Erkern, Dachausbauten etc. Junge Architekten haben hier ein neues Berufsfeld gefunden. Eine dieser Architektengruppen nennt sich The Urbanizer. Die Gruppe kommt quasi als schnelle Eingreiftruppe (wie die Helden aus dem Film »Ghostbusters«, bewaffnet mit allen möglichen Werkzeugen) auf die Baustelle, um die Wünsche der Bauherren nicht nur zu planen, sondern auch gleich zu realisieren.

Welche Rolle spielt der Nutzer im Wohnungsbau? In der niederländischen Architektur hatten die Nutzer – auch wenn der niederländische Wohnungsbau lange als besonders menschenfreundlich galt – kaum Einflussmöglichkeiten. Die Entscheidungen verliefen im Wesentlichen immer *top-down*. Private Bauherren, heute »particuliere opdrachtgeverschap« genannt, waren dabei nicht vorgesehen. Langsam startet, vom Ministerium für Wohnungswesen gestützt, ein Prozess des Umdenkens. Nach über 100 Jahren eines vom Staat und später von Wohnbaugesellschaften dominierten Wohnungsbaus soll – auch ein Produkt der Wohnbaupolitik – rund ein Drittel der Wohnbauproduktion durch private Bauherren erfolgen, durch Einzelbauherren, aber auch in Bauherrengemeinschaften. Die Politik erhofft sich dadurch eine größere Differenzierung der Angebote in den Städten, mehr soziale Mischung

und weniger Segregation. ▌ Die Menschen fangen also gerade an zu lernen, was man mit einem eigenen, individuellen Haus überhaupt anfangen kann. Es gibt zahlreiche Programme, um diesen Prozess zu stimulieren. Besonders aktiv ist hier die noch junge Stadt Almere mit ihrem Baubürgermeister Adri Duivesteijn. ▌ Aber auch Bauträger, wie zum Beispiel Heijmans, haben sehr intelligente Bauprogramme aufgelegt, mit denen sie individuellen Wohnwünschen gerecht werden können, so dass das gewählte Haus sich deutlich von dem des Nachbarn unterscheiden kann. Was Bauherren und Kunden oft bewegt, ist die Frage, ob sie das individuelle oder individualisierte Haus auch wieder verkaufen können – viele entscheiden sich dann doch für ein fertiges Produkt.

Rein statistisch zieht jeder Niederländer alle acht Jahre um. Macht das eigene Haus sesshaft? Ja und nein: Die Wohndauer im eigenen Haus hat sich etwas verlängert, was vermutlich auch der wirtschaftlichen Entwicklung geschuldet ist. Im eigenen Haus leben die Menschen mittlerweile 18 Jahre. Die Menschen, die sich in den Niederlanden, in der Randstad, selbst ein Haus bauen, würde ich derzeit noch zur Avantgarde zählen. ▌ Wir haben zahlreiche Interviews mit Bauherren geführt und häufig gehört, dass sie in einigen Jahren gerne nochmals ein Haus bauen möchten – möglicherweise sei dann das dritte Haus endlich das perfekte Haus.

Haben Sie Kontakte zu privaten Bauherren? Als Stiftung beraten wir professionelle Kunden – keine einzelnen privaten Bauherren. Wir versuchen, die Kommunen und Entwickler zu stimulieren, neue Wege zu gehen. Almere unterstützen wir derzeit mit Veranstaltungen zum Thema private Baugemeinschaften. Wir haben zum Beispiel mit niederländischen und deutschen Partnern Exkursionen und Workshops organisiert, um zu untersuchen inwieweit sich zum Beispiel das sehr erfolgreiche Tübinger Baugemeinschaftsmodell auf die Niederlande übertragen lässt.

Die Niederlande gehören zu den am dichtesten besiedelten Ländern der Welt. Steckt in dieser Entwicklung hin zum individuellen Einfamilienhaus nicht die Gefahr einer zunehmenden Zersiedelung? Es ist wichtig, die noch bestehenden landschaftlichen Freiräume für die Öffentlichkeit zu schützen. Das eigene Haus muss aber nicht zwangsläufig freistehend sein. Auf Steiger Island, einem Teil des neuen, auf mehreren künstlichen Inseln entstehenden Amsterdamer Stadtteils

IJburg, konnte man kleine Baugrundstücke erwerben und, wie wir es auch in Tübingen gesehen haben, darauf sein individuelles, mehrgeschossiges Stadthaus bauen. Ich denke aber auch an einen neuen Weg des individuellen Bauens, der in größeren Städten möglicherweise eine sehr intelligente Art ist, individuelle Bedürfnisse mit öffentlichen Interessen zu kombinieren: In Rotterdam Spangen hatte die Stadt einen ganzen abbruchreifen Baublock, den Wallisblok, engagierten, privaten Bauherren zu einem symbolischen Preis überlassen. Die Käufer mussten sich lediglich verpflichten, gemeinsam die Bausubstanz, Fassaden und Dach zu erneuern, die Wohnungen konnten dann individuell ausgebaut werden. Spangen gilt als sozialer Brennpunkt, der große Erfolg des Wallisbloks strahlt inzwischen positiv auf das gesamte Quartier aus.

Was deutsche Architekten und Projektentwickler am niederländischen Wohnungsbau immer sehr bewundern, ist die Fähigkeit der niederländischen Kollegen, mit Wohnungsbau unverwechselbare städtebauliche und landschaftliche Atmosphären zu schaffen.   In den Vinex-Gebieten hat man tatsächlich großen Wert auf die öffentlichen Räume und Freiflächen gelegt, die Qualität der Wohnhäuser steht oftmals dahinter zurück. Allzu oft blieb es bei attraktiven Fassaden, hinter denen sich der übliche Standard versteckt. Auch wurde das Parkproblem unterschätzt, viele der schönen Plätze sind inzwischen zugeparkt. Heute legen die Kommunen mehr Wert auf eine durchgängige Qualitätskontrolle in allen Maßstabsebenen als noch zu Beginn des Vinex-Programms.

Ist ökologisches und energieeffizientes Bauen ein in den Niederlanden diskutiertes Thema?   Es ist ein viel diskutiertes Thema, das jedoch, wenn es darauf ankommt, meistens wieder verloren geht. Erst kürzlich hat der BNA (Bund Niederländischer Architekten) einen Ideenwettbewerb für ein »Neues Haus des Bürgermeisters« mit dem Schwerpunkt Nachhaltigkeit und Energie ausgelobt. Dann kam die Ernüchterung: Keiner der Wettbewerbsteilnehmer hat sich darauf näher eingelassen. Die Begründung des BNA war, dass möglicherweise das Know-how bei den Architekten nicht vorhanden war. Statt das Preisgeld an die Teilnehmer auszuschütten, hat der BNA beschlossen, Kurse für nachhaltiges Bauen anzubieten. Der Architekt Thomas Rau, der die Zentrale des World Nature Fund in Zeist entworfen hatte, stieß ebenfalls auf das Problem, dass das Know-how in den Niederlanden nicht verfügbar war. Das Bürogebäude sollte in jeder Hinsicht ein nachhaltiges Gebäude sein, unter anderem auch durch die Verwendung von Recyclingmaterialien (alte Jeans wurden zum Beispiel als Tapeten verwendet). Letztlich hat er seine Informationen aus Deutschland beziehen müssen.   Dennoch ist das Thema Ökologie auch beim Bauen angekommen: Die Wärmedämmmaßnahmen werden immer besser, solare Brauchwassererwärmung ist bei den höherwertigen Wohnbauprojekten fast schon Standard. Ich bin mir aber nicht sicher, ob die Menschen das Thema schon richtig verinnerlicht haben. Ökologisches Wohnen scheint bei uns eher eine Frage des Lebensstils, weniger eine grundsätzliche Notwendigkeit zu sein

In Deutschland wird in den Medien das neue Interesse am Wohnen in der Stadt gefeiert, gibt es diese Tendenzen auch in den Niederlanden?   Das Ideal der meisten Menschen ist nach wie vor das freistehende Einfamilienhaus im Grünen. Oder, besser gesagt, das Ideal ist eine kleine, mitten in Amsterdam gelegene Farm – natürlich will man nah an den städtischen Einrichtungen sein, das Ideal ist aber nicht, in einem mehr oder weniger attraktiven Geschosswohnungsbau zu leben. Die Menschen akzeptieren Appartements nur in den größeren Städten. In Amsterdam gibt es auch kaum Alternativen. Der Erfolg der individuellen Stadthäuser auf Steiger Island zeigt aber, dass das eigene Haus auch in der Großstadt nicht an Attraktivität verloren hat.

Frau van't Klooster, wir danken für das Gespräch.

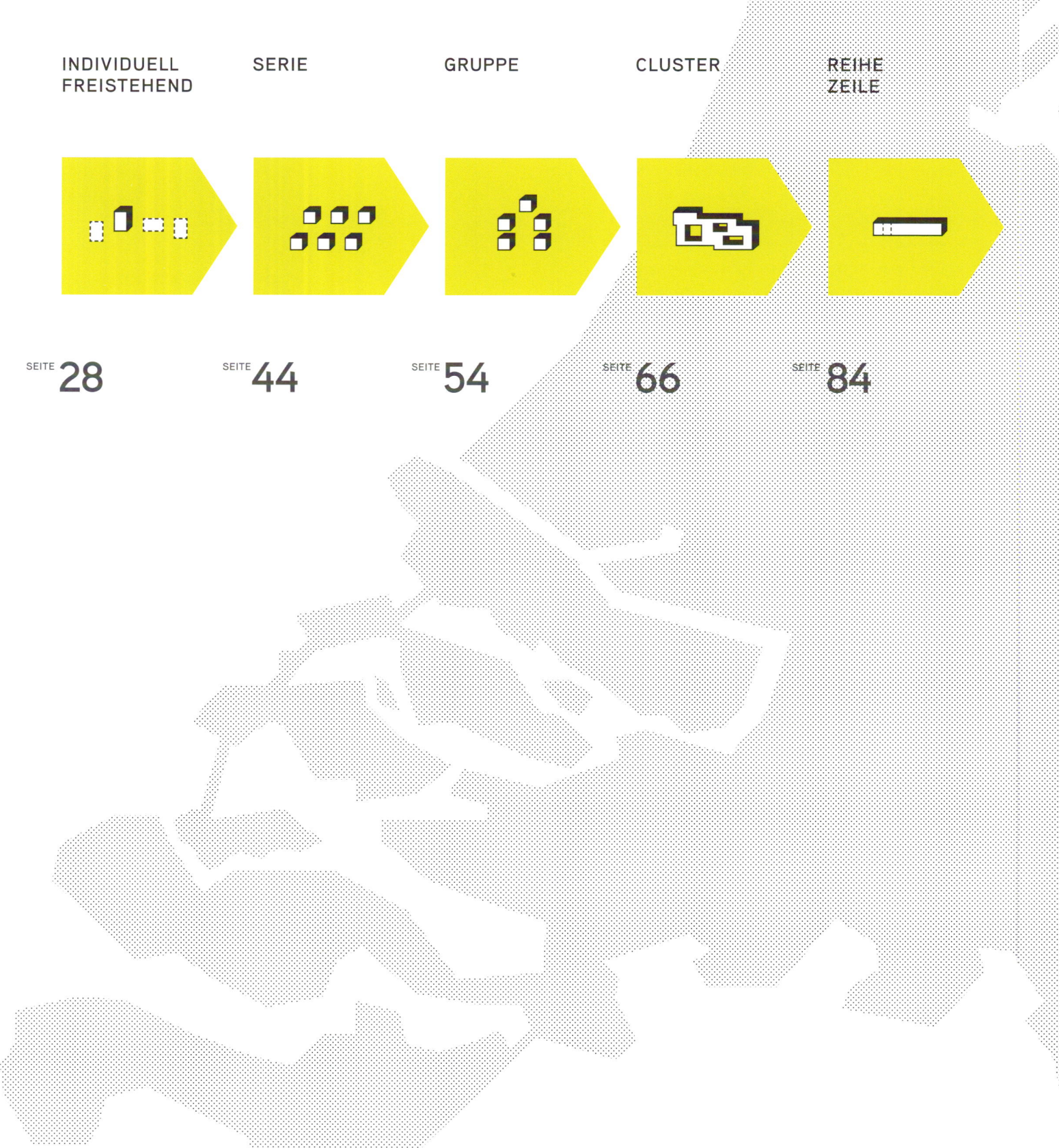

INDIVIDUELL
FREISTEHEND

SERIE

GRUPPE

CLUSTER

REIHE
ZEILE

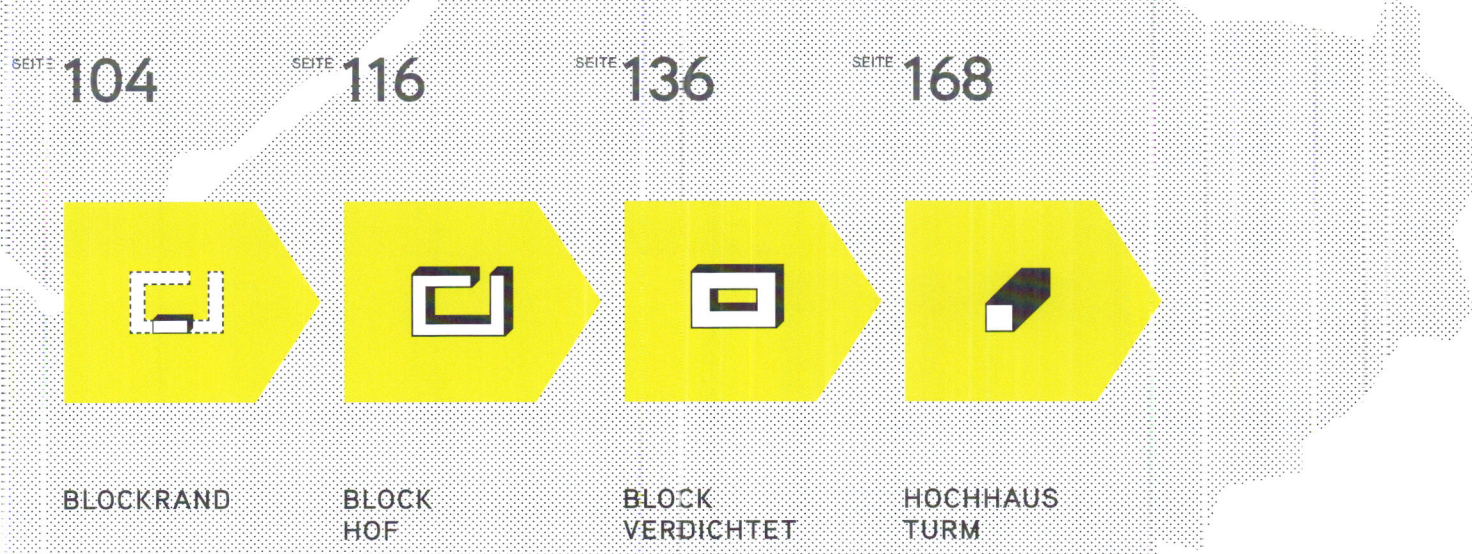

PROJEKTE →

Das Haus Van den Boogaard liegt von Wald umgeben am Südrand des Dorfes Steensel, nur wenige Kilometer von Eindhoven entfernt. Aufgrund der Lage am Landschaftsschutzgebiet durfte anstelle eines ursprünglich vorhandenen Wohnhauses nur ein gleich großes Gebäude entstehen. Um dennoch das gewünschte Raumprogramm umsetzen zu können, entschieden sich Architekt und Bauherr, das Haus als schlanken, eleganten, bungalowartigen Baukörper zu realisieren, ganz in der Tradition moderner Villen, und einen Teil der Nutzung ins Untergeschoss zu legen.

Das leicht außermittig, quer auf dem Grundstück stehende Gebäude ist bei 29 Metern Länge nur 7 Meter tief und etwa 6 Meter hoch. Zur Betonung der gewünschten vornehmen Einfachheit und Klarheit wurde das anthrazitfarbene Mauerwerk in gleichbleibender Höhe um den Baukörper herumgezogen. Dank der geringen Haustiefe kann man an sorgfältig ausgewählten Stellen von außen durch das Haus hindurchschauen. Betritt man das Gebäude von der zurückhaltenden Eingangsseite, so ist man von den lichten Räumen im Inneren überrascht. Eingangsbereich und Wohnzimmer sind hinter der umlaufenden Fassade überhoch ausgeführt, Lichtbänder in Decke und Wand sorgen für unerwartete Ausblicke und über den ganzen Tag hinweg für ein abwechslungsreiches Licht- und Schattenspiel auf den weiß verputzten Wänden. Die Räume im Erdgeschoss, Wohnzimmer, Esszimmer, Küche, Schlafzimmer, Garderobe und Badezimmer, reihen sich längs des Grundrisses auf und öffnen sich zu Terrasse, Teich und Pool. Im Ober-

01

PROJEKT

WOHNHAUS VAN DEN BOOGAARD

EXKLUSIVITÄT ⋮ FAMILIENWOHNEN ⋮ INDIVIDUALITÄT ⋮ INNOVATION ⋮ LAND
LANDSCHAFT ⋮ LUXUS ⋮ WOHNATMOSPHÄRE

03   04   05

geschoss, über dem Wohntrakt, befindet sich lediglich ein kleines Schlafzimmer mit angrenzender Dachterrasse, der erdgeschossige Schlaftrakt ist nicht überbaut.

Im Untergeschoss sind die über eine Außenrampe befahrbare Doppelgarage, zwei Gästezimmer, Nebenräume und – so gehört es sich für eine Villa – der Weinkeller untergebracht.

LAGEPLAN

01   An sorgfältig definierten Stellen kann man durch das Haus hindurchsehen.

02   Zugangsbereich mit Außentreppe zur Garage

03   Lichtbänder in Decke und Wand sorgen für ein abwechslungsreiches Licht- und Schattenspiel.

04   Eingangsbereich und Wohnzimmer sind hinter der umlaufenden Fassade überhoch ausgeführt.

05   Zugangsbereich bei Nacht

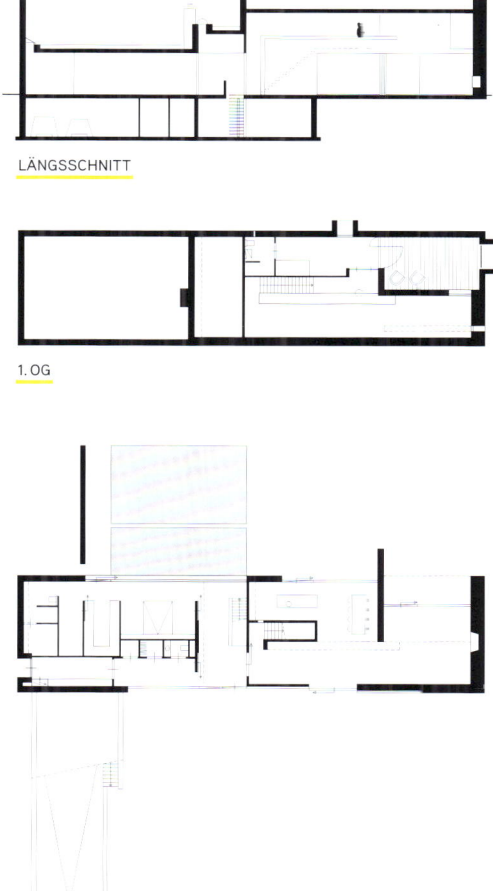

LÄNGSSCHNITT

1. OG

EG

ORT/STRASSE	FERTIGSTELLUNG	ARCHITEKT
STEENSEL, STEVERT 4	2006	BEDAUX DE BROUWER ARCHITECTEN BV BNA, GOIRLE	WWW.BEDAUXDEBROUWER.NL

PROJEKTARCHITEKT	MITARBEITER		AUFTRAGGEBER
JACQ. DE BROUWER	INGEBORG DANKERS, KEES PAULUSSEN, RIEN LAGERWERF		PRIVAT

INDIVIDUELL
FREISTEHEND

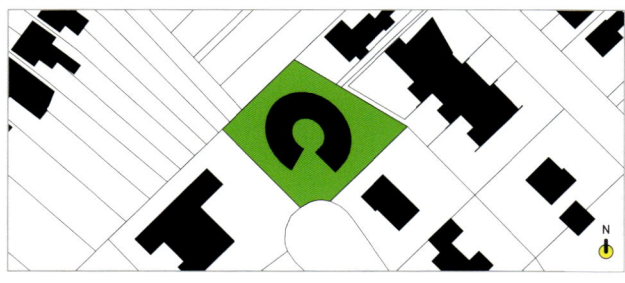

01

Höhle, Scheune, Raumschiff, Schlange? Ganz unterschiedliche Assoziationen weckt die Villa Meindersma. Und tatsächlich ist es die Kombination von archaischen und futuristischen Elementen, die dieses Haus so einzigartig macht. Ein introvertiertes Haus: Basierend auf einem nicht ganz geschlossenen ellipsoiden Grundriss sind im Erdgeschoss alle Räume auf den leicht angehobenen Innenhof orientiert. Die mit schwarzem Schiefer geschuppte Außenhülle ist fensterlos. Der Hofbereich dagegen ist voll verglast und die verschieden getönten Dachschindeln strahlen in Verbindung mit den honigfarben lasierten Holzfenstern eine ländliche Atmosphäre aus. Ganz anders der Innenraum: Die dynamisch gekurvte, ganz in Weiß gehaltene Wohnhalle mit dem schwarzen, abgehängten Kaminofen wirkt wie die Kommandozentrale eines Sternenkreuzers. Ein schmales Fensterband entlang dem Dachfirst projiziert ein faszinierendes, sich mit den Tageszeiten veränderndes Lichtspiel auf Wand und Boden. Etwa in der Mitte der Wohnhalle liegt der Treppenabgang in das Untergeschoss. Hier befinden sich die Kinderzimmer, ein großzügiger Vorraum zum Spielen,

die Sauna und die Abstellräume. Das davorliegende Gelände ist abgegraben und die Wohnräume haben direkten Zugang in einen abgesenkten Gartenhof, in den sich die beiden heranwachsenden Söhne der Familie zurückziehen können. Doch zunächst steht noch die Gemeinsamkeit der Familie im Vordergrund, denn wie der Architekt Branimir Medić in einem kürzlich erschienenen Beitrag der New York Times über das Gebäude erläutert: »Die Momente, in denen alle beieinander sind, sind heute viel wichtiger als früher, denn sie klappen viel seltener als es eigentlich notwendig wäre.«[25] Und für diese wertvollen Augenblicke ist die Villa Meindersma das perfekte Haus.

LAGEPLAN

PROJEKT
VILLA MEINDERSMA

EXKLUSIVITÄT : FAMILIENWOHNEN : INDIVIDUALITÄT : INNOVATION : LAND
LUXUS : SIEDLUNG : WOHNATMOSPHÄRE

02

03 04

C1 Im Erdgeschoss sind alle Räume zum leicht angehobenen Innenhof hin orientiert.

C2 Fensterlos: die schwarz geschuppte Außenhülle

C3 Ein schmales Fensterband im Dach projiziert ein faszinierendes Lichtspiel auf Wand und Boden.

C4 Der abgehängte Kaminofen wirkt wie die Kommandozentrale eines Sternenkreuzers.

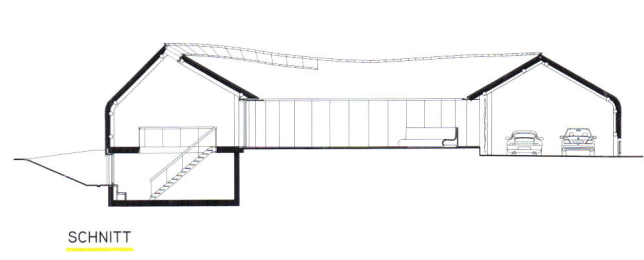

SCHNITT

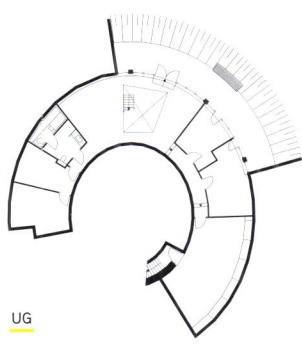

UG

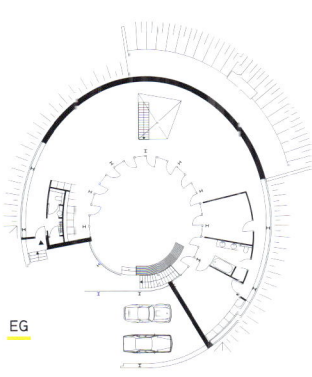

EG

ORT/STRASSE	FERTIGSTELLUNG	ARCHITEKT
HAAKSBERGEN, KROONPRINS 33	2006	DE ARCHITEKTEN CIE., AMSTERDAM	WWW.CIE.NL

PROJEKTARCHITEKTEN	MITARBEITER	AUFTRAGGEBER
BRANIMIR MEDIĆ & PERO PULJIZ	H. HAMMINK, R. LAMBRECHTS, S. MOERMAN, S. OEHLERS, J. METZ, D. SCHOLTEN	PR VAT

INDIVIDUELL
FREISTEHEND

01

02

Während die meisten Häuser in dem kleinen Neubauviertel am Orts-
rand von Venlo senkrecht zur Straße orientiert sind, steht die nach den
Namensinitialen der Eigentümer benannte Villa PPML parallel dazu.
Sie gehört zu den sieben sogenannten Architekten-Grundstücken, die
nach dem von West 8 erarbeiteten Masterplan den gleichförmigen
Rhythmus der aneinandergereihten Einfamilienhäuser mildern sollen.
Eine weitere städtebauliche Rahmenbedingung, nämlich dass die
Wohnetage 80 Zentimeter über der Eingangsebene liegen soll, inspirierte diederendirrix zu einer ungewöhnlichen Splitlevel-Lösung und
einer spannenden Inszenierung der Wegräume.
Aus der straßenseitig gelegenen Eingangsdiele führt eine Rampe parallel zur Küchenzeile auf den höher gelegenen Koch-, Ess- und Wohnbereich. Ein kürzerer Weg steht mit einer hinter der Brüstung leicht
versteckten, kaum 50 Zentimeter breiten Treppe zur Verfügung. Von
dem zur Gartenseite voll verglasten Wohnraum geht es ein Halbgeschoss höher zum Elternschlafzimmer, das sich ebenfalls zum Garten
orientiert. Ein umlaufendes Betonband, mal Vordach, mal Wand oder

03 PROJEKT
VILLA PPML

EXKLUSIVITÄT ⋮ FAMILIENWOHNEN ⋮ INDIVIDUALITÄT ⋮ INNOVATION
LUXUS ⋮ SIEDLUNG ⋮ WOHNATMOSPHÄRE

Balkon, bindet Wohn- und Schlafbereich formal in der Fassade zusammen. Der Treppe weiter folgend erreicht man das um eine halbe Haustiefe zurückgesetzte Obergeschoss, hier sind die Kinder- und Gästezimmer am verglasten Flur aufgereiht. Auf der gleichen Ebene wie das Elternschlafzimmer ist zusätzlich ein kleines Büro angeordnet. Separat vom Eingangsbereich erschlossen, bildet es gleichsam die Kommandozentrale des Hauses. Durch die gläserne Trennwand hat man Rampe und Wohnraum im Blick.

Geschickt nutzen die Architekten das Spiel mit den Höhen: Unter dem seitlich auskragenden Zwischengeschoss wird geparkt. Hier befindet sich auch der Zugang zum Keller, den man bequem, ebenfalls über eine Rampe, beschicken kann.

03

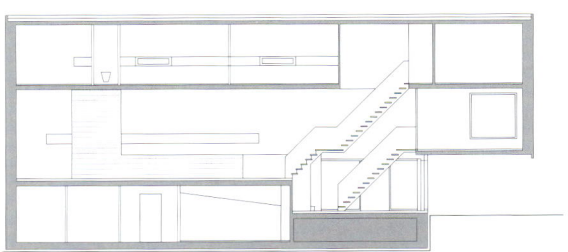

LÄNGSSCHNITT

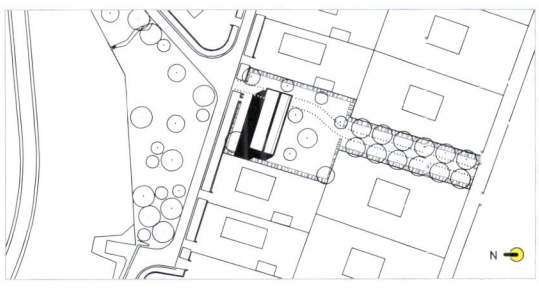

LAGEPLAN

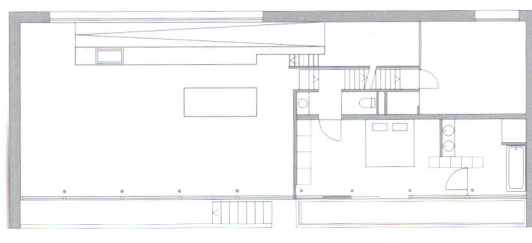

.OG

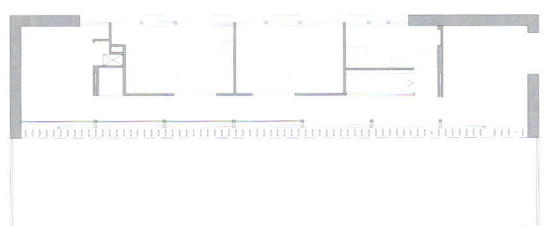

2.OG

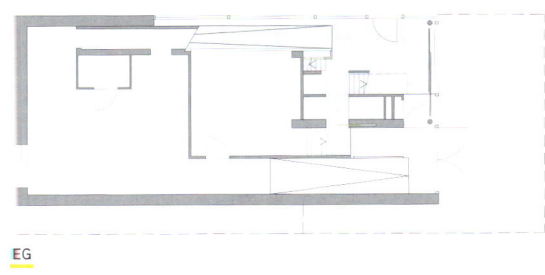

EG

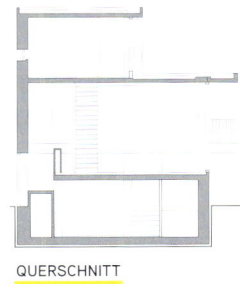

QUERSCHNITT

01 Ein umlaufendes Betonband, mal Vordach, mal Wand oder Balkon, bindet Wohn- und Schlafbereich formal zusammen.

02 Unter dem seitlich auskragenden Zwischengeschoss wird geparkt.

03 Die ungewöhnlichen Splitlevel-Lösung lässt vielfältige Blickbeziehungen zu.

ORT/STRASSE
VENLO, OSCAR LEEUWLAAN

FERTIGSTELLUNG
2004

ARCHITEKT
DIEDERENDIRRIX, EINHOVEN | WWW.DIEDERENDIRRIX.NL

PROJEKTARCHITEKT
BERT DIRRIX

MITARBEITER
KAREL VAN EIJKEN, IWAN WESTERVEEN, MARC VERHOEF, JORIS VAN DER LINDEN

AUFTRAGGEBER
PRIVAT

INDIVIDUELL
FREISTEHEND

01

01 Der Garten ist vor Einblicken von außen schützt.

02 Der Baukörper reagiert auf die dreiseitig umlaufende Erschließungsstraße.

03 Ein kleiner, schön bepflanzter Patio verstärkt die introvertierte, private Wirkung des Raums.

04 Aufgang zur Arbeitsgalerie der Mutter über dem Wohnzimmer der Kinder

02

Die Baufamilie, Vater, Mutter und vier Kinder, wünschte sich ein Haus, in dem die große Familie zwanglos zusammenleben kann, jedes Mitglied aber auch seinen eigenen Rückzugsbereich hat. Erschwerend kam hinzu, dass das Grundstück dreiseitig von Straßen umgeben ist. Die Architekten, mit dieser kniffligen Aufgabe konfrontiert, entwickel-

ten einen L-förmigen Hofhaustyp, der zum einen eine großzügige Verteilung der Räume über die Fläche erlaubt, zum anderen den Garten vor Einblicken von außen schützt. Der Erdgeschossgrundriss ist mit Ausnahme des Elternschlafzimmers als offener, fließender Raum konzipiert. Neben dem repräsentativen Wohnbereich gibt es als besonde-

04 WOONHUIS VD BERG

EXKLUSIVITÄT : FAMILIENWOHNEN : INDIVIDUALITÄT : INNOVATION
LUXUS : SIEDLUNG

03   04

res Extra ein eigenes Wohnzimmer für die Kinder, einen leicht abgesenkten Spielbereich mit Bezug zum Garten. Direkt über dem
Spielbereich liegt der Rückzugsraum der Mutter. Über die Galerie
immer im Blickkontakt mit den spielenden Kindern, kann sie hier
ungestört eigenen Tätigkeiten nachgehen.
Küche und Essbereich liegen im Zentrum des Grundrisses zwischen
Wohnbereich und Spielbereich. Hier trifft sich die ganze Familie zu
den gemeinsamen Mahlzeiten; ein kleiner, schön bepflanzter Patio

verstärkt das private, introvertierte Raumerlebnis. Zur Zugangsseite
hin präsentiert sich das Gebäude zweigeschossig, im Obergeschoss
befinden sich die vier Kinderzimmer.
Neben der für die sechsköpfige Familie perfekt ausgelegten Grund-
rissorganisation, den vielfältigen, spannender Blickbeziehungen zwischen Innen- und Außenraum überzeugt das Haus durch sorgfältige
Materialwahl und Detaillierung.

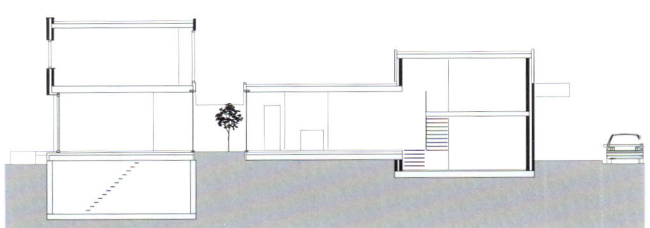

SCHNITT

EG   1. OG

LAGEPLAN

ORT/STRASSE	FERTIGSTELLUNG	ARCHITEKT
EINDHOVEN MEERHOVEN, GRASBOOM 24	2007	DOG ARCHITECTEN ZUID, EINDHOVEN	WWW.DOG-ARCHITECTEN-ZUID.N_

PROJEKTARCHITEKT	MITARBEITER	AUFTRAGGEBER
IR. JAN HEIN JANSSENS	ERIC VAN HERK	PRIVAT

INDIVIDUELL
FREISTEHEND

01

Etwas außerhalb der Groninger Innenstadt liegt der Europapark, in dem die Stadt nach dem Masterplan des Architekten Wiel Arets ein großes multifunktionales Stadtquartier realisiert. Neben dem Heimstadion des Fußballclubs FC Groningen und großen Büro- und Gewerbeflächen ist auch ein rund 400 Wohneinheiten umfassendes neues Wohnquartier Teil des Areals. Die überwiegend individuell gebauten, freistehenden Häuser stehen im Gebiet »de Linie« in mehreren streifenförmigen Baufeldern dicht an dicht. Dennoch gilt das Quartier als gute Lage, geschätzt werden die Nähe zur Stadt und die von Kanälen durchzogenen Freiflächen. Mitte 2005 konnten der Architekt John Timmer und seine Frau eine 190 Quadratmeter große Parzelle erwerben. Von Anfang an war klar, dass das Haus vertikal organisiert werden musste, um möglichst viel Außenraum freihalten zu können. Der elegante, kupferummantelte Hauptbaukörper ist 4 Meter breit, 15 Meter lang und 10 Meter hoch. Der Grundriss ist offen organisiert. Zweigeschossige Bereiche, auf der einen Seite das Esszimmer, auf der anderen das Wohnzimmer, liegen sich, um ein Geschoss versetzt und

durch das offene Treppenhaus verbunden, diagonal gegenüber. Im Obergeschoss befinden sich Schlafzimmer und Bad, im Erdgeschoss zusätzlich ein kleines Büro. Alles, was in dieses Bauvolumen nicht mehr hineinpasste, hat der Architekt in Form von holzverkleideten Boxen angebaut oder außen an die Fassade gehängt: Garage, Küche und Wohnerker. Eine große, von der Straße aus unsichtbare Dachterrasse krönt das Haus.

Dass die niederländische Bauwirtschaft noch immer auf große Auftragsvolumina ausgelegt ist, zeigte sich bei der Suche nach geeigneten Firmen. Viele hielten das Projekt für zu kompliziert oder gaben überteuerte Angebote ab. Unterstützt von einigen Handwerkern haben die Bauherren weite Teile in Eigenarbeit erstellt. Die Bauzeit von mehr als zwei Jahren sieht der Architekt aber positiv: »Es war schön, das Haus wachsen zu sehen, und manches, was im Alltag normalerweise schnell geplant und gebaut werden muss, konnte bei uns immer nochmals überdacht und angepasst werden.«

05 WOHNHAUS DE SCHANS 12

DICHTE : FAMILIENWOHNEN : INDIVIDUALITÄT : INNENSTADT : INNOVATION
WOHNATMOSPHÄRE

01 Der elegante, kupferummantelte Hauptbaukörper ist lediglich vier Meter breit.

02 Blick in den kleinen, geschützten Gartenhof

03 Was in den schlanken Hauptbaukörper nicht hineinpasste, wurde angebaut oder angehängt.

04 Offener Wohnbereich mit Blick auf den Kanal

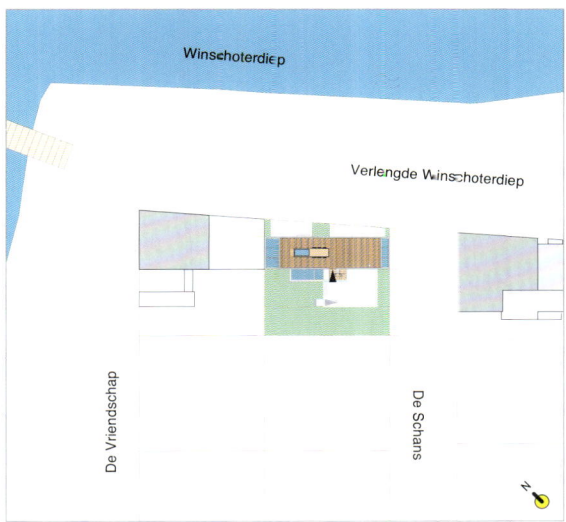

LAGEPLAN

EG

1. OG

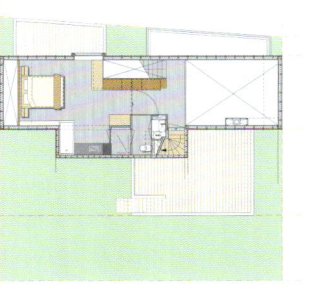

2. OG

DACHTERASSE

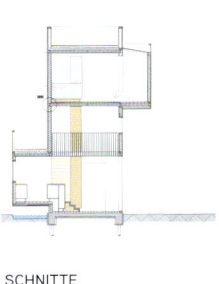

SCHNITTE

ORT/STRASSE	FERTIGSTELLUNG	ARCHITEKT	PROJEKTARCHITEKT	AUFTRAGGEBER
GRONINGEN, DE SCHANS 12	2008	JOHN TIMMER ARCHITECT AVB, GRONINGEN	JOHN TIMMER	PRIVAT

INDIVIDUELL
FREISTEHEND

01

Die Architekten bezeichnen das Haus selbst als »dogmA house«. Inspiriert von den Dogma-Regeln des dänischen Regisseurs Lars von Trier und durch Diskussionen mit der Baufamilie – die Eheleute sind als Psychologen und Meditationstrainer tätig – haben Onix ein Zehn-Punkte-Programm für das Haus aufgelegt, das von der Identität des Ortes über die Auflösung der Grenzen zwischen Innen und Außen, der Vermeidung von modischen Elementen bis hin zur Forderung nach Materialgerechtigkeit geht. Wie bei vielen anderen Wohnhäusern aus dem Büro Onix hat die friesische Landschaft den Entwurf der Villa Maarsingh geprägt. Das als schräge, begehbare Fläche interpretierte, weit heruntergezogene Dach und auch die Verwendung von Holz für Konstruktion und Fassade erinnern an die regionale ländliche Bauweise.

Das Haus wirkt weit größer als es tatsächlich ist. Im Erdgeschoss des Baukörpers sind das zum Freibereich ausgerichtete Wohnzimmer und die Küche mit Essplatz angeordnet. Seitlich unter dem schützenden Dach befindet sich der Kindertrakt. Die Kinderzimmer sind auf das absolute Mindestmaß reduziert, dafür dient der Erschließungsflur als

02

06 PROJEKT
VILLA MAARSINGH

EXKLUSIVITÄT ⋮ FAMILIENWOHNEN ⋮ INDIVIDUALITÄT ⋮ INNOVATION
LANDSCHAFT ⋮ SIEDLUNG ⋮ WOHNATMOSPHÄRE ⋮ WOHNEN AM WASSER

04

05

06

gemeinsame Spielfläche. Unter dem Dachspitz im Obergeschoss liegt das Schlafzimmer der Eltern, das über eine Arbeitsgalerie zugänglich ist. Die Besonderheit am Raumkonzept ist, dass alle Bereiche eine eigene Höhenlage haben. Küche und Essbereich sind gegen den Wohnbereich ein paar Stufen angehoben, der Kinderbereich dagegen leicht abgesenkt. Von der Arbeitsgalerie führen ebenfalls einige Stufen zum Schlafzimmer der Eltern. Decken und Böden sind in Bewegung. Die Folge ist, dass der Räume trotz klarer funktionaler Differenzierung fließend ineinander übergehen. 2006 wurde das Haus mit dem Friesischen Architekturpreis ausgezeichnet. Die Jury lobte es als starkes, kompromissloses Gebäude. Dem kann man nur zustimmen.

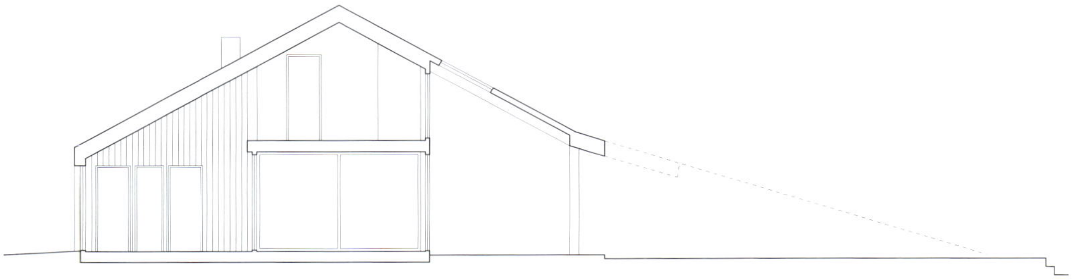

SCHNITT

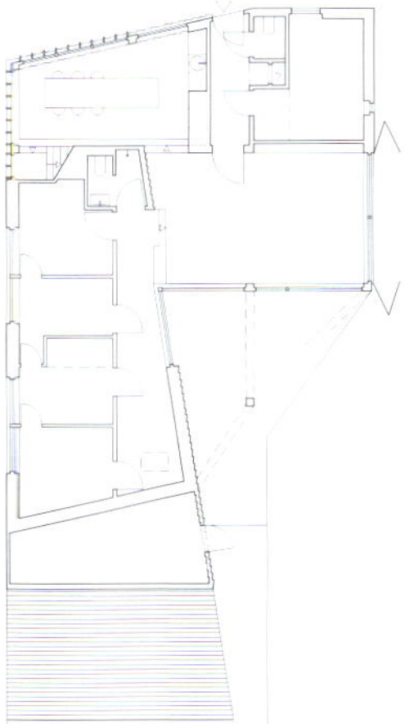

EG

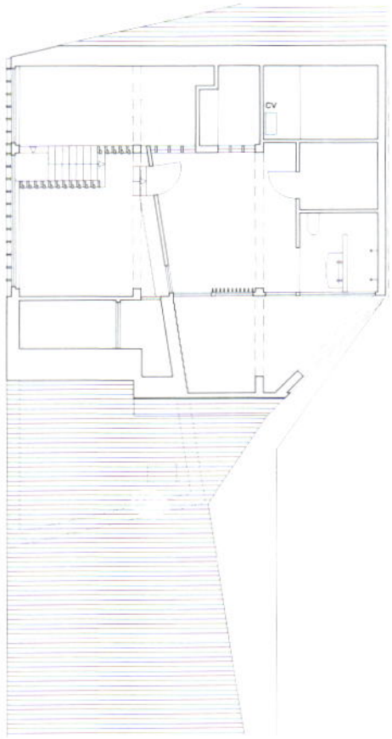

1.OG

01 Das als begehbare Fläche ausgebildete, weit heruntergezogene Dach erinnert an die regionale Bauweise.

02 Entwurfsskizze

03 Küche mit Ausblick in die Landschaft

04 Arbeitsgalerie und Schlafzimmer der Eltern

05 Baustellenfoto

06 Eingangsseite

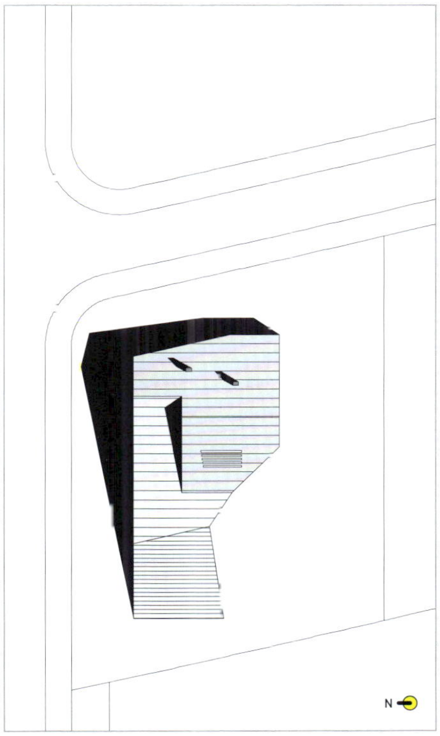

LAGEPLAN

N

ORT/STRASSE	FERTIGSTELLUNG	ARCHITEKT
LEEUWARDEN, MOLEPLAAT	2005	ONIX BV, GRONINGEN	WWW.ONIX.NL

PROJEKTARCHITEKTEN	MITARBEITER	AUFTRAGGEBER
HAIKO MEIJER, ALEX VAN DE BELD	RENÉ HARMANNI	PRIVAT

INDIVIDUELL FREISTEHEND

01

Der »Zilveren Zwaan« (Silberne Schwan) liegt im Teilgebiet Het Zand des Neubauviertels Leidsche Rijn bei Utrecht. Leidsche Rijn gilt mit rund 30 000 Wohneinheiten als das größte Stadterweiterungsgebiet, das im Rahmen des Vinex-Bauprogramms bis 2020 realisiert wird. Das dreieckige Baugrundstück markiert dabei den Übergang zwischen einer dichten Reihenhausbebauung im Westen und dem derzeit in Realisierung befindlichen Park Groot Zandveld im Osten. Im zukünftigen Stadtpark sind archäologische Ausgrabungsstätten, darunter die Überreste einer römischen Siedlung aus dem ersten Jahrhundert zu

sehen. In der Nachbarschaft dazu haben die Architekten VenhoevenCS ein futuristisches Kinderzentrum mit Schulen und Kinderbetreuungseinrichtungen entworfen. Der städtebauliche Rahmenplan gibt vor, dass mehrere kompakte Wohngebäude, von den Planern Raumschiffe genannt, in den Park eingestreut sein sollen. Mit Zilveren Zwaan setzen VenhoevenCS eine entsprechende Landmarke am Rand des Parks. 22 Eigentumswohnungen stehen, in einem Vierspänner organisiert, auf einer sockelartig ausgebildeten Tiefgarage. Die expressive Außenform beruht auf einem gestalterischen Experiment: Eigenen

07 PROJEKT
DE ZILVEREN ZWAAN

DICHTE ⋮ EXKLUSIVITÄT ⋮ FAMILIENWOHNEN ⋮ GESCHOSSWOHNUNGSBAU
LANDSCHAFT ⋮ SIEDLUNG ⋮ WOHNATMOSPHÄRE

02

03

04

Angaben zufolge kombinieren die Architekten spielerisch und unter Bezugnahme auf die Themen des Parks archäologische, ruinenartige Versatzstücke mit Designelementen aus der Science-Fiction-Kultur. Die Größen und Formen der Balkone und Loggien variieren dabei von Geschoss zu Geschoss, zwei Penthousewohnungen formen die skulpturale Dachlandschaft.

01 Mit dem Wohngebäude Zilveren Zwaan setzen VenhoevenCS eine Landmarke am Rand des Parks.

02 Das Gebäude steht auf einer sockelartig ausgebildeten Tiefgarage.

03 Größen und Formen der Balkone und Loggien variieren von Geschoss zu Geschoss.

04 Zwei große Penthousewohnungen formen die skulpturale Dachlandschaft.

ORT/STRASSE	FERTIGSTELLUNG	ARCHITEKT
UTRECHT, LEIDSCHE RIJN, VAN EESTERENSTRAAT 20–62	2008	VENHOEVENCS, AMSTERDAM	WWW.VENHOEVENCS.NL

PROJEKTARCHITEKT
TON VENHOEVEN

MITARBEITER
ERWIN HILBRANDS (PROJEKTLEITER), JOS-WILLEM VAN OORSCHOT, MANFRED WANSINK, DANNY ESSELMAN, PETER HEIDEMAN, ARJEN ZAAL

AUFTRAGGEBER
OVAST ONTWIKKELING BV, UTRECHT

FREISTEHEND

01　Der Entwurf wurde von Designelementen aus der Science-Fiction-Kultur beeinflusst.

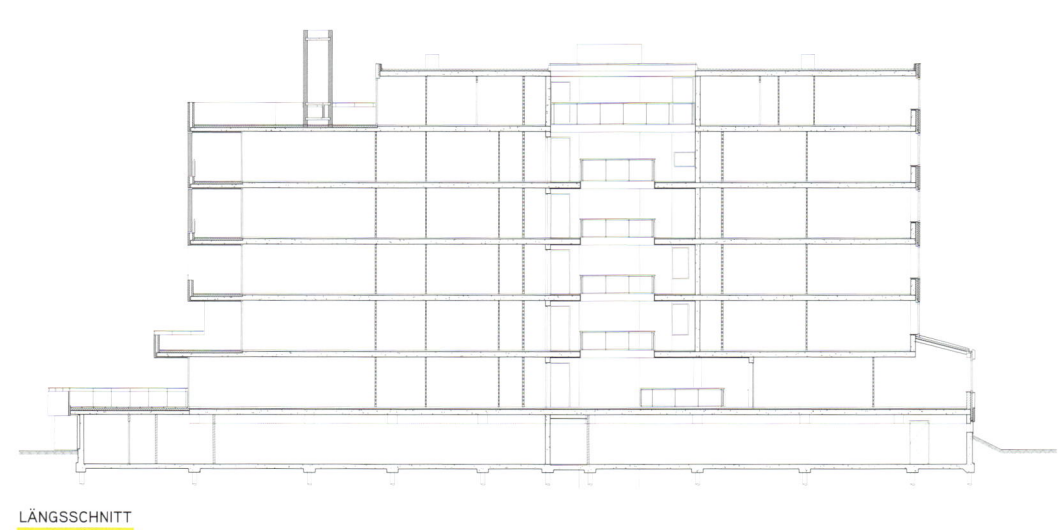

LÄNGSSCHNITT

LAGEPLAN

1. OG

5. OG

EG

2. OG

FREISTEHEND

01

02

03

Die in unmittelbarer Nähe zum Fluss Spaarne gelegene, idyllische Wohnsiedlung gilt in den Niederlanden als Musterprojekt für nachhaltigen Städtebau und nachhaltige Architektur. Das Grundstück wurde ehemals von einem gemeinnützigen Sozialunternehmen namens Paswerk genutzt. Ein erstes Wettbewerbsverfahren zur Neustrukturierung blieb zunächst ohne Realisierungsempfehlung. In der zweiten Runde konnten das Architectuurstudio HH und der Investor Blauwhoed-Eurowoningen dann mit einem radikal überarbeiteten, auf Nachhaltigkeit ausgerichteten Konzept überzeugen.

Der Entwurf besteht aus 119 Häusern, angeordnet in drei Baufeldern. Die Wohnquartiere sind autofrei und stellen besonders für Familien mit Kindern kleine, behütete Spielparadiese dar. Geparkt wird in Gemeinschaftsgaragen, die gut versteckt in den Bauvolumen der über 200 Quadratmeter großen Kanalhäuser integriert sind. Die luxuriösen, gereihten Kanalhäuser bilden das Rückgrat jeder Siedlungseinheit. Über eine kleine Brücke wird jeweils ein intimer Nachbarschaftsplatz erschlossen, der von kleineren Patiohäusern umrahmt ist. Wo immer es möglich war, wurde bei der Dimensionierung der Baufelder auf den Erhalt und die Integration des alten Baumbestands geachtet. Alle Häuser sind mit ihren Freiflächen, Balkonen, Loggien und Patios nach Süden ausgerichtet und verfügen über Sonnenkollektoren zur

08 PROJEKT
PASWERK

FAMILIENWOHNEN : GEMEINSCHAFT : LANDSCHAFT : ÖKOLOGIE
PARTIZIPATION : SIEDLUNG : WOHNATMOSPHÄRE : WOHNEN AM WASSER

Brauchwassererwärmung. Im Rahmen des Nachhaltigkeitskonzepts wurden in 88 Häusern zusätzlich Wärmerückgewinnungsanlagen eingebaut. Regenwasser wird in einem Kanalnetz gesammelt, das 13,5 Prozent der Baufläche ausmacht. Zudem sind die als bewegte Hügellandschaft ausgebildeten Dächer der Patiohäuser begrünt und werden so zum Identifikationsmerkmal des verdichteten Quartiers. Wie bei vielen anderen Projekten des Bürogründers Herman Hertzberger durften die Bewohner auch beim Paswerk die Aufteilung ihres Hauses selbst bestimmen, und dank der durchgesteckten, offenen Grundrisse blieb auch kaum ein Wunsch unerfüllt: Einige Bewohner haben ein kleines Büro eingerichtet, andere einen Wellnessbereich mit Sauna.

04

LAGEPLAN

TYP KANALHAUS

SCHNITT

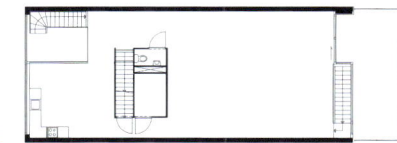

2. OG

TYP PATIOHAUS

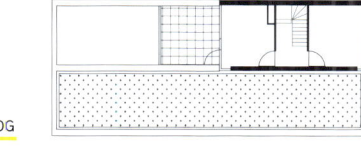

I. OG

OG

 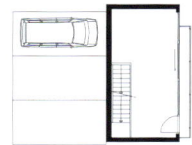

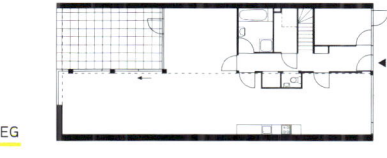

EG

EG

01 Alle Häuser sind mit ihren Freiflächen nach Süden ausgerichtet.

02 Die luxuriösen, gereihten Kanalhäuser bilden das Rückgrat jecer Siedlungseinheit.

03 Über eine kleine Brücke wird jeweils ein intimer autofreier Nachbarschaftsplatz erschlossen.

04 Blick in einen Patio

ORT/STRASSE
HAARLEM, SCHOOLENAERLAAN

FERTIGSTELLUNG
2007

ARCHITEKT
ARCHITECTUURSTUDIO HH ARCHITECTS AND URBAN DESIGNERS, AMSTERDAM | WWW.AHH.NL

PROJEKTARCHITEKT
IR. PATRICK FRANSEN

MITARBEITER
IR. JEROEN BAIJENS

LANDSCHAFTSARCHITEKT
QUADRAT, ATELIER VOOR STEDEBOUW, LANDSCHAP EN ARCHITECTUUR, ROTTERDAM

AUFTRAGGEBER
BLAUWHOED-EUROWONINGEN, ROTTERDAM

SERIE

01

02

Die Driegatenbrug, einst ein großes bäuerliches Anwesen, liegt in einem Bogen des Flusses Zijl, im Übergang zwischen einem bestehenden Wohngebiet und der freien Landschaft. Die Fläche war größtenteils im Besitz der Gemeinde Leiderdorp, die gemeinsam mit dem Projektentwickler und weiteren Beteiligten die Planungsziele definierte: Schaffung eines breiten Angebots an Wohnungsformen, 30 Prozent davon im sozialen Wohnungsbau, sowie die Entwicklung einer durchgängigen gestalterischen Leitidee. Die notwendigen Stellplätze sollten möglichst versteckt angeordnet werden, die Gebäude sich in die ländlich geprägte Landschaft einfügen – oder, wie Groosman Partners es in ihrem Konzept ausdrücken, »zu Gast in der Landschaft« sein.

PROJEKT
POLDER-VILLEN DRIEGATENBRUG

EXKLUSIVITÄT : FAMILIENWOHNEN : GESCHOSSWOHNUNGSBAU
INNOVATION : LAND : LANDSCHAFT : SIEDLUNG : WOHNATMOSPHÄRE
WOHNEN AM WASSER : WOHNUNGSMIX

03

01 Die Wiesenlandschaft ist mit Poldervillen »bepflanzt«.

02 Poldervillen am Kanal

03 Der Bau mit Geschosswohnungen erinnert an eine Wasserburg.

04 Entlang der Landstraße ist das Areal durch leicht gebogene Reihenhauszeilen gefasst.

04

Entlang der Landstraße N445 ist das Areal durch drei leicht gebogene Reihenhauszeilen und einen Geschosswohnungsbau gefasst. Geschickt nutzen die Architekten den Höhenversatz zwischen Straße und Baugrundstück: Die Parkplätze und deren Zufahrt liegen unsichtbar unter den Häusern. Auch die Lösung des Schallschutzes gegen die stark befahrene Straße ist perfekt gelöst: Den Wohnräumen im Erd- und Obergeschoss sind zweigeschossige Wintergärten vorgestellt, das oberste Geschoss orientiert sich mit einer großzügigen Dachterrasse zur Landschaftsseite.

Die so geschützte Wiesenlandschaft ist mit zueinander versetzten Poldervillen »bepflanzt«. Kanäle rahmen die Baufelder ein und münden in einen See, in dessen Mitte ein von Festungsarchitekturen inspirierter exklusiver Wohnturm steht. Die 31 reetverkleideten, vier- bis fünfgeschossigen Poldervillen haben keine Privatgärten, sondern stehen jeweils auf einem gabionengerahmten Schotterbett, das nur wenig größer ist als der Baukörper – eine Reminiszenz an die geschotterten Wirtschaftsflächen traditioneller Bauernhöfe. Die als Doppel-

und freistehende Häuser konzipierten Villen sind im Prinzip gleich aufgebaut: Eine breite Freitreppe führt ins erste Obergeschoss, zum Eingang und auf die große, dem Wohnzimmer zugeordnete Südterrasse. Nach Norden besitzt das angehobene Wohnzimmer ein großes kastenförmiges Panoramafenster mit Blick in die freie Landschaft. Ein Geschoss tiefer wird geparkt, von der großen ebenerdigen Wohnküche sind es nur wenige Schritte zur offenen, gemeinsam genutzten Wiese. Im zweiten und dritten Obergeschoss legen die Schlafräume. Die fünfgeschossigen Villentypen haben zusätzlich eine in den Baukörper integrierte, von außen kaum einsehbare Dachterrasse.

Das Konzept von Groosman Partners geht auf: Die offene südholländische Landschaft und die privaten Nutzungen harmonieren zwanglos, und als Besucher möchte man die eigenwilligen, je nach Blickwinkel manchmal wie flügellose Windmühlen erscheinenden Gebäude nicht missen.

ORT/STRASSE
LEIDERDORP, VOERSTRAAT, MAALDERIJ, LORRIE, ZIJLSTROOM

FERTIGSTELLUNG
2008

ARCHITEKT
GROOSMAN PARTNERS BV, ROTTERDAM | WWW.GP.NL

PROJEKTARCHITEKT
MARK SIEBERS

MITARBEITER
WILKO VAN DER WILLIGEN

LANDSCHAFTSARCHITEKT
BOSCH & SLABBERS LANDSCHAPSARCHITECTEN, DEN HAAG

AUFTRAGGEBER
PROPER STOK, ROTTERDAM / DU PRIE, LEIDEN

SERIE

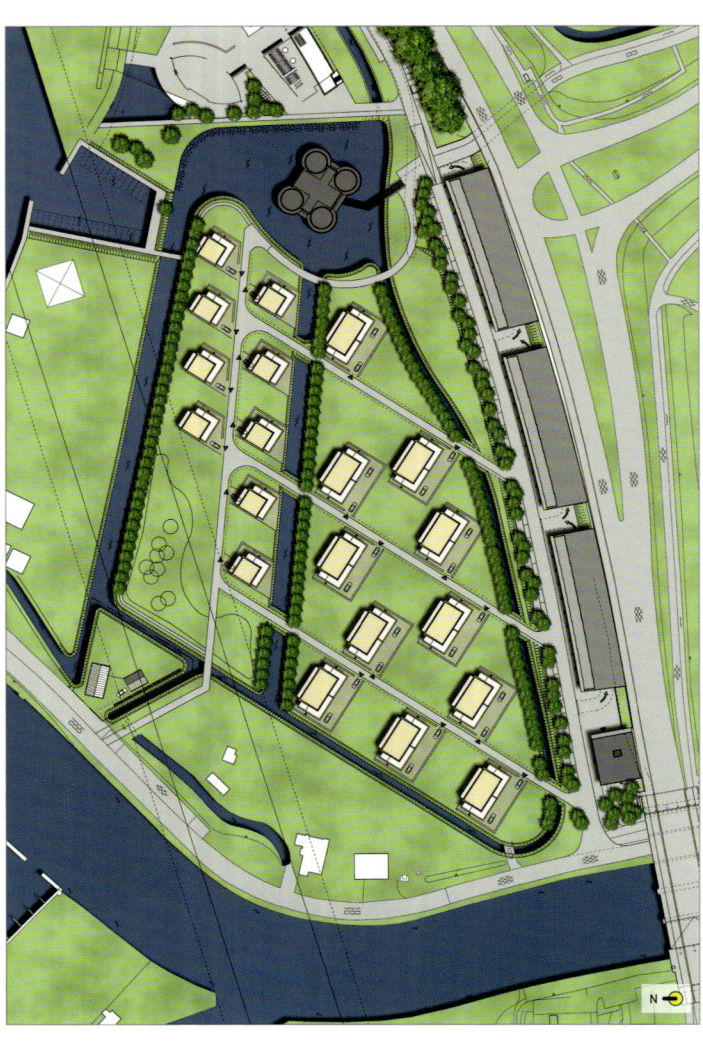

LAGEPLAN

POLDERVILLA

3. OG

2. OG

1. OG

SCHNITT

EG

09 POLDER-VILLEN DRIEGATENBRUG

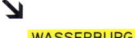

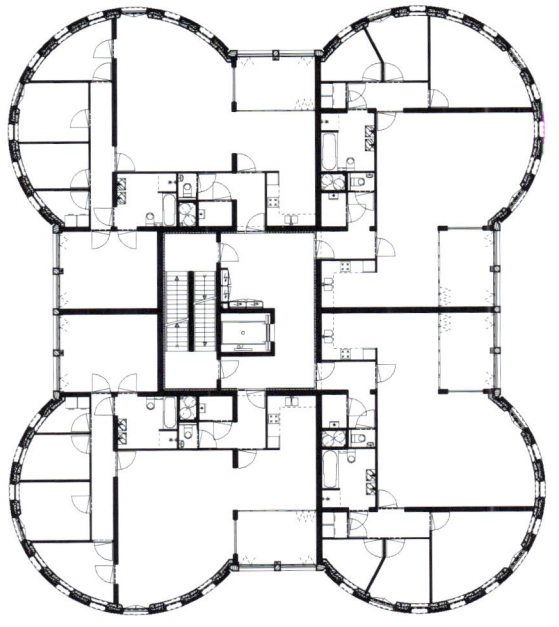

WASSERBURG

REGELGRUNDRISS

01 Zweigeschossige Wintergärten bilden einen wirksamen Schallschutz entlang der Straße

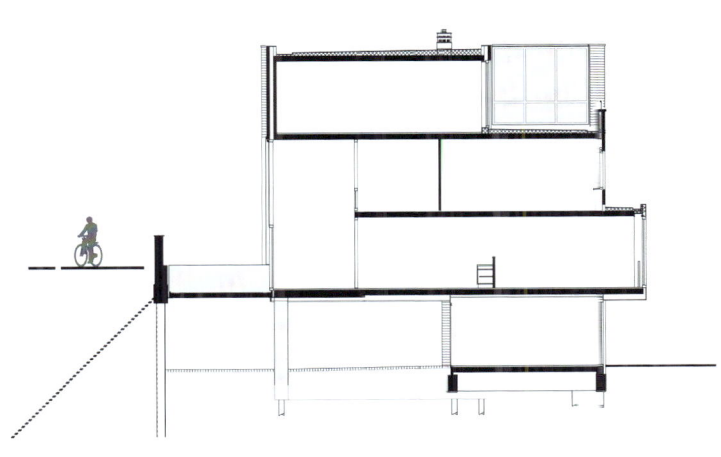

SCHNITT

REIHENHÄUSER

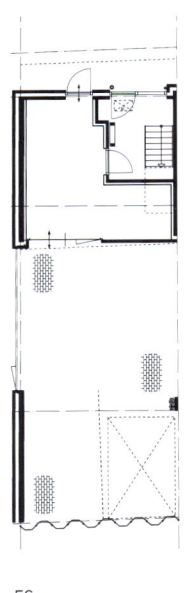

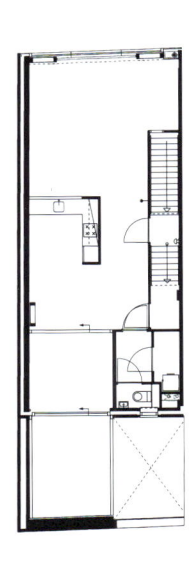

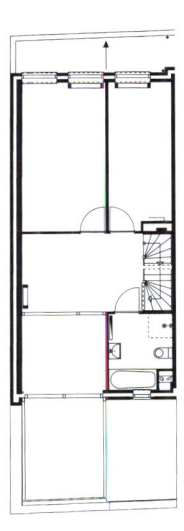

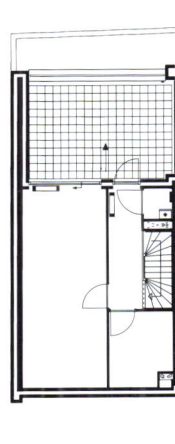

EG

1. OG

2. OG

3. OG

SERIE

Die Pierhäuser sind gewissermaßen die Visitenkarte des Neubauge-biets »Zuiderburen« in Leeuwarden. Vier mit Einfamilienhäusern bebaute Landzungen ragen weit in den der Siedlung vorgelagerten künstlichen See hinein. Die maritime Atmosphäre fasziniert Publikum und Bewohner, und die Aussicht auf die schräg gegenüberliegenden Piers mit ihren dicht gereihten Pult- und Flachdachhäusern ist gera-dezu spektakulär. Wenn der Wind die Wasseroberfläche kräuselt, spürt man, dass die Nordsee nur 15 Kilometer entfernt ist – und beginnt zu verstehen, warum in Friesland das Boot hinter dem Haus mindestens genauso wichtig ist wie das Auto davor.

Bereits im städtebaulichen Entwurf hatte der Landschaftsarchitekt und Stadtplaner Alle Hosper das maritime Szenario entwickelt und auf die Qualitäten der weiten friesischen Landschaft verwiesen, die

es angesichts der Zunahme an Wohnbauflächen zu bewahren und zu stärken gilt. Virtuos haben die Architekten von Inbo das Konzept weiterentwickelt. Kaum zu glauben, dass die komplexe städtebauliche Komposition auf der Verwendung von nur drei Haustypen beruht, wobei alle Häuser dicht am Wasser stehen: einem freistehenden Einfamilienhaus mit dynamisch emporragendem Pultdach (Typ A) und einem kubischen Kettenhaus mit eingeschnittener Dachterrasse (Typ B); vier um 90 Grad aus der Reihe gedrehte, auf Villengröße erweiterte Pultdachhäuser (Typ C) markieren die Enden der Piers. Sägezahnartig gereiht liegen sich die Häuser an den dreieckigen, begrünten Erschließungshöfen gegenüber. Die Reihe der Pultdach-häuser wird jeweils am Scheitelpunkt vorbeigeführt, der Raum öffnet sich und lenkt den Blick auf das Wasser und die offene Landschaft.

10 PROJEKT
101 PIERHÄUSER

EXKLUSIVITÄT : FAMILIENWOHNEN : LANDSCHAFT : SIEDLUNG
WOHNATMOSPHÄRE : WOHNEN AM WASSER

04

LAGEPLAN

TYP A

EG   1. OG   2. OG

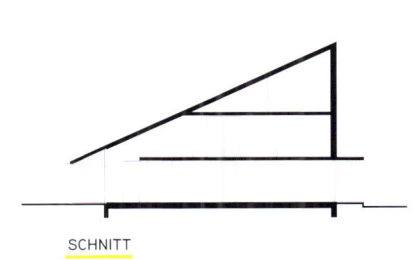

SCHNITT

01 Kubische Kettenhäuser mit eingeschnitteren Dachterrassen

02 Die Aussicht auf die gegen-überliegenden Piers ist spektakulär.

03 Alle Häuser haben einen eigenen Zugang zum Wasser.

04 Städtebaulicher Entwurf für das Gebiet Zuiderburen

TYP B

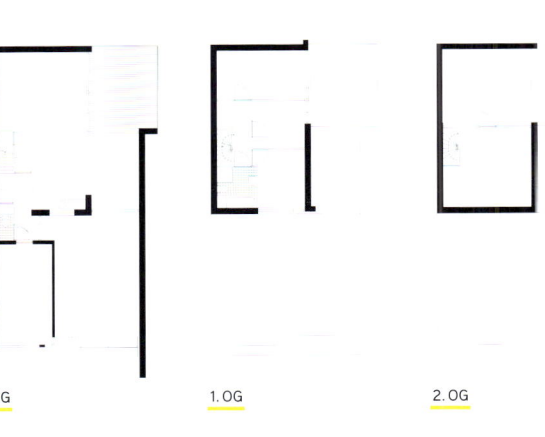

EG   1. OG   2. OG

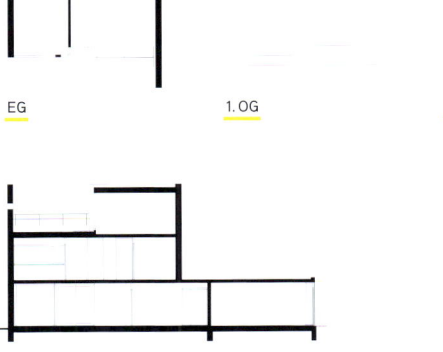

SCHNITT

TYP C

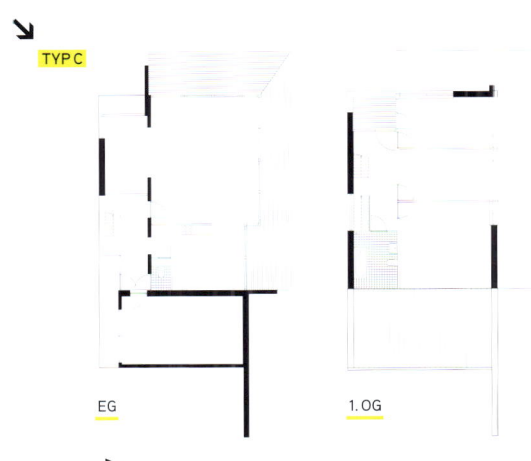

EG   1. OG   2. OG

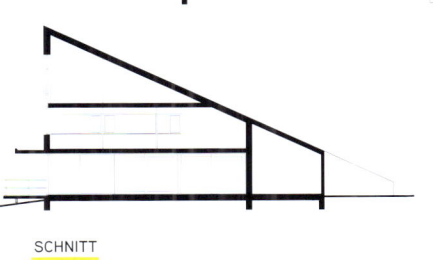

SCHNITT

ORT/STRASSE

LEEUWARDEN, ZUIDERBUREN, DE LEYEN, DE DEELEN, DE FLUESSEN, HET WIJD

FERTIGSTELLUNG

2002

ARCHITEKT

INBO BV, DRACHTEN | WWW.INBO.COM

PROJEKTARCHITEKT

DICK RINGELING, JAAP HOEKSTRA

MITARBEITER

EDWIN SIEMONSMA (PROJEKTLEITER), ERIK VAN DER WOLF, SJOUKE VINK

AUFTRAGGEBER

BEMOG PROJECTONTWIKKELING BV, ZWOLLE; VOLKER WESSELS VASTGOED BV, ZOETERMEER

SERIE

01

02

Schon von Weitem fallen die »Periskop-Häuser« durch ihre skulpturale Erscheinung auf. Die zwölf in einer Reihe direkt am Wasser stehenden Gebäude markieren die Grenze von Waterwijk, einem Teilgebiet des Vinex-Gebiets »Nesselande« bei Rotterdam. Waterwijk steht für exklusives Wohnen am Wasser; die zurückgesetzten Parzellen sind mit individuellen Einfamilienhäusern bebaut, lediglich für die prominente Wasserfront wurde ein Wettbewerb ausgelobt, den das Büro Joke Vos Architecten für sich entscheiden konnte. Die Architekten entwickelten eine Serie von Reihenhäusern, angeordnet in vier Gruppen von jeweils drei Häusern; geparkt wird direkt im Haus. Unmittelbar am Eingang im Erdgeschoss befindet sich das »Wasserzimmer«, ein multifunktionaler

11 PROJEKT
PERISCOOPWONINGEN

EXKLUSIVITÄT ⋮ FAMILIENWOHNEN ⋮ LANDSCHAFT ⋮ SIEDLUNG
WOHNATMOSPHÄRE ⋮ WOHNEN AM WASSER

03

04

Extraraum, der sich auf das über dem Wasser schwebende Holzdeck öffnet. Die Bewohner können von hier aus die Kanallandschaft mit dem eigenen Boot erkunden. Wie mit einem Periskop schauen die zweigeschossig eingerahmten Wohn- und Schlafetagen in unterschiedliche Richtungen auf das Wasser, so dass die Privatsphäre auf der Loggia bestmöglich geschützt ist. Zur Akzentuierung der Gebietszufahrt ist das Periskop des westlichsten Hauses etwas weiter aus dem Gesamtbaukörper herausgedreht. Durch den orthogonalen Versatz der Haustrennwände entstehen Nischen, die die dienenden Räume wie Treppenhaus und Nassräume aufnehmen. Die offenen, durchgesteckten Grundrisse sind dadurch frei von allen Zwängen einteilbar. Dank cieses Kniffs konnte man flexibel auf alle Kundenwünsche eingehen.

01 Schon vom Weitem fallen die Häuser durch ihre skulpturale Erscheinung auf.

02 Die Loggien schweben über dem Wasser.

03 Eingangsseite

04 Wie durch ein Periskop schauen die eingerahmten Wohn- und Schlafetagen auf das Wasser.

05 Flächenlayout: Hauseinheiten (oben); Wohnbereiche und dienende Räume (unten)

TYP C   TYP B   TYP A

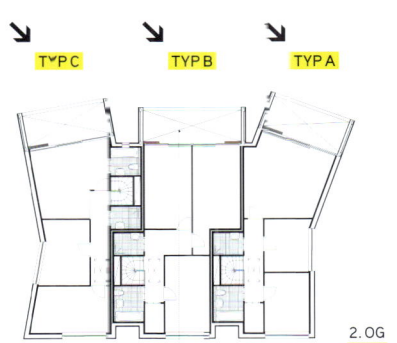

2.OG

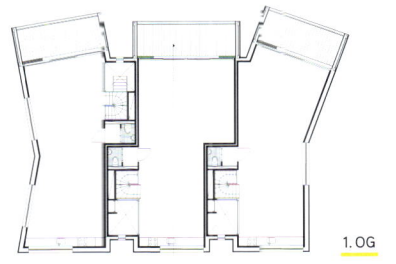

1.OG

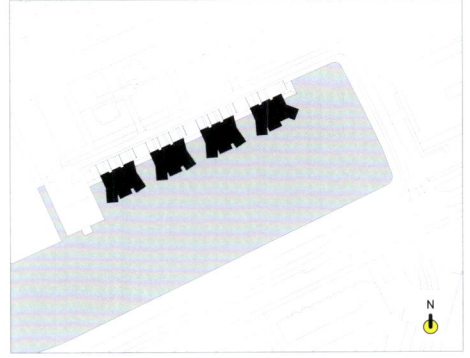

LAGEPLAN

05

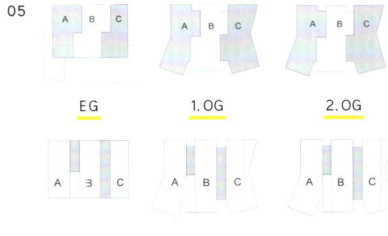

EG   1.OG   2.OG

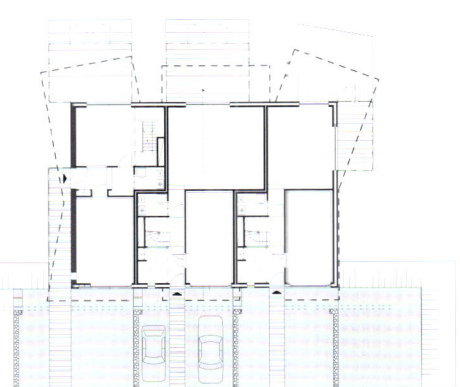

EG

QUERSCHNITT

ORT/STRASSE
ROTTERDAM NESSELANDE, MARINUS VAN ELSWIJKKADE

FERTIGSTELLUNG
2006

ARCHITEKT
JOKE VOS ARCHITECTEN, ROTTERDAM | WWW.JOKEVOS.NL

PROJEKTARCHITEKT
JOKE VOS

MITARBEITER
JOSÉ MOLMANS, ROB HAZELAAR, BART VAN KAMPEN

AUFTRAGGEBER
ASSINK VASTGOED PROJECTONTWIKKELING E-V, OUD BEIJERLAND

SERIE

01

LAGEPLAN

01 Die Architekten nahmen das Bauernhaus zum Vorbild
und lösten die Kubatur in vier Einzelhäuser auf.

02 Jeweils zwei Häuser sind miteinander verbunden.

03 Um den bis zum Dach reichenden Treppenraum ordnen
sich alle Räume an.

04 Entwurfsskizze

Das Grundstück liegt inmitten einer Grünzäsur zwischen dem Neubauviertel »Zuiderburen« in Leeuwarden und dem Dorf Hempens-
Teerns. Ursprünglich stand hier ein großer, typisch friesischer
Bauernhof mit Wohntrakt, angebauter Scheune und zahlreichen
Nebengebäuden. Nach dem Ende der landwirtschaftlichen Nutzung
verfiel das Gebäude zunehmend, eine Neunutzung des Grundstücks
für Wohnzwecke war nur unter sehr strengen Auflagen der Gemeinde
möglich. So durfte die überbaute Grundstücksfläche maximal 35
auf 32,50 Meter betragen, die Dachform und das Erscheinungsbild
sollten sich in den landwirtschaftlich geprägten Kontext einfügen.
Die Architekten nahmen das Bauernhaus zum Vorbild und lösten die
von dem großen, haubenartigen Steildach geprägte Kubatur geschickt
in vier luxuriöse Einzelhäuser auf. Mit sechs bis sieben Schlafzim-
mern gehören die Häuser zum gehobenen Marktsegment; die großzügigen, offenen, bis zum Dach reichenden Treppenräume, um die sich
alle anderen Räume anordnen, unterstreichen diesen Anspruch.

PROJEKT

12 4 VILLEN IN HEMPENS-TEERNS

EXKLUSIVITÄT ⋮ FAMILIENWOHNEN ⋮ LAND ⋮ LANDSCHAFT ⋮ LUXUS
WOHNATMOSPHÄRE ⋮ WOHNEN AM WASSER

02

03

Jeweils zwei Häuser sind mit einem großen Ziegeldach über den zwischen ihnen liegenden Garagentrakt miteinander verbunden. Die Fuge zwischen den zueinander gerichteten Häusern definiert eine intime, hofartige Erschließungszone, die an einem Holzdeck am Kanal endet. Aus der Ferne und je nach Perspektive erscheint das Ensemble so als einheitliche Großform, die sich erst aus der Nähe erklärt.

Auch Konstruktion und Materialität sind eine Reminiszenz an die landwirtschaftliche Geschichte: Als Tragstruktur wählten die Architekten ein Holzrahmenbausystem. Die Obergeschosse über dem transparenten, vollständig verglasten Erdgeschoss sind mit einer schwarz lasierten, gleichsam vorverwitterten Holzverschalung verkleidet.

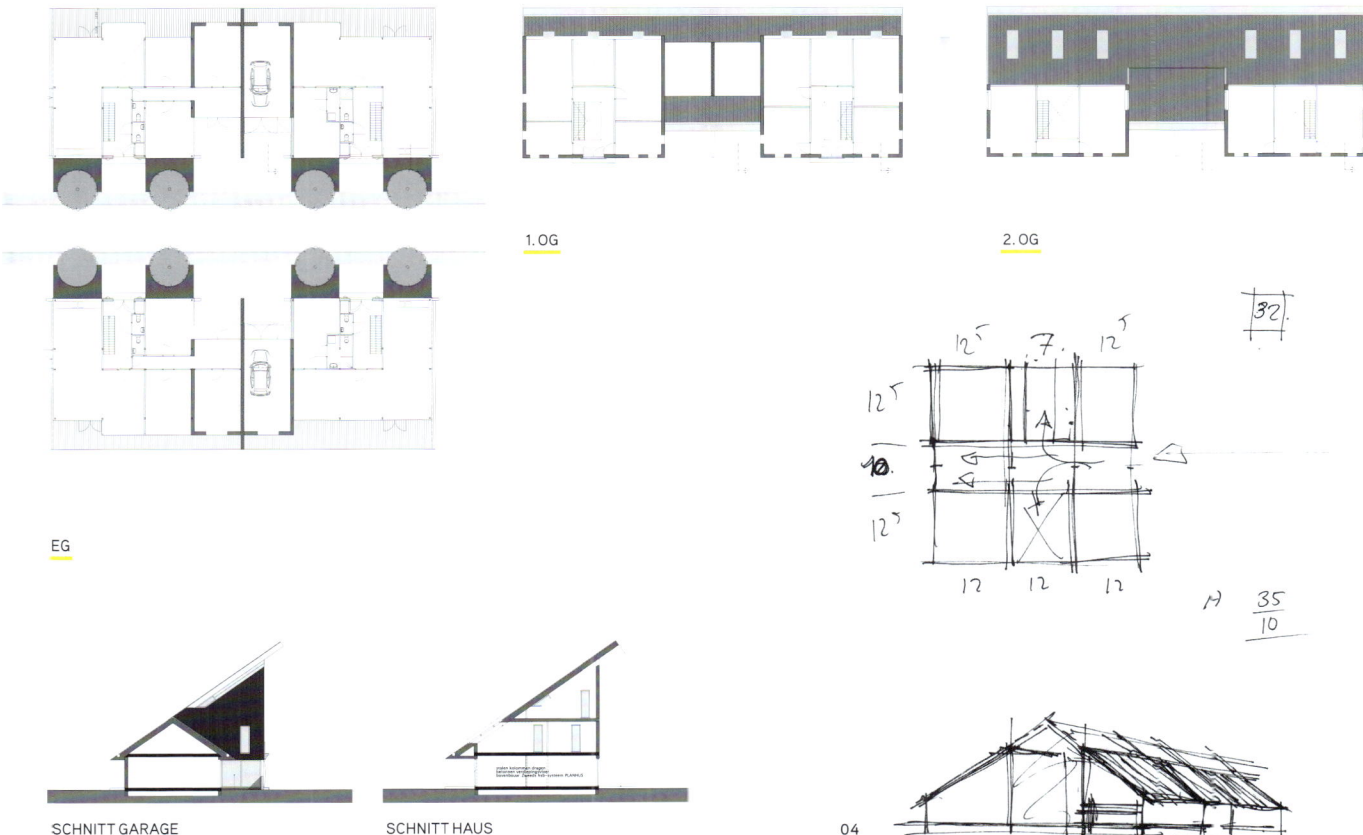

1. OG

2. OG

EG

SCHNITT GARAGE

SCHNITT HAUS

04

ORT/STRASSE
LEEUWARDEN, HEMPENS-TEERNS, GLINSWEI

FERTIGSTELLUNG
2007

ARCHITEKT
ARCHITEKTENBURO REIN DE VALK, DRACHTEN | WWW.REINDEVALK.NL

PROJEKTARCHITEKT
REIN G. J. DE VALK AVB/BNA

MITARBEITER
FRANK TERPSTRA

AUFTRAGGEBER
PLANHUS PROJECTONWIKKELING, LEEUWARDEN

GRUPPE

01

02

13 PROJEKT
WASSERWOHNEN

EXKLUSIVITÄT ⋮ FAMILIENWOHNEN ⋮ LANDSCHAFT ⋮ SIEDLUNG
WOHNATMOSPHÄRE ⋮ WOHNEN AM WASSER

Die sechs Inselchen am Rande des Vinex-Gebiets »De Groote Wielen« gaben das Motiv Freizeitwohnen im Masterplan schon schlüssig vor. Das Architekturbüro Visser en Bouwman, das drei der Inseln bebauen konnte, interpretierte die Aufgabe mit nordischem Flair und schuf eine Art schwedisches Ferienidyll mitten in der niederländischen Provinz Nordbrabant. Die Architekten gruppierten jeweils sechs Häuser, vier Doppelhäuser und zwei freistehende Einfamilienhäuser, auf einer Insel, die über eine Brücke an die Erschließungsstraße De Eendrachtswerf angebunden ist.

Typologisch bieten die Häuser zwar kaum neue architektonische Impulse, dafür überzeugen die stimmige Bildregie und die schön detaillierte Außenraumgestaltung.

Die Häuser stehen leicht zueinander versetzt, so dass ein kleiner, fast privater Hofraum entsteht. Dank der Kombination aus traufständigem und giebelständigem Dach wirken die Doppelhäuser wie größere Landhäuser. Fassadenproportionen, Materialien und die aufeinander abgestimmte Farbigkeit erzeugen in Verbindung mit dem Wasser die einzigartige skandinavische Atmosphäre. Was für die Wohlfühlatmosphäre aber noch viel wichtiger ist: Die Bewohner nehmen die ihnen gebotenen Möglichkeiten umfassend wahr. Das umlaufende, geschosshohe Rankgerüst ist an allen Häusern liebevoll bepflanzt, die Holzdecks auf dem Wasser sind die gute Stube im Freien, und dort, wo sie nicht als Lounge möbliert sind, werden sie als Schiffsanlegestelle genutzt.

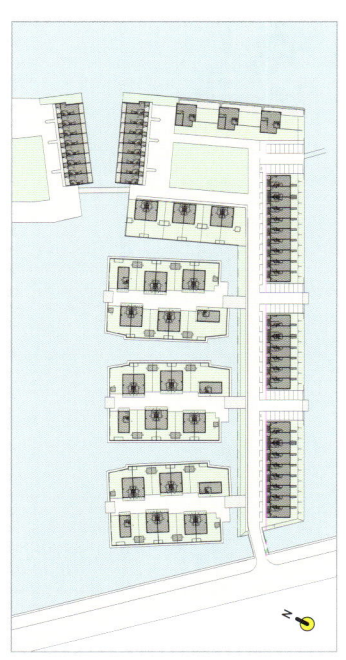

LAGEPLAN

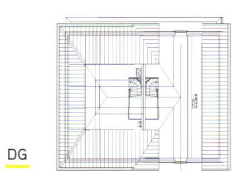

DG

1. OG

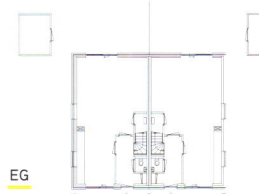

EG

01 Die Architekten interpretierten die Aufgabe »Freizeitwohnen« in Form einer Siedlung mit nordischem Flair.

02 Visualisierung der Gesamtanlage

03 Blick in den Mittelkanal zwischen den Inseln (rechts: Baufeld von visser en bouwman)

04 Die Häuser stehen leicht zueinander versetzt, so dass ein kleiner Hofraum entsteht.

03

04

ORT/STRASSE

'S-HERTOGENBOSCH ROSMALEN, DE GROOTE WIELEN, DE EENDRACHTSWERF

FERTIGSTELLUNG

2005

ARCHITEKT

ARCHITECTENBUREAU VISSER EN BOUWMAN BV, 'S-HERTOGENBOSCH | WWW.VISSERENBOUWMAN.NL

PROJEKTARCHITEKT

ANOUL BOUWMAN, SIETSE VISSER

MITARBEITER

BAS VAN DER VELDEN

AUFTRAGGEBER

AM-WONEN, 'S-HERTOGENBOSCH

GRUPPE

02

03

04

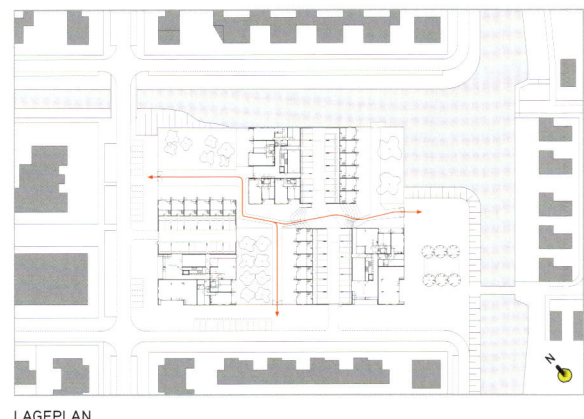

01   Reihenhäuser, Geschosswohnungen, private
      Außenräume und Parkgarage sind jeweils zu
      einem Bauvolumen zusammengefügt.

02   Entwurfsskizze

03   Die Gebäudegruppe wird von einer Mauer einfasst.

04   Modell

05   Durch den Versatz der Gebäude zueinander entstehen
      spannungsreiche Außenräume.

14

PROJEKT

DE HOFTUIN HUIZEN

DICHTE ⋮ EXKLUSIVITÄT ⋮ FAMILIENWOHNEN ⋮ GEMEINSCHAFT
GESCHOSSWOHNUNGSBAU ⋮ HAUS IM HAUS ⋮ INNOVATION ⋮ SIEDLUNG
WOHNUNGSMIX

Ringsum von Wänden und Mauern eingefasst, steht die aus drei größeren Baukörpern gebildete Gebäudegruppe in der Mitte des Vinex-Gebiets »Het Vierde Kwadrant« in Huizen. Die unmittelbare Nachbarschaft besteht aus freistehenden Einfamilienhäusern und Reihenhäusern, jedes von ihnen mit einem mehr oder weniger großen Garten. Der städtebauliche Entwurf sah vor, dass die Mitte des kleinen Siedlungserweiterungsgebiets mit einer dichteren Bebauung belegt werden sollte, was den Architekten Dick van Gammeren dazu inspirierte, die Gebäude möglichst kompakt zu halten und dafür die Gärten als größere zusammenhängende Grünräume allen Bewohnern zur Verfügung zu stellen.

Wie bei seinem Projekt in IJburg entwickelte van Gammeren ein hybrides Gebäudekonzept, das hier Reihenhäuser, Geschosswohnungen, private Außenräume und Parkgarage in einem Bauvolumen zusammenfasst. Indem die Parkplätze, von außen nur an der Zufahrt erkennbar, in das Erdgeschoss zwischen die Reihenhäuser und den Geschosswohnungsbau gepackt sind, bleibt oben Platz für die Gartenterrassen der angrenzenden Wohneinheiten. Eine schlitzartige Öffnung über der Fahrbahn sorgt für natürliche Belichtung und Belüftung der Stellplätze. An drei Seiten des Grundstücks befinden sich Tore als Zugänge zu dem ansonsten umschlossenen Areal. Ein Parkweg verbindet alle Zugänge untereinander. Der Weg führt über einen kleinen Hügel, unter dem die Verbindung zweier Parkgaragen liegt, vorbei an den drei Gemeinschaftsgärten zu einem Tor am Kanal, das sich auf eine kleine Aussichtsplattform am Wasser öffnet.

05

SCHNITT

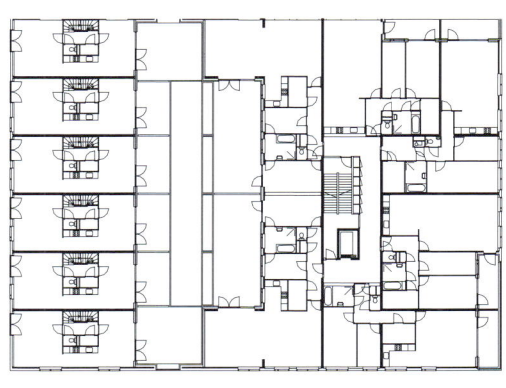

1.OG

2.OG

ORT/STRASSE
HUIZEN, ANTONI VAN LEEUWENHOEKHOF 1–6, HUGO DE GROOTSINGEL 3–13

FERTIGSTELLUNG
2007

ARCHITEKT
DICK VAN GAMEREN ARCHITECTEN, AMSTERDAM | WWW.DICKVANGAMEREN.NL

PROJEKTARCHITEKT
DICK VAN GAMEREN

MITARBEITER
MAARTEN DE GEUS, JEROEN STAATS

LANDSCHAFTSARCHITEKT
MICHAEL VAN GESSEL, AMSTERDAM

AUFTRAGGEBER
BPF BOUWINVEST, AMSTERDAM

GRUPPE

01

02

Das Fort in Vijfhuizen ist Teil eines rund 42 Festungen umfassenden Verteidigungsrings um Amsterdam, der zwischen 1880 und 1920 errichtet wurde, jedoch nie zum Einsatz kam. Die noch erhaltenen Festungen wurden 1996 in die Liste des Weltkulturerbes der UNESCO aufgenommen. Seit 2000 kümmert sich die Stiftung KunstFort Vijfhuizen um das renovierungsbedürftige Gebäude des Vijfhuizener Forts. Mit Unterstützung der Provinz Nord-Holland konnte hier in der Zwischenzeit ein Zentrum für zeitgenössische Kunst etabliert werden. Unter strengen Auflagen der UNESCO wurde der Stiftung zur Finanzierung der Sanierungsarbeiten erlaubt, auf einem Teilbereich des Areals Wohnungen für Künstler zu errichten.

Aus einem Wettbewerb unter vier Architekten ging das Büro von Jaco Woltjer als Sieger hervor. Der Architekt positionierte die 18 Häuser, sechs Doppel- und sechs Reihenhäuser, als scheinbar lose Aufreihung von Objekten zwischen einem alten Bahndamm und dem Deich vor dem Fort. Durch die leichten Verdrehungen der Häuser zueinander

entsteht ein differenziertes Siedlungsbild, das trotz der überschaubaren Zahl an Gebäuden abwechslungsreiche Perspektiven bietet. Zugunsten des gemeinsamen Freiraums haben die Häuser keine Privatgärten. Holzdecks, Loggien und vorgestellte Balkone definieren den Übergang vom privaten Raum zum Außenraum.

Die Entscheidung, die Häuser in Holzbauweise zu errichten, ist, so Woltjer, gleich mehreren pragmatischen wie auch gestalterischen, atmosphärischen Faktoren geschuldet:

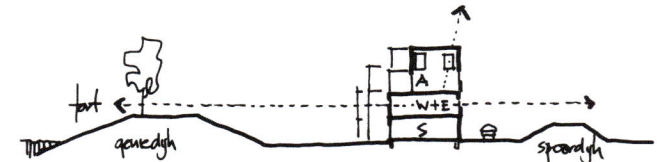

15

PROJEKT

ATELIERWOHNUNGEN KUNSTFORT VIJFHUIZEN

ATELIERWOHNEN : EXKLUSIVITÄT : FAMILIENWOHNEN : FLEXIBILITÄT
INNOVATION : LAND : LANDSCHAFT : SIEDLUNG : WOHNATMOSPHÄRE
WOHNUNGSMIX

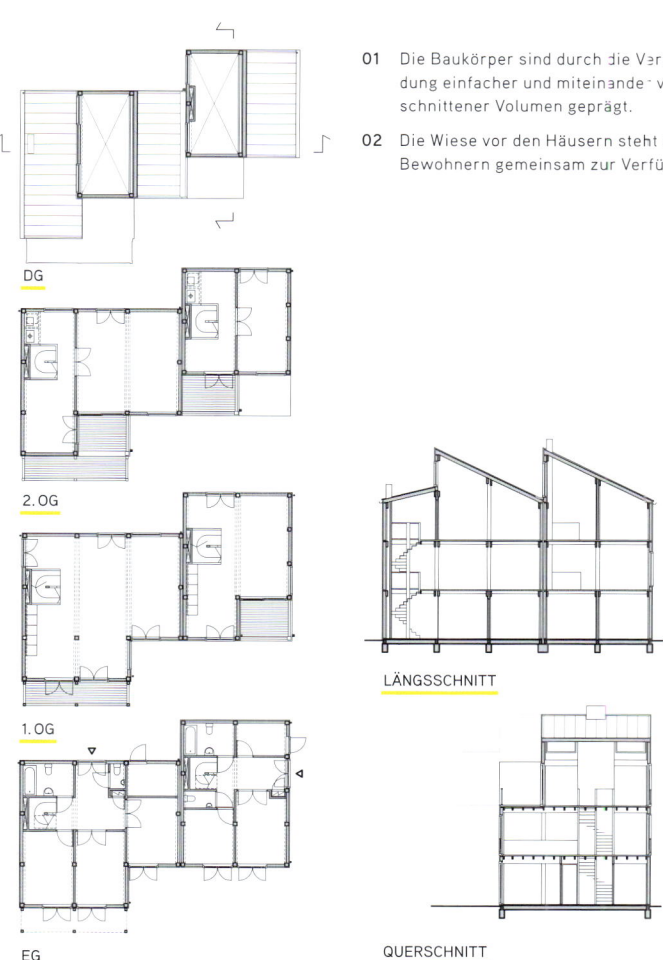

DG

2. OG

1. OG

EG

LÄNGSSCHNITT

QUERSCHNITT

01 Die Baukörper sind durch die Verwen-
    dung einfacher und miteinander ver-
    schnittener Volumen geprägt.

02 Die Wiese vor den Häusern steht allen
    Bewohnern gemeinsam zur Verfügung.

03 Offener Wohnbereich eines Atelierhauses

04 Mögliche Haus- und Wohnungstypen

LAGEPLAN

03

TYP 6

TYP 5

  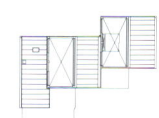

TYP 4

   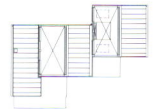

TYP 3

   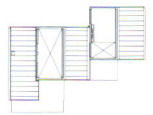

TYP 2

  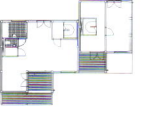 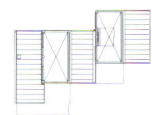

TYP 1

04

Dank der Skelettbauweise konnten die Grundrisse flexibel, ganz nach Bedarf der Künstler und künftigen Bewohner variiert werden. Durch die Neubauten sollte keine Konkurrenz zur Festung entstehen, die Häuser sollen wie Nebengebäude der Festung erscheinen. Das natürliche Grau der unbehandelten Holzverschalungen harmoniert mit dem rauen Sichtbeton des Forts.

Quasi im Schussfeld der Festung stehend, sollen neue Gebäude in ihrem Umfeld – wie zu Zeiten der militärischen Nutzung – leicht und schnell zu demontieren sein. Als Vorbild für sein Konzept nennt Woltjer die 1965 an der Pazifikküste nördlich von San Francisco gebaute Feriensiedlung Sea Ranch von Charles Moore (u. a.). Wie Moore knüpfte Woltjer bei seinen Gebäuden an die Tradition alter Holzscheunen an und verwendete einfache, ineinander verschnittene geometrische Volumen mit scharf eingeschnittenen Öffnungen. Die schrägen Pultdächer verzichten auf einen Dachüberstand, was die Strenge der kubischen Komposition zusätzlich unterstreicht.

ORT/STRASSE
VIJFHUIZEN, HAARLEMMERMEER, FORTWACHTER 2–20

FERTIGSTELLUNG
2005

ARCHITEKT
JACO WOLTJER ARCHITECT, AMSTERDAM | WWW.WOLTJERBERKHOUT.NL

PROJEKTARCHITEKT
JACO WOLTJER

MITARBEITER
MICHIEL JANSSEN, CASPER VOS, MAARTEN VAN TUYL

AUFTRAGGEBER
STICHTING KUNSTFORT VIJFHUIZEN, HAARLEMMERMEER

GRUPPE

01

Der Park Houtribhoogte zählt zu den jüngsten Siedlungserweiterungsgebieten von Lelystad. Insgesamt 197 Häuser sind auf dem 24 Hektar großen dreieckigen Grundstück, das sich am IJsselmeer zwischen Jachthafen, Einkaufszentrum »Batavia Stad« und Golfplatz aufspannt, geplant. Entgegen dem Trend, große Teile eines Neubauviertels für individuelle Einfamilienhäuser zu reservieren, ist hier alles aus einem Guss. »Wohnen in den Dünen« heißt die Leitidee, die dem Gebiet Charme und einzigartige Identität verleiht. Der zentrale Bereich ist als Dünenlandschaft modelliert, fünf im Halbkreis angeordnete Häusergruppen stehen jeweils auf und teilweise in einer künstlich aufgeschütteten Düne, die jeweils eine kleine Wasserfläche umschließt. Von den Anhöhen aus genießt man eine schöne Aussicht

auf das IJsselmeer, das ein hoher Damm vom Festland trennt. Aber es ist nicht nur die Qualität der Landschaftsarchitektur, die den Besucher begeistert, auch die Gebäude beeindrucken mit ihrer klaren und gleichwohl expressiven, skulpturalen Architektursprache. Klunder Architecten haben gleich mehrere unterschiedliche, in den Gestaltungselementen jedoch verwandte Haustypen entwickelt: Reihenhäuser, Doppelhäuser und freistehende Einfamilienhäuser. Alle Typen bieten, der anspruchsvollen Zielgruppe und der suburbanen Lage geschuldet, zwei überdachte Pkw-Stellplätze. Im Falle der freistehenden Dünenvillen wird das Auto geradezu inszeniert: Wie in einem Schaufenster steht es für alle bestens sichtbar unter dem Gebäude.

16

WOHNPARK HOUTRIBHOOGTE

EXKLUSIVITÄT ⋮ FAMILIENWOHNEN ⋮ GEMEINSCHAFT ⋮ INNOVATION
LANDSCHAFT ⋮ SIEDLUNG ⋮ WOHNATMOSPHÄRE ⋮ WOHNUNGSMIX

01 Der zentrale Bereich der Siedlung besteht aus fünf
halbkreisförmig angeordneten Häusergruppen.

C2 Doppelhäuser am Kanal

Private Freiflächen gibt es in Form von großen Balkonen und zweigeschossigen, eingeschnittenen Loggien. Auf Privatgärten müssen
die Bewohner allerdings verzichten, das gesamte Gelände befindet
sich bis auf den Hausgrund im Gemeinschaftseigentum. Zum Schutz
und zur Pflege der Dünenlandschaft haben sich die Eigentümer in
einer Bewohnervereinigung, der »Stichting Beheer Houtribhoogte«,
zusammengeschlossen. Eine Besonderheit: Die Stadt Lelystad stellt
per Satzung einen der fünf Stiftungsvorstände.

N

LAGEPLAN

ORT/STRASSE

LELYSTAD, ONDERLANGS, DUINTOP, GRASDUINEN

FERTIGSTELLUNG

2008 BIS 2011

ARCHITEKT

KLUNDER ARCHITECTEN, ROTTERDAM | WWW.KLUNDERARCHITECTEN.NL

PROJEKTARCHITEKT

COR BERG, IR. SJOERD M. X. BERGHUIS

LANDSCHAFTSARCHITEKT

STIJLGROEP LANDSCHAP EN STEDELIJKE RUIMTE, ROTTERDAM

AUFTRAGGEBER

ZUIDERZEE VASTGOED BV, ROTTERDAM

GRUPPE

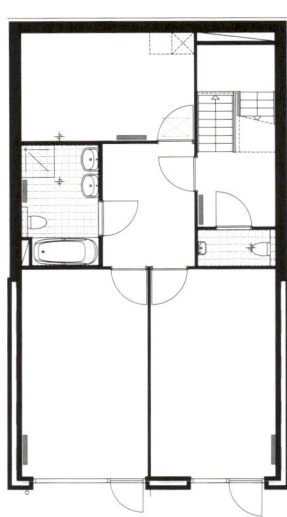

01

01 Von den künstlichen Dünen aus hat man einen schönen
Blick auf das IJsselmeer.

02 Die Gebäude beeindrucken durch ihre skulpturale
Architektur.

↖

TYP 1 HALB EINGEGRABENE DÜNENVILLA

EBENE -2   EBENE -1   EG

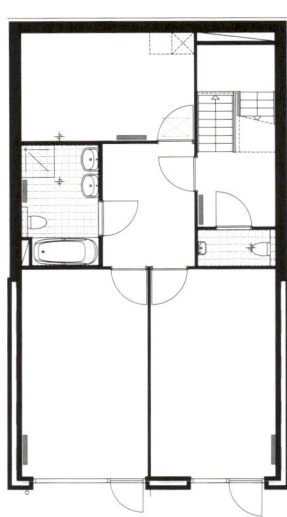   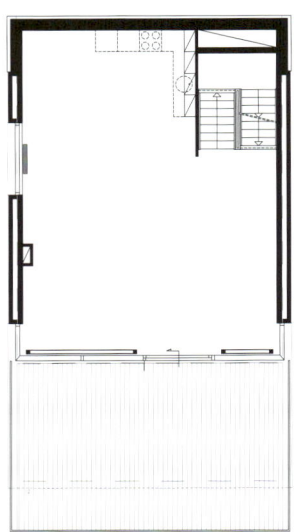   

SCHNITT TYP 1

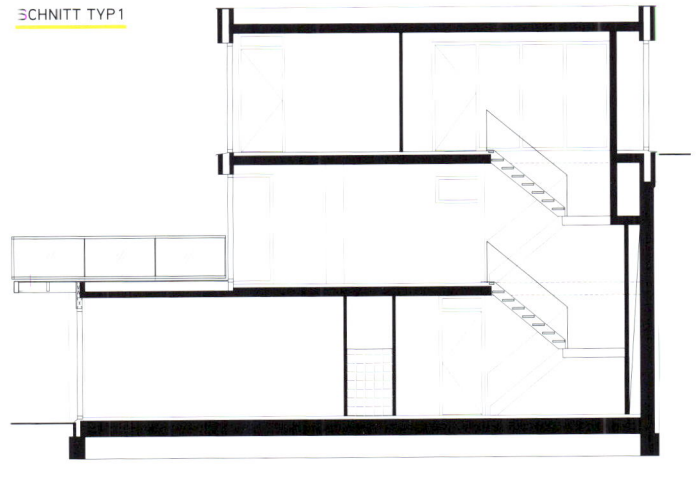

SCHNITT TYP 2

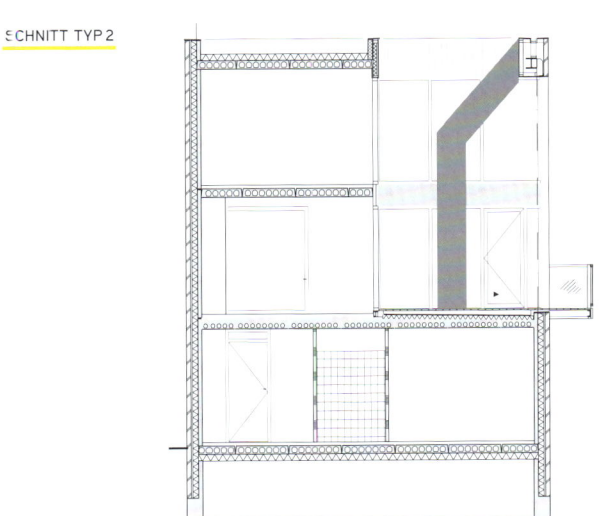

02

TYP 2 FREISTEHENDE DÜNENVILLA

EG

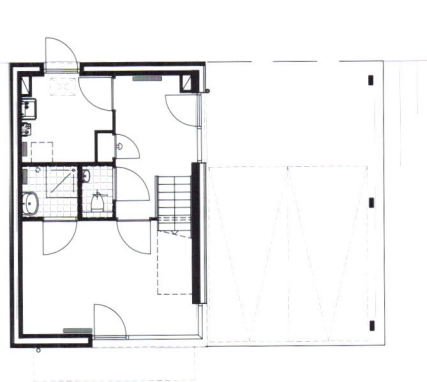

1. OG

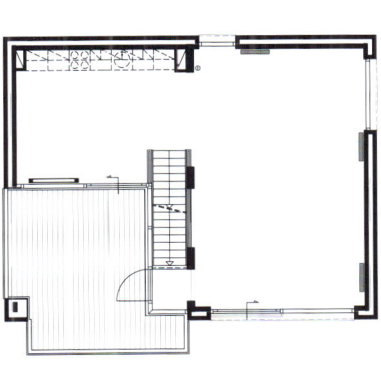

2. OG

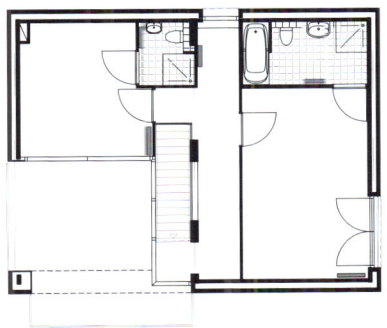

GRUPPE

01

Witbrant Oost liegt südlich des Tilburger Vinex-Gebiets Reeshof inmitten einer bewaldeten Landschaft. Das Baugebiet, das auf einem Masterplan von Jacq. de Brouwer basiert, gliedert sich in sechs lange Streifen aus Patiohäusern, die in unregelmäßigen Abständen von Freiflächen unterbrochen sind. Die meisten Häuser sind als eingeschossige Reihenbungalows konzipiert. Leitidee war, dass sich die Bebauung so weit wie möglich dem umgebenden Wald unterordnen soll. Die in Weiß gehaltenen Straßenfassaden sind wohltuend zurückhaltend gestaltet. Gelegentlich ist eine Fläche mit Naturstein verkleidet, leichte Vordächer und anthrazit gestrichene Stahlprofile markieren Parkplätze und Zugangshöfe. Da die meisten Häuser im gehobenen Marktsegment angesiedelt sind, hat jedes von ihnen mindestens zwei Pkw-Stellplätze auf eigenem Grund. Bedaux de Brouwer, die 323 der 395 Häuser entworfen haben, entwickelten eine Vielfalt unterschiedlicher Hoftypen, die entweder einen ummauerten oder einen innenliegenden Gartenhof besitzen, ein- bis dreigeschossig und zwischen sechs und 16 Meter breit sind. Die dreigeschossigen Typen E und F sind dabei an ein klassisches Reihenhaus angelehnt. Bei Typ E befindet sich die Garage im Haus, bei Typ F ist der Parkplatz gartenseitig

hinter dem Haus verborgen und über eine schmale Erschließungsgasse zugänglich. Typ S bezeichnet ein eingeschossiges Atriumhaus: Über den Vorhof betritt man das Haus durch den seitlich angeordneten, aus der Fassade herausgerückten Windfang. Alle Räume sind rings um den innenliegenden Gartenhof angeordnet, das Wohnzimmer hat zusätzlich ein großes Fenster zum öffentlichen Grün, das bei Bedarf mit einem großen Schiebeelement blickdicht verschlossen werden kann. Der ebenfalls auf einem Atriumgrundriss basierende, etwas schmalere Typ T integriert eine Garage als dritten Stellplatz im Haus; im Obergeschoss des zweigeschossigen Gebäudeteils liegen das Schlafzimmer der Eltern, ein großzügiges Bad sowie ein weiterer Schlafraum. Eine besondere Stellung innerhalb der homogenen Textur aus Hofhäusern nimmt der nur einmal vorhandene Typ U ein. Vier loftartige Patiohäuser gruppieren sich um einen gemeinsamen Zugangshof. Der wie eine edle Schmuckschatulle erscheinende Solitär öffnet sich mit den kastenverglasten Wohnzimmerzonen nach Osten und Westen zum öffentlichen Grünraum.

17 PROJEKT

WITBRANT OOST

EXKLUSIVITÄT ⋮ FAMILIENWOHNEN ⋮ INNOVATION ⋮ LUXUS ⋮ SIEDLUNG
WOHNATMOSPHÄRE ⋮ WOHNUNGSMIX

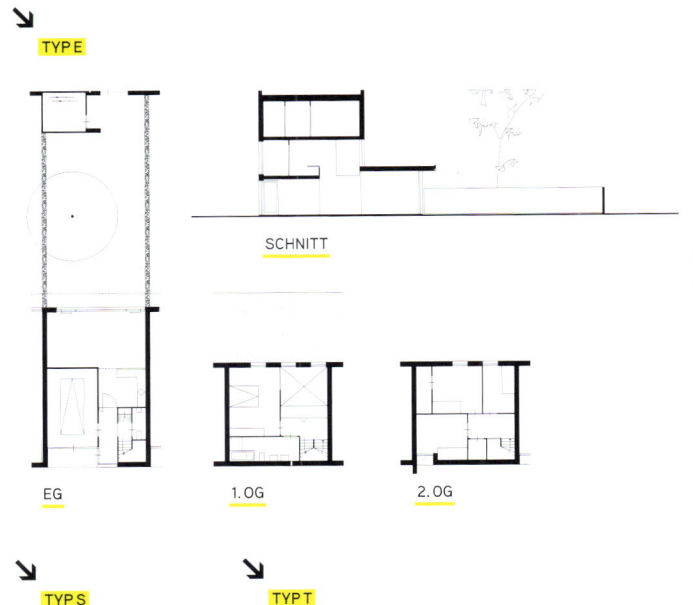

↘

TYP E

SCHNITT

EG

1. OG

2. OG

↘ **TYP S**

↘ **TYP T**

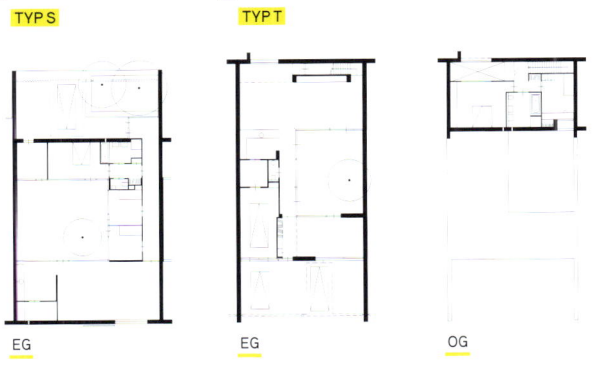

EG

EG

OG

↘ **TYP U**

EG

02

03

01 Wie eine edle Schmuckschatulle wirkt der Solitär (Typ U)

02 Die meisten Häuser haben zwei Pkw-Stellplätze auf eigenem Grund.

03 Die in Weiß gehaltenen Straßenfassaden sind wohltuend zurückhaltend.

04 Die Hofhäuser öffnen sich partiell zum öffentlichen Raum.

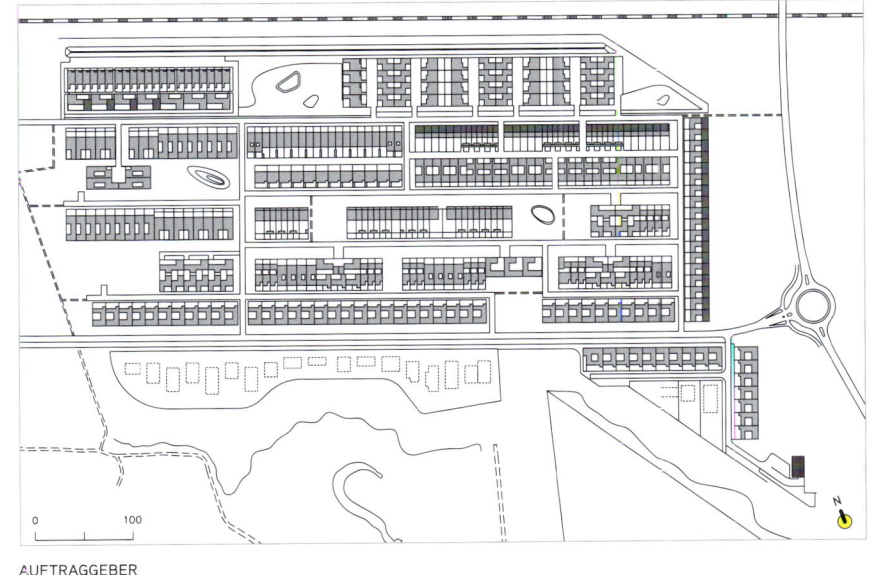

AUFTRAGGEBER

04

ORT/STRASSE
TILBURG, WITBRANTLAAN OOST

FERTIGSTELLUNG
2007

ARCHITEKT
BEDAUX DE BROUWER ARCHITECTEN BV BNA, GOIRLE | WWW.BEDAUXDEBROUWER.NL

PROJEKTARCHITEKT
JACQ. DE BROUWER

MITARBEITER
PETER KEIJSERS (PROJEKTLEITER), MARJON JONGMANS, INGEBORG DANKERS, KEES PAULUSSEN, CEES DE ROOIJ, KOEN DE WITTE, STEFAN WILDHAGEN, MINOUCHE KUUS, ROB VERMEULEN

AUFTRAGGEBER
DE WILDE PROJEKTMANAGEMENT BV, TILBURG

CLUSTER

01

Das ab Mitte der 1970er Jahre als Entlastungsstadt für Amsterdam gebaute Almere ist eine dynamisch wachsende Stadt. Im Plan Almere 2030+ soll sie von derzeit rund 185 000 Einwohnern westwärts über das Wasser hinweg in Richtung Amsterdam wachsen und im Endausbau rund 400 000 Einwohner aufnehmen. Während die Bauflächen in Amsterdam langsam knapp werden, verfügt Almere noch über erhebliche Baulandreserven. Die Strategie, mit der die Stadtverwaltung neue Bewohner anlocken will, heißt »collectief particulier opdrachtgeverschap« (CPO). Im Gegensatz zu früheren Jahren, in denen Bauträger Wohnsiedlungen quasi am Stück aus dem Boden gestampft haben, dürfen nun private Bauherren ihr individuelles Einfamilienhaus bauen beziehungsweise sich zu privaten Baugemeinschaften zusammenschließen. In der Stadtverwaltung wurden eigens dazu Teams gegründet, die die potentiellen Interessenten umfassend unterstützen – eine Hilfe, die sich entsprechende Gruppen in vielen deutschen Städten schon seit Langem wünschen. Das im Süden von Almere gele-

gene Gebiet Overgooi ist eines dieser für Privatbauherren reservierten Areale. Die Besonderheit ist hier, dass auf nicht nur für niederländische Verhältnisse unglaublichen 1700 bis 4500 Quadratmeter großen Parzellen Privatpersonen individuelle Villen bauen dürfen. Aber auch für Baugemeinschaften ist gesorgt, auf sogenannten Cluster-Parzellen können sich Baugemeinschaften zusammenschließen, vorausgesetzt es entsteht ein villenähnlicher, einheitlich gestalteter Baukörper.

Dass der Planungs- und Bauprozess nicht einfach werden würde, merkten die fünf Baufamilien, die sich um die 5000 Quadratmeter große Parzelle in Overgooi beworben hatten, recht schnell. Das aus einem kleinen eingeladenen Wettbewerb siegreich hervorgegangene Architekturbüro erwies sich als nicht kompatibel, Mitbauherren sprangen kurzfristig ab und mussten durch neue ersetzt werden. Letztlich landete der harte Kern der Gruppe bei den zunächst ausgeschiedenen NEXT architects, die in gemeinsamen Workshops ein

18 PROJEKT

VILLA OVERGOOI

BAUGEMEINSCHAFT : DICHTE : EXKLUSIVITÄT : FAMILIENWOHNEN
GEMEINSCHAFT : HAUS IM HAUS : INDIVIDUALITÄT : INNOVATION
LANDSCHAFT : PARTIZIPATION : SIEDLUNG : WOHNATMOSPHÄRE

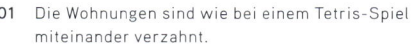

02

01 Die Wohnungen sind wie bei einem Tetris-Spiel miteinander verzahnt.

02 Die sehr tiefen Wohnräume werden zusätzlich durch Oberlichter belichtet.

Konzept erarbeiteten, das alle Parteien zufriedenstellte. Die größte Schwierigkeit, so Michel Schreinemachers von NEXT, bestand darin, fünf hausadäquate Wohnungen mit freiem Blick in alle vier Himmelsrichtungen in einen kompakten Baukörper zu integrieren. Die Architekten organisierten die Wohnungen als dreigeschossige Maisonetten, deren Grundrisse wie bei einem Tetris-Spiel miteinander verzahnt sind. Ausgangslage war ein doppelgeschossiges System aus Standard-Tunnelschalungen, wie es bei den allermeisten Bauvorhaben in den Niederlanden zum Einsatz kommt. Damit alle Parteien bestmögliche Aussicht genießen können, wurde der Baukörper um ein Geschoss angehoben. Alle Wohnräume orientieren sich zur seitlich ebenfalls angehobenen Gartenfläche. Jede Wohneinheit hat unter dem Gebäude, innerhalb der großen, wettergeschützten Gemeinschaftsfläche, einen Parkplatz und einen eigenen, großzügigen Eingangsbereich mit zugehörigen Abstellmöglichkeiten. In einem zweiten Schritt drehten die Architekten die »Schlafröhren« des ersten Obergeschosses um 90 Grad in Richtung Wasser. Zuletzt wurden die Größen der Schlafgeschosse, der eingeschnittenen Dachterrassen und die Lage der Oberlichter zur Belichtung der darunterliegenden schmalen, aber tiefen Wohngeschosse bedarfsabhängig fixiert. Dabei galt es, auf engstem Raum den individuellen Raumbedarf mit dem Wunsch nach ungestörter Privatheit in Einklang zu bringen. Herausgekommen ist ein skulpturaler Baukörper, der in dem von der Bauherrschaft ausgewählten kräftigen Orange über der offenen, grünen Landschaft zu schweben scheint und sich wohltuend von den übrigen, meist historisierenden Villen der Umgebung abhebt.

ORT/STRASSE
ALMERE, ALMERE-HAVEN, ECHOBOS 28–36

FERTIGSTELLUNG
2008

ARCHITEKT
NEXT ARCHITECTS, AMSTERDAM | WWW.NEXTARCHITECTS.COM

PROJEKTARCHITEKTEN
MICHEL SCHREINEMACHERS, BART REUSER, MARIJN SCHENK

MITARBEITER
JOOST LEMMENS, FILIPE POCAS, ESTHER TEN BRINK, ROLF PEDERSON, MARIA SALINAS

LANDSCHAFTSARCHITEKT
KEES HUND T&L ARCHITECT, AMSTERDAM

AUFTRAGGEBER
PRIVAT (FÜNF BAUHERREN)

CLUSTER

01

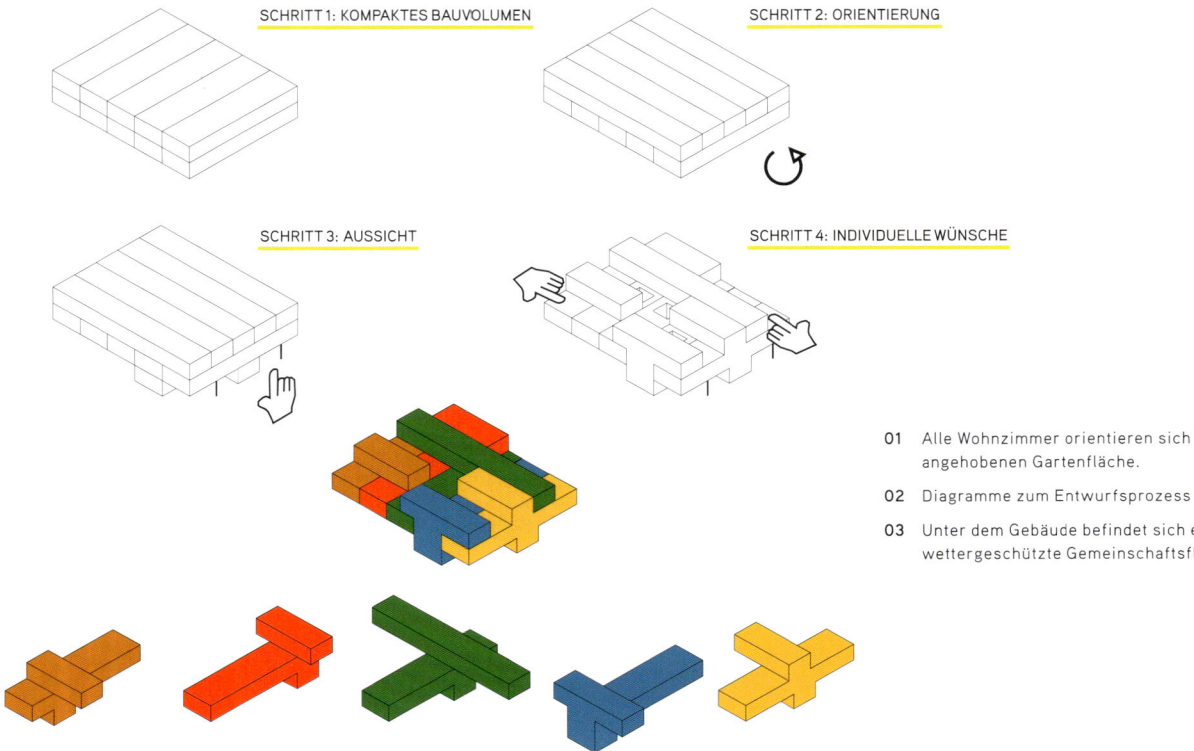

SCHRITT 1: KOMPAKTES BAUVOLUMEN

SCHRITT 2: ORIENTIERUNG

SCHRITT 3: AUSSICHT

SCHRITT 4: INDIVIDUELLE WÜNSCHE

01 Alle Wohnzimmer orientieren sich zu der seitlich angehobenen Gartenfläche.

02 Diagramme zum Entwurfsprozess

03 Unter dem Gebäude befindet sich eine große, wettergeschützte Gemeinschaftsfläche.

02

03

18 VILLA OVERGOOI

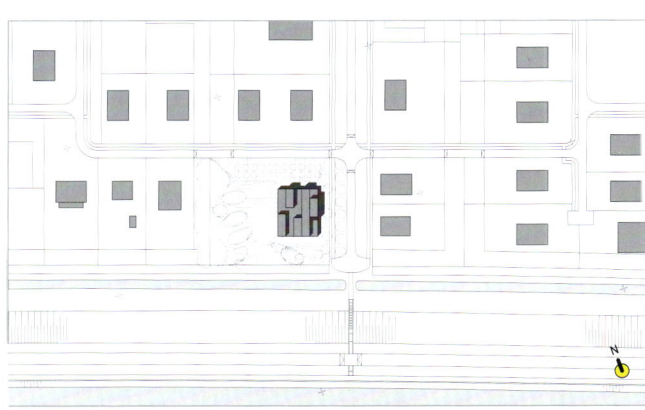

LAGEPLAN

2. OG

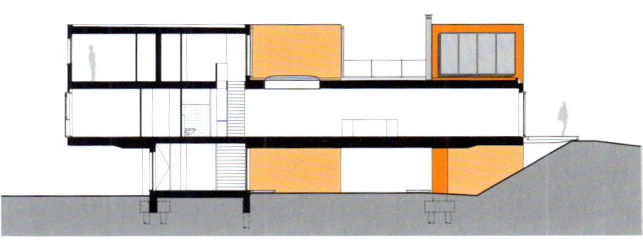

SCHNITTE

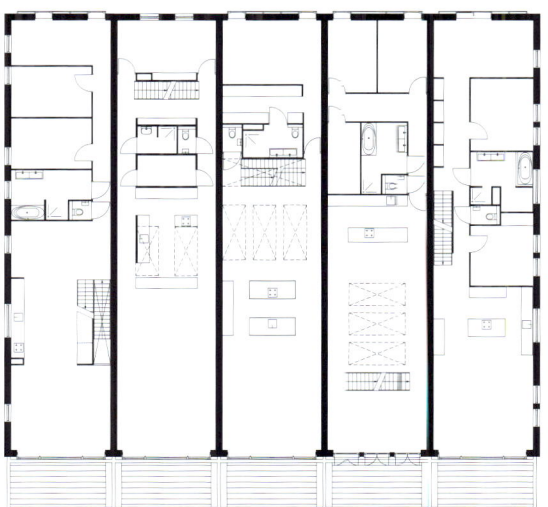

1. OG

EG

CLUSTER

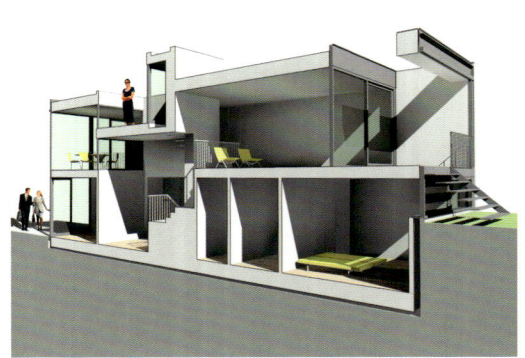

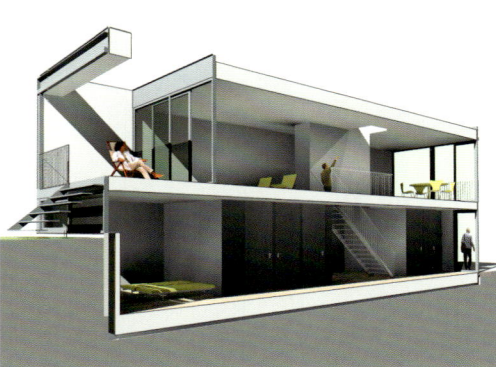

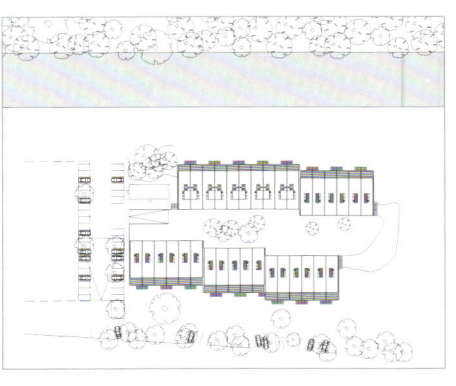

02

03

LAGEPLAN

19 BOSRIJK

PROJEKT

FAMILIENWOHNEN ⋮ GEMEINSCHAFT ⋮ INNOVATION ⋮ KOSTENGÜNSTIGER
WOHNUNGSBAU ⋮ LANDSCHAFT ⋮ SIEDLUNG ⋮ WOHNATMOSPHÄRE

Eleganten Pavillons gleich stehen die fünf von Tarra entworfenen,
leicht zueinander versetzten Häusergruppen in der locker bewaldeter
Landschaft entlang dem Beatrix-Kanal, der Eindhoven an die rund
70 Kilometer entfernte Maas anbindet. Die transparenten Gebäude
scheinen über dem Boden zu schweben, eine leichte, vorgestellte
Freitreppe verbindet Haus und Grund. Mit schwarzem Stahl verkleidete Rahmen fassen den Baukörper zusammen, die Architektursprache eines Mies van der Rohe lässt grüßen. Angesicht dieser fast schon
klassischen Eleganz ist es umso bemerkenswerter, dass es sich
bei den 33 Häusern um geförderten Wohnungsbau, um sogenannte
Starter-Häuser handelt.

Um diese noble Zurückhaltung – bei einem Bruchteil des Mies'schen
Budgets – zu erzielen, bedienen sich die Architekten eines Tricks:
Die Gebäude sind zum Wald und Kanal hin ein Halbgeschoss tief einge-
graben, der gemeinsame Zugangs- und Gartenhof ist ebenfalls abgesenkt. Die Hausgröße ist mit 4,30 x 17,50 Metern Grundfläche kompakt
gewählt. Die Landschaft soll möglichst viel von ihrem ursprünglichen
Charakter bewahren – so sind die waldseitigen, privaten Freiflächen
als Loggien in das Bauvolumen integriert.

Insgesamt gibt es nur zwei Haustypen. Im Sockelgeschoss befinden
sich bei beiden Typen der Eingangsbereich, das Bad und zwei Schlafzimmer, darüber das durchgesteckte, transparente Loft mit Küche,
Ess- und Wohnbereich. Der Sondertyp, das Cockpit-Haus, besitzt
zusätzlich einen zur Wohnetage leicht angehobenen kleinen Patio,
das Cockpit, aus dem man den Innenraum wie auch die umliegende
Landschaft im Blickfeld hat. Dank der angehobenen Geschossdecke
wird aus der innenliegenden Eingangsdiele eine kleine, überhohe
und natürlich belichtete Halle.

04

05

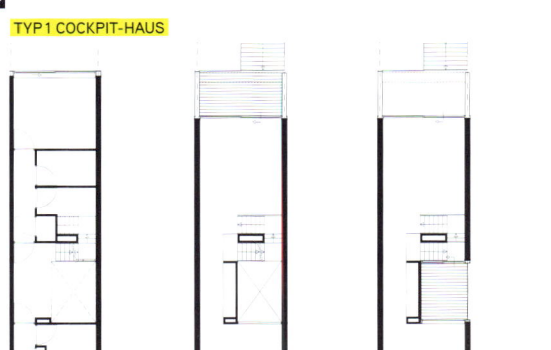

EG   1. OG   1. OG+

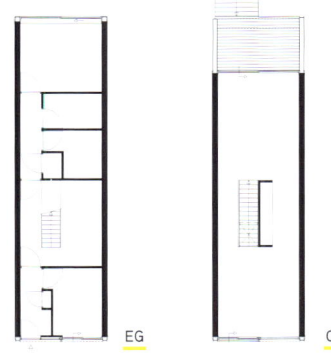

EG   OG

01   Mit schwarzem Stahl verkleidete Rahmen
fassen die Terrassen zusammen.

02   Visualisierung Cockpit-Haus (Typ 1)

03   Visualisierung Regeltyp (Typ 2)

04   Die Häusergruppen stehen in einer locker
bewaldeten Landschaft.

05   Der gemeinsame Zugangs- und Gartenhof
ist um ein halbes Geschoss abgesenkt.

ORT/STRASSE

EINDHOVEN MEERHOVEN, BOSRUITER 2–66

FERTIGSTELLUNG

2008

ARCHITEKT

TARRA ARCHITECTUUR EN STEDENBOUW, 'S-HERTOGENBOSCH | WWW.TARRA.NL

PROJEKTARCHITEKT

JEROEN VAN DE VEN, HENK KORTEWEG

MITARBEITER

JORIS RAYMAKERS

AUFTRAGGEBER

STAM+DE KONING, EINDHOVEN, IN ZUSAMMENARBEIT MIT TRUDO, WOHNGENOSSENSCHAFT, EINDHOVEN

CLUSTER

01

02

Die schöne Lage am Flüsschen Dommel täuscht darüber hinweg, dass
das Gebäude mitten in der belebten Innenstadt von Eindhoven steht.
Während im Norden ein kleiner, ruhiger Platz zum Verweilen am Wasser einlädt, befindet sich im Süden am Stratumseind das Kneipen-
und Vergnügungsviertel. Die nicht gerade attraktiven Rückseiten der
Gastronomiebetriebe liegen dem Grundstück unmittelbar gegenüber,
und bis spät in die Nacht hinein kommt es zu erheblichen Lärmbeläs-
tigungen.
Van aken architecten entwickelten daher ein Haus mit zwei Gesich-
tern, das sich zur Dommel hin öffnet, aber sensible Bereiche introvertiert, höhlenartig (*cave*) verbirgt und schützt. Auch typologisch ist
das Gebäude zweigeteilt: Nach Osten, zur Dommel hin ist es als Drei-

20 PROJEKT CAVERNA EINDHOVEN

DICHTE : GESCHOSSWOHNUNGSBAU : HAUS IM HAUS : INNENSTADT
INNOVATION : MISCHNUTZUNG : STADTUMBAU : WOHNUNGSMIX

01 Im Osten lädt ein kleiner, ruhiger Platz zum Verweilen am Wasser ein.

02 Das Gebäude kombiniert Geschosswohnungen und Stadthäuser.

03 Zum Kneipenviertel gibt sich der Bau introvertiert und verschlossen.

04 Je nach Lage hat jede Wohnung eine Loggia, einen kleinen Innenhof oder Balkon.

03   04

spänner mit acht Appartements, nach Westen hin als Reihung von fünf Stadthäusern konzipiert. Das Erdgeschoss dient durchgängig gewerblichen Nutzungen. Das Besondere an den Stadthäusern ist, dass sich die Gewerbeflächen im räumlichen Zusammenhang oder getrennt von der Wohnung nutzen lassen und die Häuser sich daher bestens für Freiberufler, Künstler oder anspruchsvolle Kleingewerbetreibende eignen.

Die Wohnungen verfügen, je nach Lage, über eine geschützte Loggia oder einen kleinen, eingeschnittenen Patio. Die angrenzenden Räume orientieren sich zu diesen privaten Außenräumen, die unmittelbar an der schmalen Gasse gelegenen Fassaden zeigen sich nahezu hermetisch verschlossen. Bei den vom Dommelufer weiter entfernten und vom Lärm stärker belasteten Stadthäusern ist das Entwurfskonzept am konsequentesten umgesetzt: Lediglich über einen schmalen, stegartigen Balkon kann man aus seinem privaten Außenbereich, seiner »Höhle«, heraustreten.

3. OG

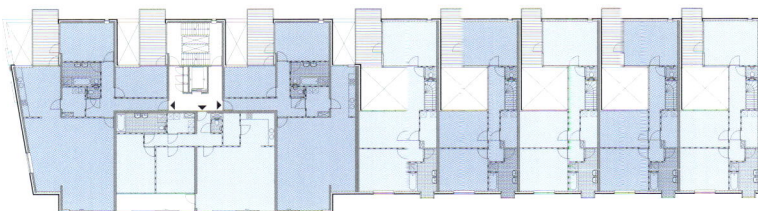

2. OG

1. OG

EG

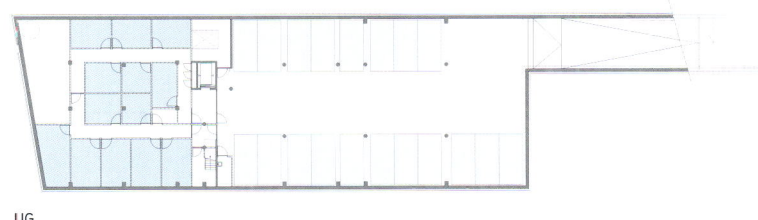

UG

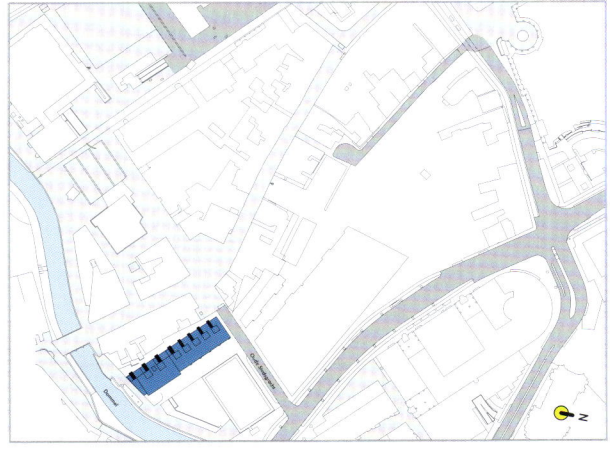

LAGEPLAN

ORT/STRASSE

EINDHOVEN, MOLENVELD

FERTIGSTELLUNG

2002

ARCHITEKT

VAN AKEN ARCHITECTEN, EINDHOVEN | WWW.VANAKENARCHITECTEN.NL

PROJEKTARCHITEKT

HANS WIDDERSHOVEN

MITARBEITER

WALTER KUIPERS, MICHEL VAN LOON

AUFTRAGGEBER

HURKS BOUW EN VASTGOED BV, EINDHOVEN

CLUSTER

01

02

01 Eindrucksvolles Wechselspiel zwischen
    introvertierten und extrovertierten Räumen

02 Ansicht von der Straßenseite

03 Blick vom rundum verglasten ersten
    Obergeschoss in den Patio

PROJEKT

8 VILLEN AUF KLEIN-RIETEILAND

EXKLUSIVITÄT : FAMILIENWOHNEN : INNOVATION : LUXUS : SIEDLUNG
WOHNATMOSPHÄRE : WOHNEN AM WASSER

Klein-Rieteiland, die kleinste der sieben künstlichen Inseln IJburgs, liegt zwischen der Hauptinsel Haveneiland und dem im Süden gelegenen Naherholungsgebiet Diemerpark. Während das dicht bebaute Haveneiland das städtische Zentrum bildet, so darf man Klein-Rieteiland als exklusiven Villenvorort bezeichnen.[26] Insgesamt 140 direkt am Wasser gelegene Parzellen standen zur Verfügung, der überwiegende Teil konnte nach Vorgaben des städtebaulichen Masterplans – erarbeitet vom Architekten John Bosch – von privaten Bauherren bebaut werden: Vorgabe war unter anderem die Errichtung einer geschosshohen, durchgehenden Raumkante zum öffentlichen Raum, seitlich waren die Häuser anzubauen, und der in der Regel zweigeschossige Hauptbaukörper musste einige Meter vom Straßenraum zurückgesetzt werden. Als Modellvorhaben überplante John Bosch selbst acht Parzellen, deren Bebauung die gestalterischen Möglichkeiten innerhalb der Vorgaben des Masterplans eindrucksvoll zeigt. Der Architekt kombinierte die Gestaltungsprinzipien eines Patiohauses, wie man es als städtische Variante unweit von IJburg auf Borneo-Sporenburg besichtigen kann, mit denen eines freistehenden Hauses.

Besonders stimmungsvoll ist das Wechselspiel zwischen introvertierten und extrovertierten Räumen, sowohl in dem bis zu 30 Meter tiefen und 7,50 Meter breiten und von zwei eingeschnittenen Höfen belichteten Erdgeschoss, wie auch in den kleinen zweigeschossigen Dachaufbauten, die auf dem begrünten Flachdach wie eine Ansammlung futuristischer Objekte auf einer grünen Wiese stehen. Das erste Obergeschoss ist umlaufend verglast. Aus dem introvertierten, intimen Erdgeschoss kommend, hat man hier den freien Blick in alle Richtungen, eine Treppe höher liegt das wieder von Wänden umschlossene Schlafzimmer, in dessen überdimensionalem Bullauge sich Himmel und Landschaft spiegeln.

03

LAGEPLAN

ORT/STRASSE
AMSTERDAM IJBURG, LISDODDELAAN

FERTIGSTELLUNG
2007

ARCHITEKT
VAN DEN OEVER, ZAAIJER & PARTNERS ARCHITECTEN, AMSTERDAM | WWW.OZ-P.NL

PROJEKTARCHITEKTEN
IR. J. B. W. (JOHN) BOSCH

MITARBEITER
N. FELDER, S. GRAF

AUFTRAGGEBER
IJBURGER MAATSCHAPPIJ BV, AMSTERDAM

CLUSTER

01 Aus dem introvertierten Erdgeschoss kommend,
öffnet sich der Blick in alle Richtungen.

02 Ansicht von der Garten- und Wasserseite

03 Offener Wohnbereich im Erdgeschoss

02

03

21 8 VILLEN AUF KLEIN-RIETEILAND

BAUFELD

2. OG

1. OG

REGELTYP

EG   1. OG   2. OG

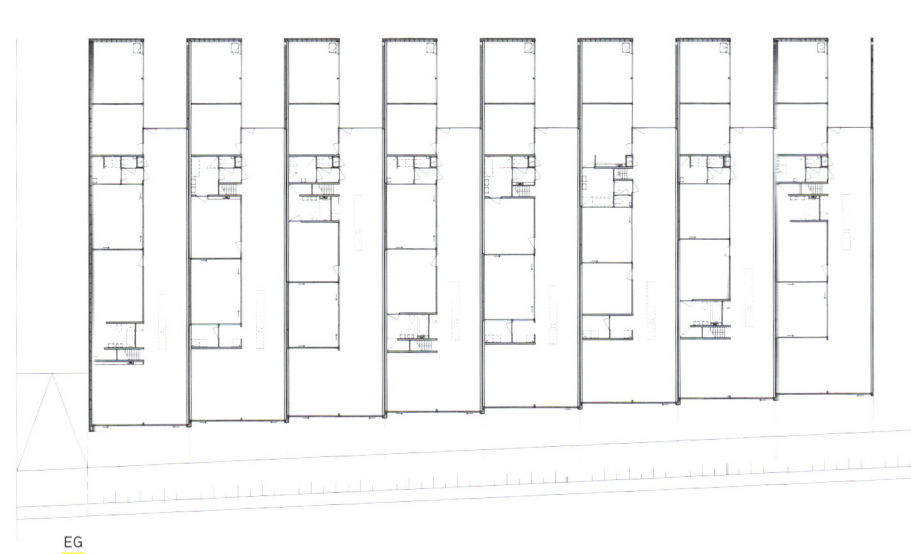

EG

CLUSTER

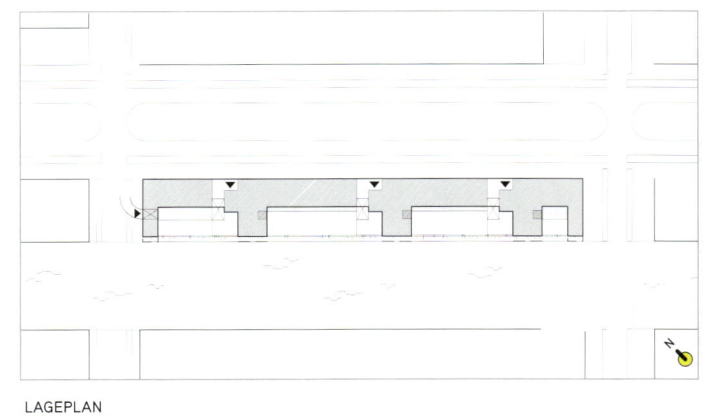

01

Im Gegensatz zu den meisten Neubauvierteln des Vinex-Programms will Amsterdams neuer Stadtteil IJburg eine Stadterweiterung im wörtlichen Sinn sein. Das Stadtzentrum, Haveneiland, basiert auf einem Raster aus 175 Meter langen und zwischen 40 und 90 Meter breiten Blöcken, wie sie in gleicher Dimensionierung auch in der Amsterdamer Altstadt zu finden sind.

Die Hauptverkehrsachse IJburglaan verläuft am Rand von Haveneiland. Während auf der nordöstlichen Straßenseite größere Wohnquartiere anschließen, begrenzt im Südwesten lediglich ein langer, schmaler Baustreifen von kaum 30 Metern Tiefe den Straßenraum. Trotz der Verkehrsbelastung ist die Lage hervorragend und bietet

LAGEPLAN

22 **PROJEKT**
BLOK 16A

DICHTE · FAMILIENWOHNEN · GESCHOSSWOHNUNGSBAU · HAUS IM HAUS
INNENSTADT · INNOVATION · WOHNATMOSPHÄRE · WOHNEN AM WASSER
WOHNUNGSMIX

02

01 Auf der Kanalseite kommt die Vielfalt der
52 Wohneinheiten voll zur Geltung.

02 Ansicht von der Straßenseite

die Möglichkeit, alle Wohnungen direkt nach Südwesten, auf den breiten Kanal zwischen Haveneiland und der Nachbarinsel Grote Rieteiland auszurichten. Die Architekten haben diese Chance genutzt und mit Blok 16a einen der innovativsten und eindrucksvollsten Neubauten auf IJburg vorgelegt. Das Projekt ist das Ergebnis eines ungewöhnlichen Verfahrens: Während Konzept und Entwurf von Vera Yanovshtchinsky architecten stammen, wurde für die Ausarbeitung der silbernen »Implantate« – einzelner aluminiumverkleideter Elemente – ein Gastarchitekt hinzugezogen, das Büro Archipel Ontwerpers.
Zur Straße hin präsentiert sich das 175 Meter lange Gebäude pflichtgemäß städtisch geschlossen, aber keinesfalls monoton. Der Rhythmus der sich wiederholenden Bauabschnitte, die bewegte Höhenentwicklung und der spielerische Wechsel in der Materialität erzeugen ein lebendiges, aber homogenes Straßenbild. Ganz anders die Kanalseite, hier darf sich die große Vielfalt der 52 Wohneinheiten frei entfalten: Wie Schubladen aus dem Baukörper herausgezogen, ragen Wohnungen bis an das Wasser heran oder kragen über den Kanal aus, Maisonetten und Etagenwohnungen öffnen sich auf Garten- und großzügige, zueinander versetzte Dachterrassen. Den Abschluss bilden drei luxuriöse Penthousewohnungen, die sich um die Haupttreppenhäuser herumlegen und als zweigeschossige aluminium- oder ziegelverkleidete Boxen in Erscheinung treten.

ORT/STRASSE
AMSTERDAM IJBURG, IJBURGLAAN

FERTIGSTELLUNG
2003

ARCHITEKTEN
VERA YANOVSHTCHINSKY ARCHITECTEN, DEN HAAG | WWW.VYA.NL
MITARBEIT: ARCHIPEL ONTWERPERS, DEN HAAG | WWW.ARCHIPELONTWERPERS.NL

PROJEKTARCHITEKTEN
VERA YANOVSHTCHINSKY (VYA), GERARD ROBBEMONT (VYA),
ERIC VREEDENBURGH (ARCHIPEL)

MITARBEITER VYA
YVETTE SCHELTEMA

MITARBEITER ARCHIPEL
NIELS GROENEVELD

AUFTRAGGEBER
IJBURGER MAATSCHAPPIJ BV, AMSTERDAM

CLUSTER

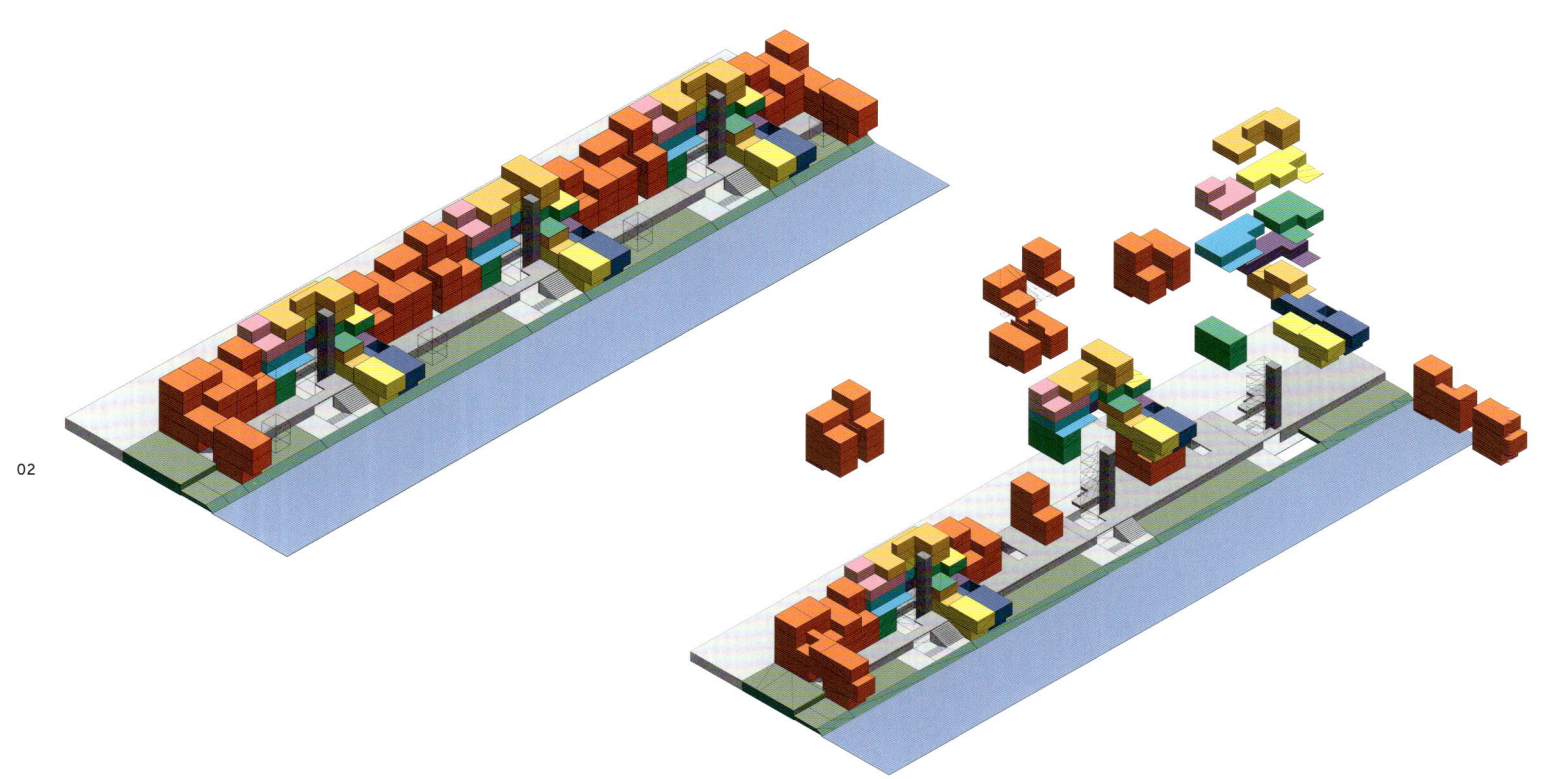

01

02

22 BLOK 16A

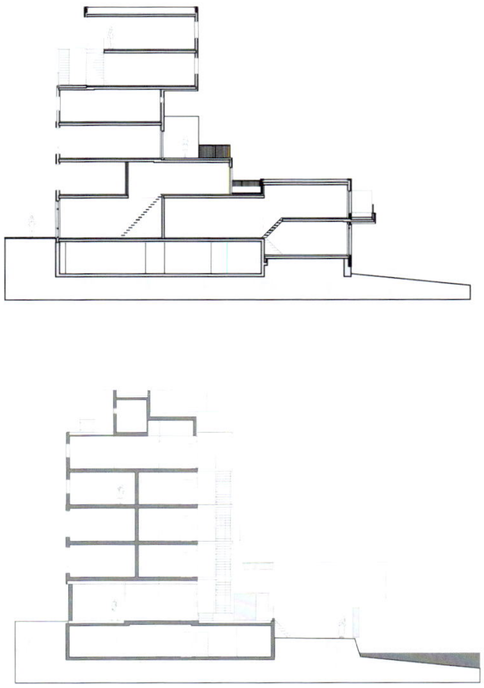

SCHNITTE

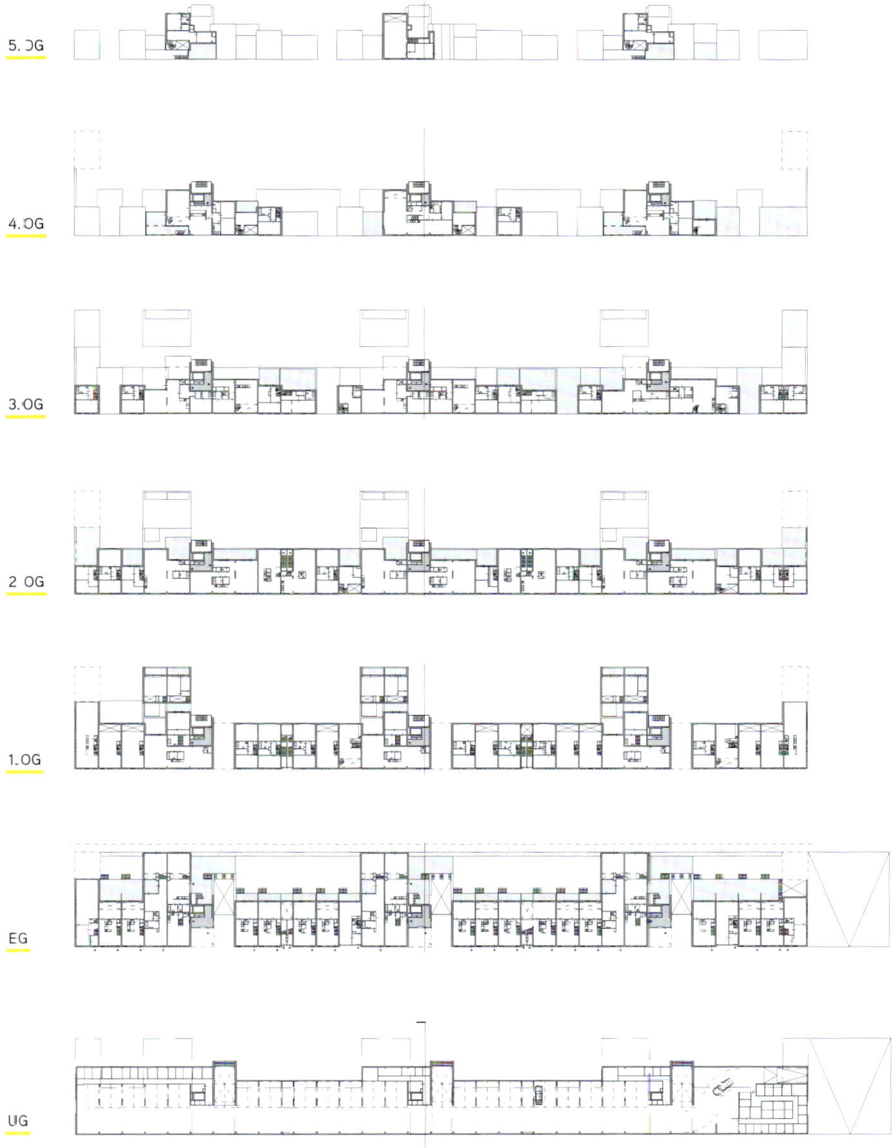

5. OG

4. OG

3. OG

2. OG

1. OG

EG

UG

01 Wie herausgezogene Schubladen kragen
    die Wohnungen bis über das Wasser aus.

02 Verteilung der Wohneinheiten

03 Verschiedene Wohnungstypen

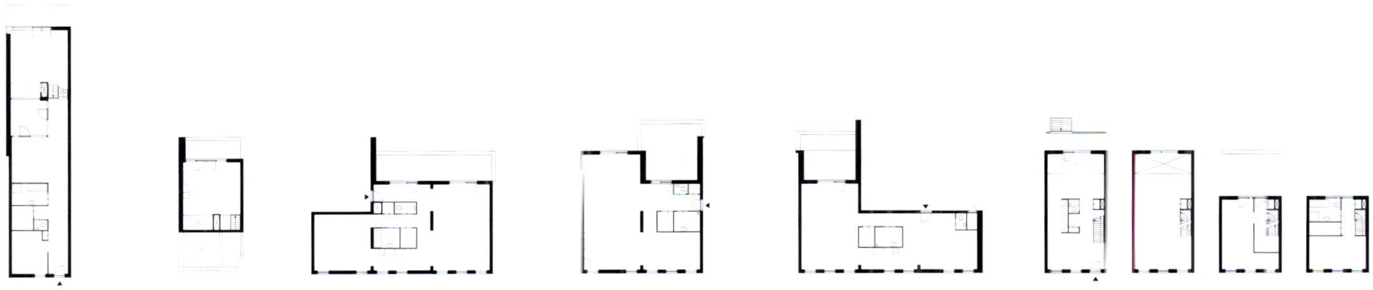

03

CLUSTER

LAGEPLAN

01 Die kleine Ökosiedlung grenzt unmittelbar an ein Naturschutzgebiet.

02 Die Natur hat den Vortritt.

03 Jeweils drei Gebäude bilden eine kleine Nachbarschaft.

PROJEKT

23 ÖKOHÄUSER WEIHOEK

FAMILIENWOHNEN : INNOVATION : LANDSCHAFT : ÖKOLOGIE : SIEDLUNG
WOHNATMOSPHÄRE : WOHNUNGSMIX

Die 44 Wohneinheiten in Roosendaal stehen beispiehaft für das ökologische Bauen in den Niederlanden. Ökologische Architektur – so der
Wunsch vieler Bauherren und Käufer – soll nicht nur ökologisch sein,
sondern auch ökologisch aussehen.

Die kleine Ökosiedlung grenzt unmittelbar an ein Naturschutzgebiet,
an dessen Wasserlauf sich die Gebäude aufreihen. Das von den Architekten beabsichtigte zurückhaltende Siedlungsbild – die Natur soll den
Vortritt haben – zeichnet sich deutlich in den einfachen Baukörpern
und natürlichen Materialien ab. Jeweils zwei Reiherhauszeilen und
eine Gebäudegruppe aus Hofhäusern und Eigentumswohnungen
(Typ 3) bilden eine kleine Nachbarschaft.

Die hohe Energieeffizienz beruht auf technischen Lösungen wie ther-
mischen Solaranlagen zur Brauchwassererwärmung und Heizungs-
unterstützung sowie Wärmerückgewinnungsanlagen. Aber auch der
architektonische Entwurf ist auf das Gesamtkonzept abgestimmt:
Die Reihenhäuser (Typ 1) integrieren, von außen nicht erkennbar,
zweigeschossige Wintergärten im Grundriss, die je nach Witterung
als Pufferräume beziehungsweise »Sonnenfallen« funktionieren.
Deutlich auffälliger sind die markanten, aufgeklappten Dachgauben,
die viel Sonnenlicht in das Gebäude lenken. Mit Sedum begrünte
Dachflächen und aus gewachster sibirischer Lärche gefertigte Ver-
schalungen bilden die natürliche Hülle der Häuser.

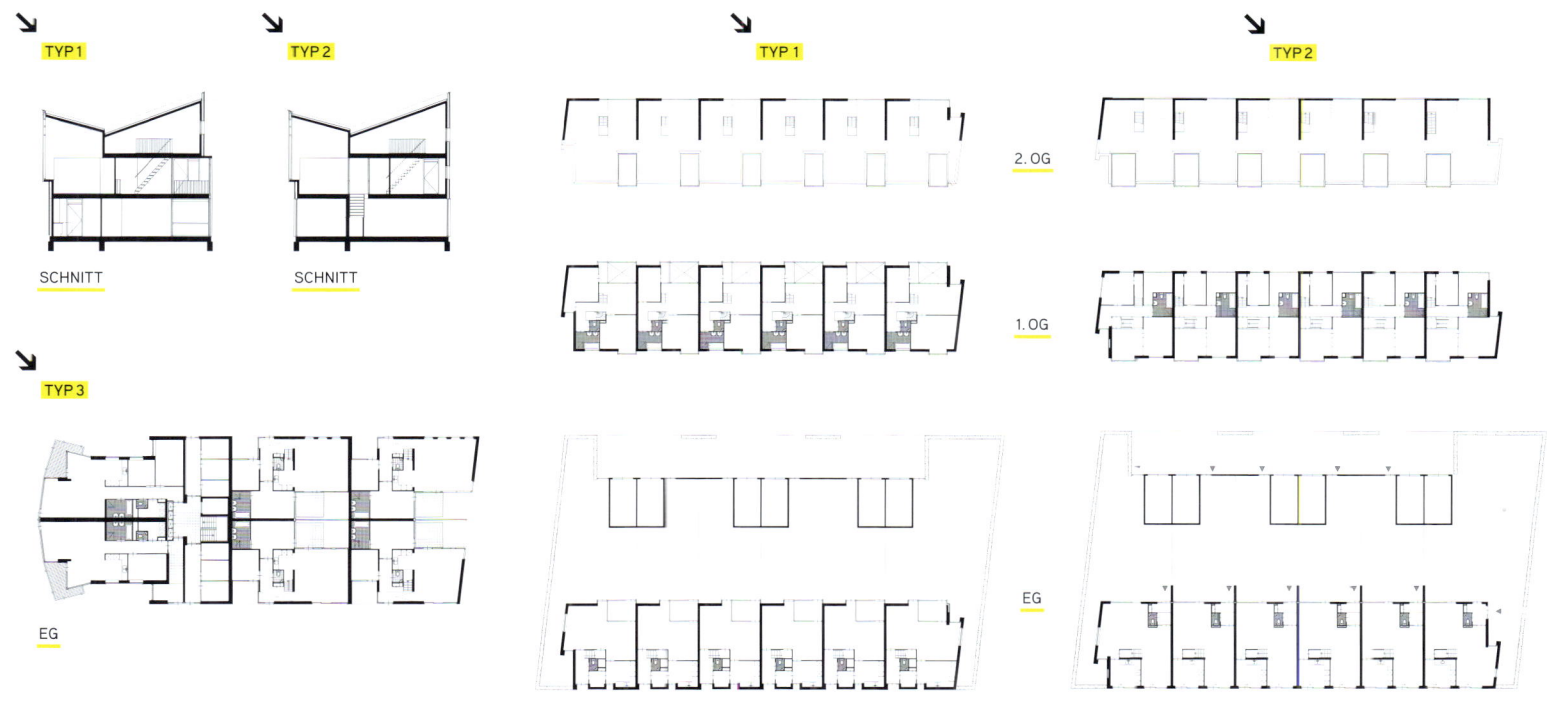

TYP 1   SCHNITT
TYP 2   SCHNITT
TYP 3   EG

TYP 1   2. OG   1. OG   EG
TYP 2

ORT/STRASSE	FERTIGSTELLUNG	ARCHITEKT
ROOSENDAAL, MEEUWBERG	2002	ARCHITECTEN WERKGROEP, TILBURG	WWW.ARCHITECTENWERKGROEP.NL

PROJEKTARCHITEKT	MITARBEITER	AUFTRAGGEBER
THEO VAN ESCH	JANNEKE BIERMAN, MARTEL VAN NIEUWKUIJK	NBU BV, ETTEN-LEUR

REIHE
ZEILE

01 Die »Spoelerij« gehört zu den frühesten Stahlbetonskelettbauten der Niederlande.

02 Blick auf das heutige Tricot-Areal

03 Ohne sich anzubiedern, fügt sich die moderne Ziegelfassade in die Mischung der Baustile ein.

24
TRICOTCOMPLEX

EXKLUSIVITÄT : FLEXIBILITÄT : GESCHOSSWOHNUNGSBAU : INNENSTADT
LOFT : LUXUS : RENOVIERUNG : STADTUMBAU

03

Jahrhundertelang war Winterswijk nur ein kleines Bauerndorf an der deutsch-niederländischen Grenze. Mit der Industrialisierung kamen die Fabriken, und fortan war ein Großteil der Bevölkerung in der florierenden Textilindustrie beschäftigt. Das erste Gebäude der 1890 gegründete Tricotfabrik, den noch in Massivbauweise errichteten Teil der »Wilhelmina«, hat der auch in Deutschland tätige Architekt Gerrit Beltman gebaut. Mehrere Anbauten kamen hinzu, und 1912 erweiterte sein Sohn die Anlage um eine Spinnerei, die »Spoelerij«. Mit dem Niedergang der Textilindustrie Ende der 1970er Jahre musste auch die Tricotfabrik schließen. Die Gebäude standen jahrelang leer. Nach einem Brand gegen Ende der 1980er Jahre wurde intensiv an einem Nachnutzungskonzept gearbeitet. Doch es dauerte nochmals über ein Jahrzehnt, bis sich ein Investor für die einsturzgefährdeten Gebäude fand.

Es darf als Glücksfall bezeichnet werden, dass mit Frits van Dongen ein anerkannter Wohnungsbauer mit der Revitalisierung beauftragt wurde. Die Spinnerei gehört zu den frühesten Stahlbetonskelettbauten der Niederlande. Die offene Stützenstruktur bot unter Beibehaltung der großzügigen Deckenhöhen ideale Voraussetzungen für die Einrichtung großer, luxuriöser Wohnlofts. Indem die Nebenräume der Wohnungen um einen neuen zentralen Erschließungskern herum angeordnet wurden, stand die gesamte, großzügig verglaste Fassade für Wohn-, Schlaf-, Aufenthaltsräume und wintergartenartige Loggien zur Verfügung. Die in mehreren Bauphasen erstellte Wilhelmina wurde ebenfalls sorgfältig wieder instandgesetzt. Der Abriss eines angrenzenden Gebäudes auf der Ostseite ermöglichte den Architekten, den Komplex um ein eigenes architektonsches Statement zu erweitern. Ohne sich anzubiedern oder kontrovers zum Bestand zu stehen, fügt sich die moderne, gerasterte Ziegelfassade perfekt in die Mischung der Baustile ein.

ORT/STRASSE	FERTIGSTELLUNG	ARCHITEKT
WINTERSWIJK, WILHELMINASTRAAT, TRICOT	2005	DE ARCHITEKTEN CIE., AMSTERDAM | WWW.CIE.NL

PROJEKTARCHITEKT	MITARBEITER
FRITS VAN DONGEN	R. TEN BRAS, P. KOSCHUCH, H. SCHMIDT, C. SMEETS, L. AFONSO, H. DE KIEVIT, K.S. LIU, A. VAN GELDEREN, R. KONIJN

INNENARCHITEKTUR	AUFTRAGGEBER
GROOTHUIS+POSTMA ARCHITECTEN, HENGELO	DE WOONPLAATS, GROENLO

REIHE
ZEILE

01

02

01 Offener Wohnbereich im Anbau

02 Zwischen den Gebäuden spannt sich ein gemeinsamer Gartenhof auf.

SPOELERIJ

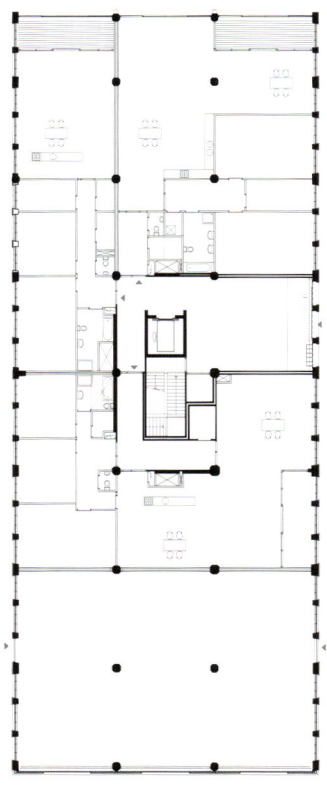
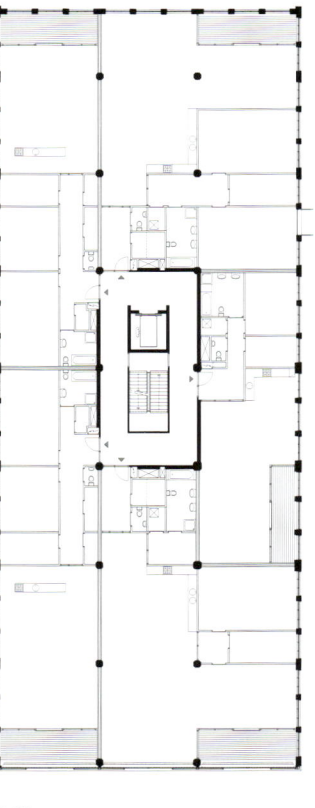
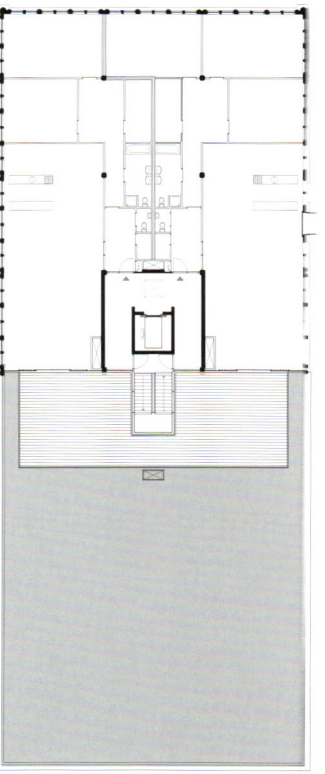

EG

1. OG

3. OG

24 TRICOTCOMPLEX

LAGEPLAN

WILHELMINA

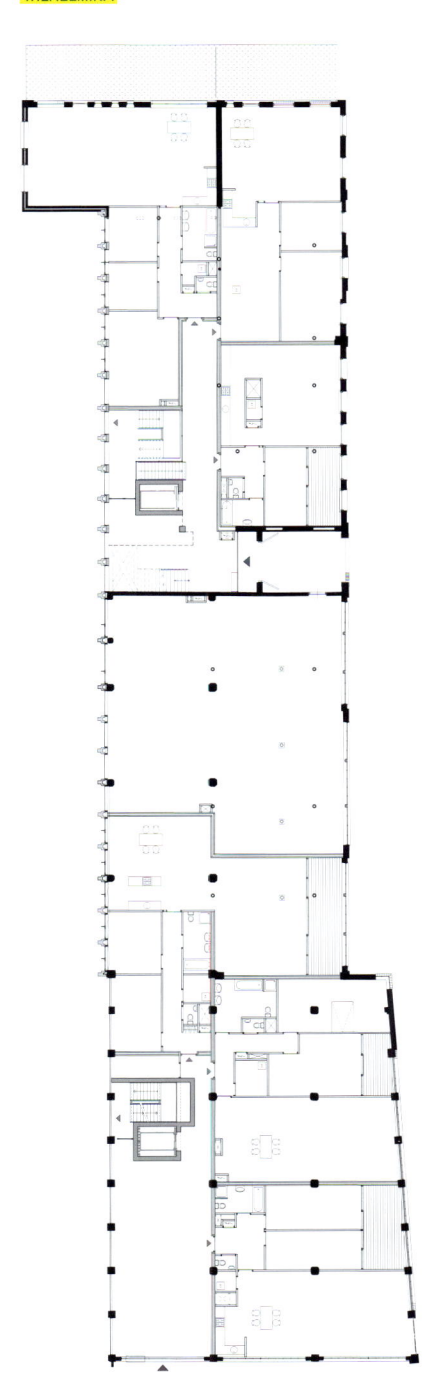

EG

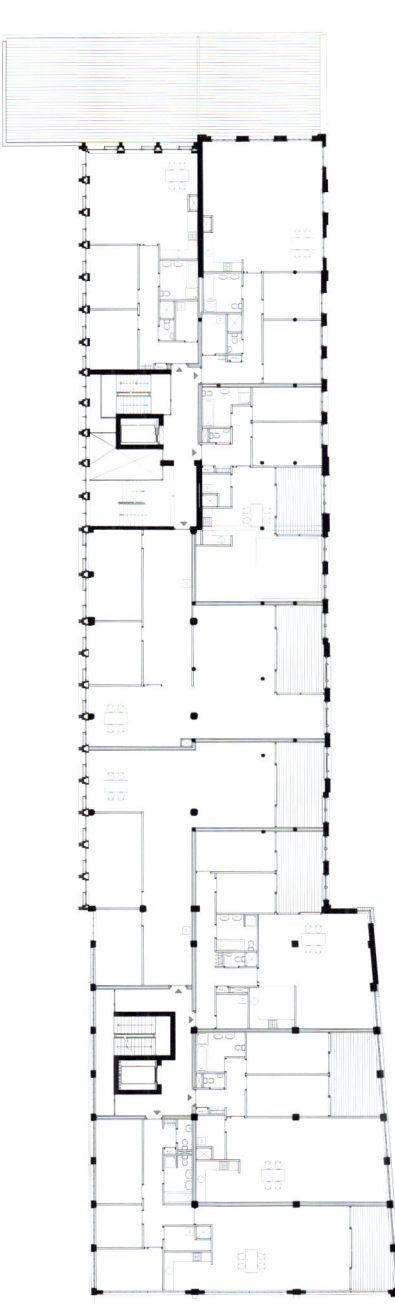

1. OG

REIHE
ZEILE

01

Der innere Verkehrsring Eindhovens gilt nicht gerade als bevorzugte Wohnlage. Dennoch haben Grosfeld van der Velde Architecten hier eine Reihe von sieben attraktiven und architektonisch anspruchsvollen Stadthäusern realisieren können.

Die Umgebung ist durch heterogene Bebauung geprägt: Im Osten stößt das Grundstück an den in einem leichten Bogen verlaufenden, stark befahrenen Voderweg, im Norden grenzt es an die Eindhover Moschee, im Osten schließt ein ehemaliges Schulhaus an, im Süden befindet sich eine Zeile typischer Wohnbauten aus der Vorkriegszeit. Zudem herrscht Mangel an öffentlichen Parkplätzen. Die hervorstechende

Qualität der Gegend ist jedoch der schöne alte Baumbestand entlang der Hauptverkehrsstraße und auf dem Grundstück. Grosfeld van der Velde Architecten ordneten daher die Gebäude diagonal gestaffelt zur Julianastraat an. Die so gebildete dreieckige Platzsituation integriert den wertvollen Baumbestand im Süden, der die platzartige Aufweitung in einen öffentlichen Parkstreifen und einen privaten Fahr-Erschließungsweg teilt. Die Positionierung der Gebäude und die Grundrissaufteilung sind konsequent aus den funktionalen Anforderungen entwickelt. Der sägezahnartige Versatz der Häuser ermöglicht platzsparendes Querparken unter den nach Süden zur Straße hin ausge-

25 PROJEKT 7 STADTHÄUSER

EXKLUSIVITÄT ⋮ FAMILIENWOHNEN ⋮ GEMEINSCHAFT ⋮ INNENSTADT
WOHNATMOSPHÄRE

richteten, eineinhalbgeschossigen Wohnzimmern; die Koch- und
Essbereiche liegen als Splitlevel ein halbes Geschoss tiefer als die
Wohnbereiche, sind über eine Halbtreppe von den Eingängen erreichbar und öffnen sich auf die privaten Terrassen, von denen man über
wenige Stufen in den Garten gelangt.

Die Großzügigkeit der Anlage, die in ihrer räumlichen Anordnung
schon auf der Straßenseite überzeugt, findet ihre Entsprechung auf
der Gartenseite. Der mit einer Schallschutzwand abgeschirmte Garten
wurde nicht in einzelne Kleinstgärten zerlegt, sondern steht allen Bewohnern gemeinsam zur Verfügung. Das Resultat ist eine private
Parkanlage, wie sie nicht nur in den Niederlanden eher bei herrschaft-
lichen Villen zu finden ist. Und wer genug von der Gemeinschaft hat,
kann sich in den intimen, zum Himmel offenen Patio des Obergeschosses zurückziehen.

01 Der sägezahnartige Gebäudeversatz ermöglicht eine
    platzsparende Querparkierung.

02 Der große Garten steht allen Bewohnern zur
    Verfügung.

03 Der dreieckige Platz vor den Häusern integriert den
    wertvollen Baumbestand.

02

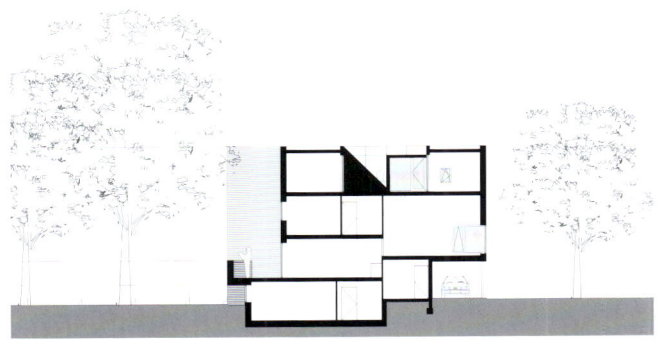

03

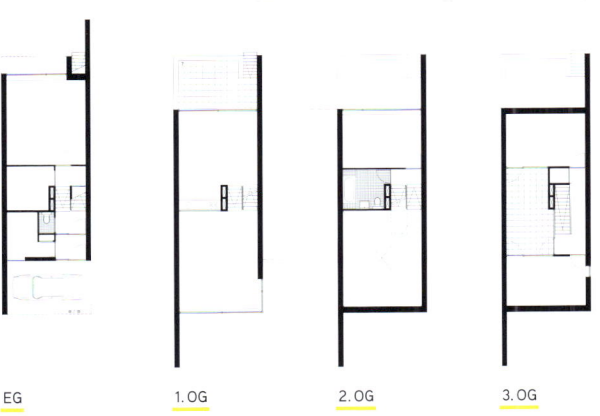

QUERSCHNITT

EG   1. OG   2. OG   3. OG

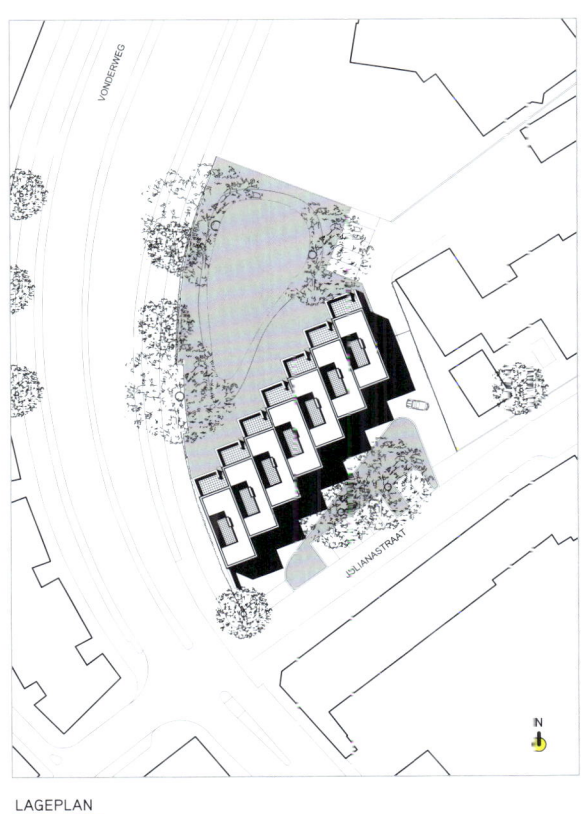

LAGEPLAN

ORT/STRASSE   FERTIGSTELLUNG   ARCHITEKT
EINDHOVEN, JULIANASTRAAT   2004   GROSFELD VAN DER VELDE ARCHITECTEN, BREDA | WWW.GROSFELDVANDERVELDE.NL

PROJEKTARCHITEKT   MITARBEITER   AUFTRAGGEBER
PASCAL GROSFELD   BART VAN DER VELDE, IVO DE BRUIN, MARCO WEIJERS   BREEPLAN VASTGOED, OIRSCHOT

REIHE
ZEILE

01

02

03

26 PROJEKT
DE BOOMGAARDEN

FLEXIBILITÄT : GEMEINSCHAFT : GESCHOSSWOHNUNGSBAU
KOSTENGÜNSTIGER WOHNUNGSBAU

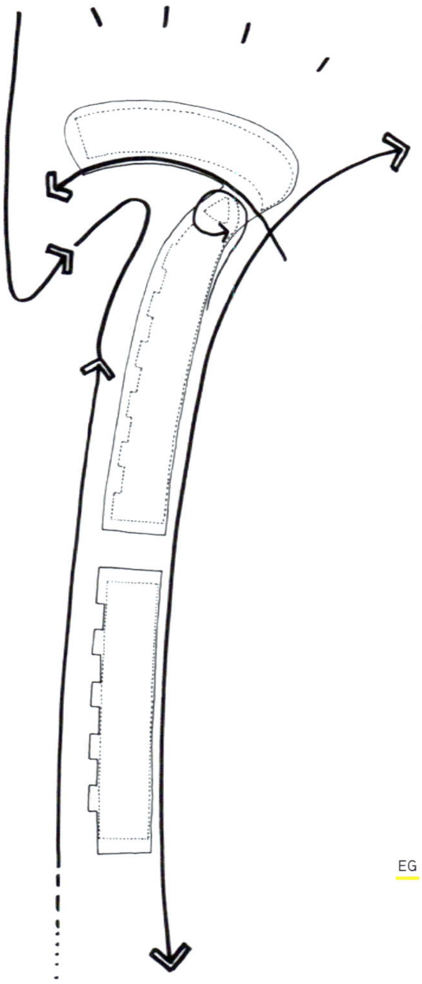

C4

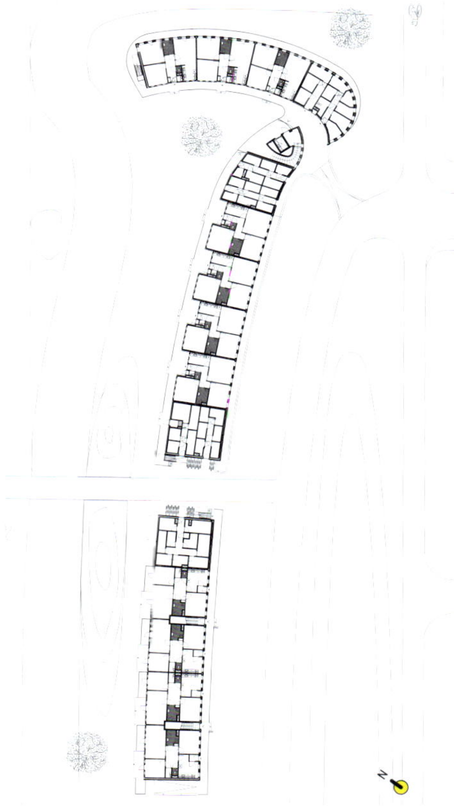

EG

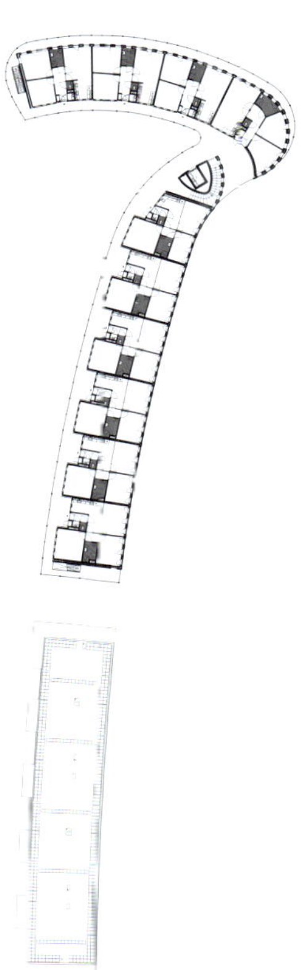

2.OG

01 Der schlangenförmige Baukörper setzt sich aus leicht variierenden Drei-
zimmerwohnungen zusammen.

02 Balkone und Laubengänge legen sich wie eine zweite Haut um das Gebäude

03 Die Straßenfassade ist passend zur Nachbarbebauung mit einem
orangefarben-roten Klinker verkleidet.

04 Entwurfsskizze

Dort, wo sich einst ein großer Obstgarten der Universität Wageningen
befand, stehen heute schmucke Einfamilienhäuser. Ein langer Grund-
stücksstreifen im Süden blieb zunächst unbebaut; die Nachbarschaft,
Universitätsgebäude und ein großer Hallenkomplex, schien für hoch-
preisige Wohnungen wenig passend. Zudem wird das Grundstück
von einem Rad- und Wanderweg durchquert. Der Auftraggeber
wünschte daher ein kostengünstiges, wartungsarmes Gebäude, das
multifunktional genutzt werden kann. Als Zielgruppe wollte man
Dozenten, Studenten, aber auch Familien ansprechen.
Die Architekten Heren 5 entsprachen den Erwartungen des Auftraggebers mit einem Gebäude von hoher Präsenz. Der schlangenförmige
Baukörper beginnt im Anschluss an die Nachbarbebauung zweigeschossig und steigert sich über drei auf vier Geschosse. Der gekröpfte
Abschluss hat dabei gleich mehrere Funktionen: Er markiert zeichen-
haft den Haupteingang sowie den Kreuzungsbereich zwischen zwei

Wohnbaufeldern; darüber hinaus fasst er den an einem kleinen Kanal
gelegenen Gemeinschaftsgarten baulich ein. Obwohl das Gebäude
von starker Expressivität ist – sie kommt besonders nachts zur Geltung, wenn die Decken der Laubengänge hell erleuchtet sind – beruht
es doch auf einem faszinierend einfachen Konzept. Der »Boomgaar-
den« setzt sich im Wesentlichen aus 41 leicht variierten Dreizimmer-
wohnungen zusammen, die gleichermaßen gut von Familien und
Wohngemeinschaften genutzt werden können. Laubengänge und Balkone bestehen aus rot eingefärbten Betonfertigteilen, die von schlanken Stahlsäulen am Rand abgestützt werden. Während die Gartenseite
von der offenen, leichten Struktur der umlaufenden Laubengänge
geprägt ist, gibt sich die Straßenseite bewusst städtisch. Analog zur
benachbarten Bebauung ist die Fassade mit einem orange-roten
Klinker verkleidet.

ORT/STRASSE
WAGENINGEN, LOMBARDI

FERTIGSTELLUNG
2007

ARCHITEKT
HEREN 5 ARCHITECTEN, AMSTERDAM | WWW.HEREN5.NL

PROJEKTARCHITEKTEN
ED. BIJMAN, JAN KLOMP, BAS LIESKER, MERIJN DE JONG

MITARBEITER
EGBERT DUIJN, KLAAS-HEIN VEENHOF

AUFTRAGGEBER
IDEALIS, WAGENINGEN

REIHE
ZEILE

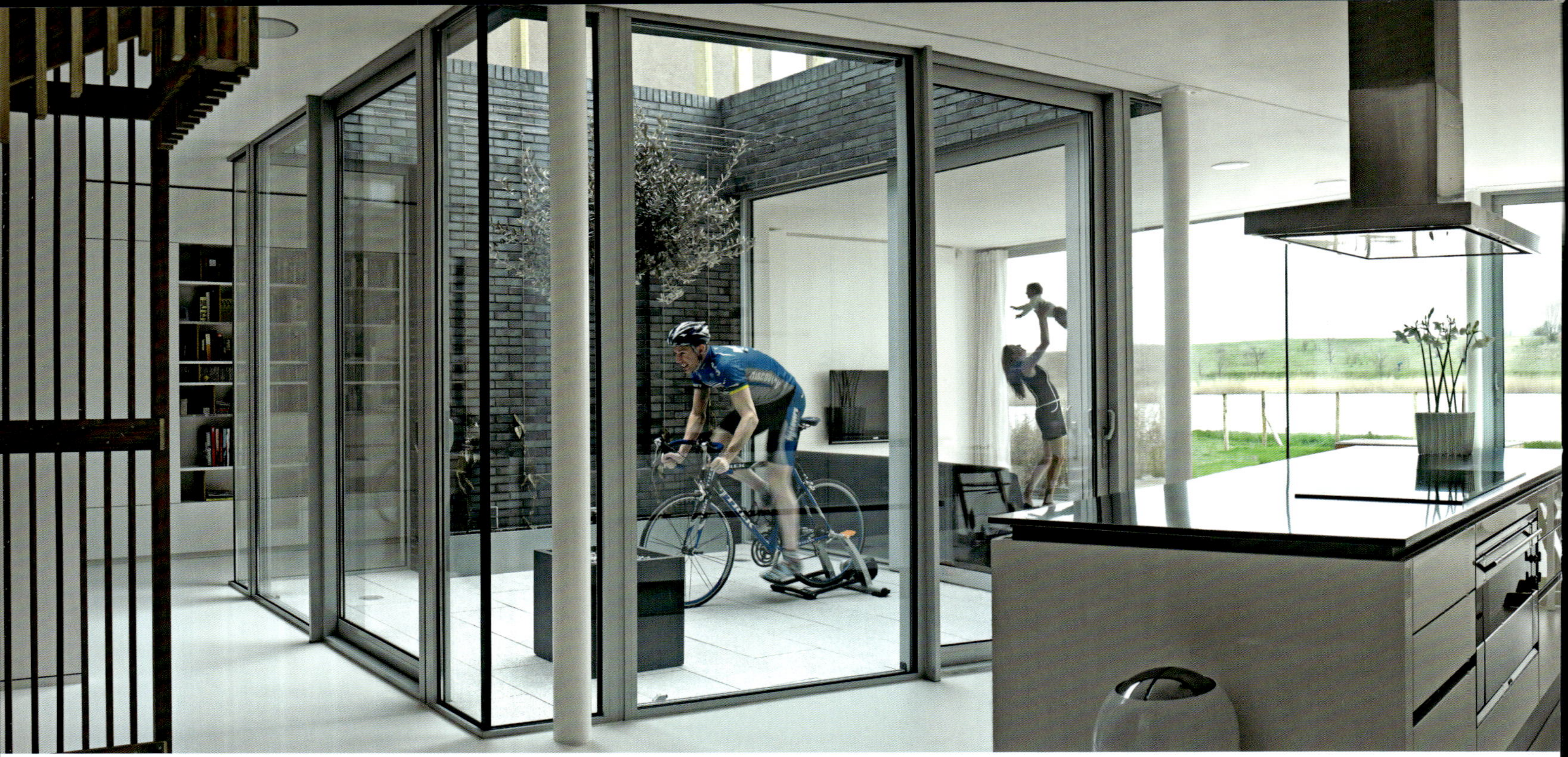

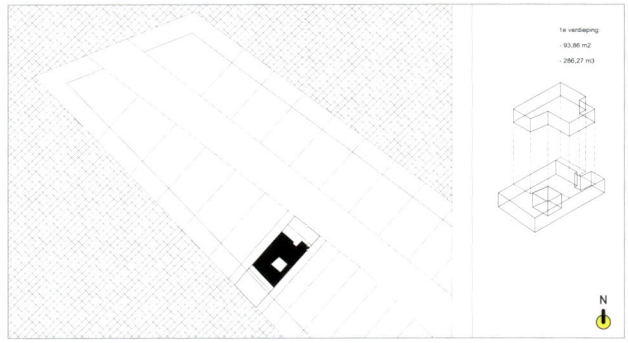

01

Das Haus der Familie Vollebregt liegt auf Klein-Rieteiland, einer langen, schmalen Insel, die der Hauptinsel des neuen Amsterdamer Stadtteils IJburg, Haveneiland, vorgelagert ist. Private Bauherren konnten sich hier um eine der 300 Quadratmeter großen Parzellen bewerben und nach erfolgtem Zuschlag gemeinsam mit einem Architekten ihr individuelles Traumhaus realisieren.

Die Lage ist in vielerlei Hinsicht exklusiv, insgesamt gibt es nur Platz für 140 Häuser, alle Grundstücke haben einen direkten Zugang zum Wasser, eine Brücke führt zum Naherholungsgebiet Diemerpark im Süden, und mit der Straßenbahn sind es nur 20 Minuten bis zum Amsterdamer Hauptbahnhof.

Das von JAM* architecten auf der Parzelle 125 entworfene, in dunklem Klinker gehaltene Haus präsentiert sich zur Straße ruhig und zurückhaltend. Der mit einer Wandscheibe eingerahmte Vorhof ist zweigeteilt. Eine je nach Blickwinkel transparente oder blickdichte Wand aus Holzstäben trennt den offenen Pkw-Stellplatz vom abschließbaren Eingangshof. Ganz im Gegensatz zur äußeren Bescheidenheit steht das großzügige, lichtdurchflutete Innere des Hauses. Wohnen, Essen, Küche und Bibliothek sind um einen kleinen verglasten Innenhof gruppiert, zum Garten und zum Wasser öffnet sich der Raum mit drei großen verglasten Schiebetüren. Im Obergeschoss sind die Schlafzimmer und Badezimmer untergebracht. Ein großes Oberlichtband belichtet den von einer Galerie umgebenen Treppenraum. Auf die absolut notwendigen Maße reduziert, orientieren sich die drei Kinderzimmer zum Vorhof. Vom Kinderbad aus hat man Zugang zur großen, sonnigen Dachterrasse, von der aus man einen schönen Blick auf den gegenüberliegenden Diemerpark genießen kann.

LAGEPLAN

PROJEKT

27 VILLA VOLLEBREGT

DICHTE ⋮ EXKLUSIVITÄT ⋮ FAMILIENWOHNEN ⋮ INDIVIDUALITÄT
WOHNEN AM WASSER

02

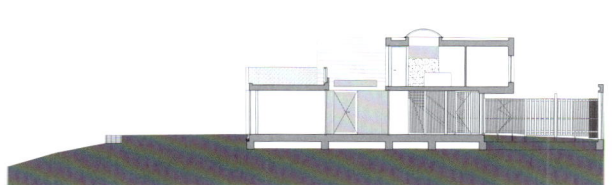

QUERSCHNITT

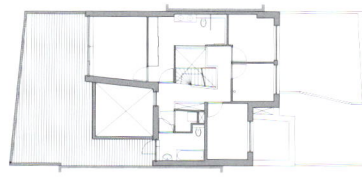

OG

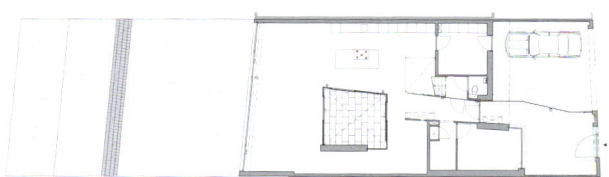

EG

03

04

01 Wohnen, Essen, Küche und Bibliothek gruppieren sich um einen kleinen verglasten Innenhof.

02 Der von einer Wandscheibe eingerahmte Vorhof auf der Straßenseite ist zweigeteilt.

03 Zu Garten und Wasser öffnet sich der Wohnraum mit großen, verglasten Schiebetüren.

04 Entwurfsskizze Eingangshof

ORT/STRASSE
AMSTERDAM IJBURG, LISDODDELAAN 14

FERTIGSTELLUNG
2008

ARCHITEKT
JAM* ARCHITECTEN, AMSTERDAM | WWW.JAMARCHITECTEN.NL

PROJEKTARCHITEKT
IR. JEROEN MENSINK, IR. ARJEN ZAAL

MITARBEITER
BOB MANTEL, CAS BOLLEN, ERWIN ZOMERS, JAN-WILLEM SIMONS

LANDSCHAFTSARCHITEKT
ROB ABEN LANDSCHAPSARCHITECTUUR, OOSTERBEEK

AUFTRAGGEBER
FAMILIE VOLLEBREGT

REIHE
ZEILE

01

Ende der 1990er Jahre gegründet, ist EVA-Lanxmeer mittlerweile eine der größten Öko-Siedlungen Europas. Initiiert wurde das Projekt von der privaten Stiftung für ökologische Bildung, Information und Beratung EVA, die in Zusammenarbeit mit der Gemeinde Culemborg insgesamt 250 Wohneinheiten für rund 500 Einwohner, zahlreiche Arbeits- und Bildungsstätten realisiert. Von Anfang an war die Siedlung als Permakultur geplant, das heißt als ein selbsterhaltendes ökologisches System. Die Planer setzen bei der Entwicklung des 24 Hektar großen Planungsgebiets konsequent auf regenerative Energien wie Sonne und Wind. Eine Biogasanlage ist derzeit in der Planung, zur Grauwasserreinigung arbeitet eine Pflanzenkläranlage seit Jahren ohne Probleme. Um in Lanxmeer wohnen zu dürfen, müssen die Bewohner diese nachhaltige Lebensweise anerkennen und eine Reihe vertraglicher Verpflichtungen eingehen.

Die Pflege der Straßen, Wege, Grün-, Spielflächen und Gewässer werden von einem Bewohnerverein, in dem jeder Bewohner Mitglied ist, übernommen; dafür haben die Bürger direkten Einfluss auf alle Entscheidungen, die die Quartiersentwicklung betreffen. Darüber hinaus kann jeder seine Wohnvorstellungen im Rahmen des übergreifenden ökologischen Konzepts als Privatbauherr, gemeinsam mit anderen oder in einer Baugemeinschaft umsetzen. Wie genau diese Mischung aus ökologischer Vernunft und selbstbestimmter Lebensform ausse-

28 KASWONINGEN

BAUGEMEINSCHAFT ⋮ FAMILIENWOHNEN ⋮ FLEXIBILITÄT ⋮ INDIVIDUALITÄT
INNOVATION ⋮ ÖKOLOGIE ⋮ PARTIZIPATION ⋮ SIEDLUNG ⋮ WOHNATMOSPHÄRE

02

03

hen kann, zeigen die Architekten Arjan Karssenberg und Peter Wienberg in den »kaswoningen«, Gewächshauswohnungen, die sie zwischen 2002 und 2009 in drei Bauabschnitten für private Bauherren errichtet haben. Neben einem traufständigen Reihenhaustyp (Typ 1) haben die Architekten einen giebelständigen Typ (Typ 2) entworfen, der in zwei kleinere Wohneinheiten teilbar ist. Auch wenn sich die Entwürfe weiterentwickelt haben, das zugrundeliegende Konzept ist dasselbe geblieben: ein hoch gedämmtes Bauvolumen wird von einem Gewächshaussystem, wie es in der niederländischen Landwirtschaft überall zum Einsatz kommt, voll oder teilweise umschlossen. Das Glashaus ist thermischer Puffer, Heizung und ganzjährig nutzbarer Garten und Freibereich in einem – neben den energetischen Vorteilen angesichts des kühlen und oft regnerischen Wetters ein gewichtiges Argument. Und falls es im Sommer doch einmal zu heiß werden sollte, ermöglichen großflächig aufklappbare Dachelemente und fassadenhohe Schiebetüren einen schnellen Luftaustausch.

01 Grundprinzip der Wohneinheiten: Ein hoch gedämmtes Bauvolumen, voll oder teilweise von einem Gewächshaus umschlossen

02 Die jüngeren Häuser vom Typ 2 wurden giebelständig ausgeführt

03 Das Glashaus ist thermischer Puffer, Heizung sowie ganzjährig nutzbarer Garten und Freibereich zugleich.

 TYP 1

  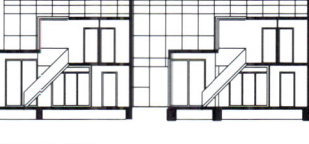

QUERSCHNITT   LÄNGSSCHNITT

 TYP 2

REGELGRUNDRISS

LÄNGSSCHNITT

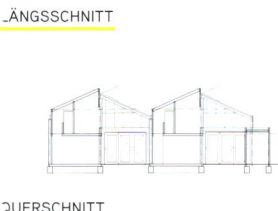

QUERSCHNITT

EG   OG

SONDERGRUNDRISS MIT 2 WOHNEINHEITEN

EG   OG

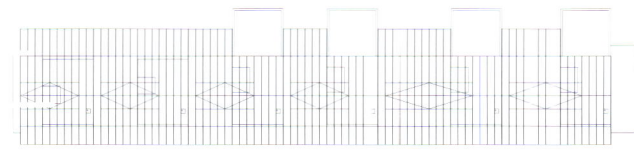

DACH

1. OG

EG

ORT/STRASSE

CULEMBORG, A. ROMEIN-VERSCHOORPAD UND NICO SCHEEPMAKERPAD

FERTIGSTELLUNG

DREI BAUABSCHNITTE, FERTIGGESTELLT 2002, 2006 UND 2009

ARCHITEKT

KWSA ARCHITECTEN INGENIEURS V.O.F., CULEMBORG | WWW.KWSA.NL

PROJEKTARCHITEKTEN

ARJAN KARSSENBERG, PETER WIENBERG

AUFTRAGGEBER

PRIVAT

REIHE
ZEILE

01

Mit der Verlagerung des Rotterdamer Hafens nach Westen verlor auch das 1912 erbaute Lagerhaus am St. Jobshaven seine Funktion und stand jahrelang leer. Nach der Aufnahme des Gebäudes in die nationale Denkmalliste im Jahr 2000 begannen erste Überlegungen, das riesige Backsteingebäude für Wohn- und Büronutzungen umzubauen. Größte Schwierigkeiten bereitete den Architekten zunächst die Belichtung der rund 25 Meter tiefen Grundrisse, die der ursprünglichen Aufgabe gemäß nur mit wenigen Fensteröffnungen versehen waren. Um dennoch ausreichend Tageslicht in das Gebäude zu bringen, bedienten sich die Architekten von Mei und Wessel de Jonge eines Tricks: Sie versahen das 130 Meter lange Bauvolumen mit drei Einschnitten für rundum verglaste Erschließungs- und Belichtungs-

höfe, die als eigenständige Stahlkonstruktionen in die Gebäudehülle eingestellt wurden. Mittelflure führen von Atrium zu Atrium und erschließen die beidseitig angeordneten Lofts, die auf Grund der durchgängigen, offenen Tragstruktur aus gusseisernen Stützen, betonummantelten Unterzügen und Holzbalkendecken flexibel zu dimensionieren waren.

01 Blick vom Müllerpier auf das
    renovierte Lagerhaus am
    St. Jobshaven in Rotterdam

02 Entwurfsskizze

03 Die Architekten integrierten drei
    verglaste Erschließungshöfe in
    das 130 Meter lange Bauvolumen.

04 Die tiefen Loftwohnungen
    werden auch über die
    eingeschnittenen Höfe belichtet.

29 PROJEKT
JOBSVEEM

EXKLUSIVITÄT ⋮ INDIVIDUALITÄT ⋮ INNENSTADT ⋮ INNOVATION ⋮ LOFT ⋮ LUXUS
MISCHNUTZUNG ⋮ RENOVIERUNG ⋮ STADTUMBAU ⋮ WOHNATMOSPHÄRE

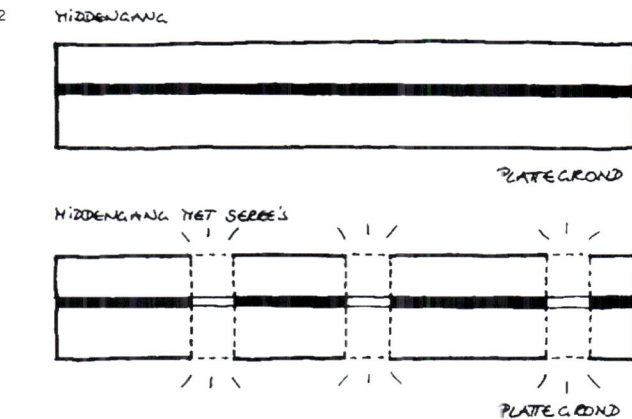

02 MIDDENGANG

PLATTEGROND

MIDDENGANG MET SERRE'S

PLATTEGROND

Ebenfalls neu hinzu kam das in Stahlbauweise erstellte Penthouse-
geschoss, das nun auf der komplett erneuerten obersten Geschossdecke steht. Schließlich gelang es auch, aller Anforderungen des
Brandschutzes gerecht zu werden: die verglasten Dächer der Atrien
zum Beispiel sind im Brandfall – und auch bei warmer Witterung –
weit zu öffnen.

Über 100 individuell ausgebaute Loftwohnungen befinden sich heute
im Jobsveem. Als großzügige Balkone stehen die ehemaligen Galerien
zum Be- und Entladen den pierseitig gelegenen Wohnungen zur Verfügung. Die bis zu sechs Meter hohen Erdgeschossräume sind für
gewerbliche Nutzungen reserviert. Und natürlich haben sich die
Architekten von Mei die Chance nicht entgehen lassen, mit ihrem Büro
in das Jobsveem umzuziehen.

03

04

ORT/STRASSE	FERTIGSTELLUNG	ARCHITEKTEN
ROTTERDAM, LLOYDSTRAAT	2007	MEI ARCHITECTEN EN STEDENBOUWERS, ROTTERDAM	WWW.MEI-ARCH.NL, IN ZUSAMMENARBEIT MIT WESSEL DE JONGE ARCHITECTEN, ROTTERDAM	WWW.WESSELDEJONGE.NL

PROJEKTARCHITEKTEN	MITARBEITER MEI
ROBERT WINKEL (MEI), WESSEL DE JONGE (WDJ)	JOS SCHÄFFER, ROBERT PLATJE, BART SPEE, JANE NAGTEGAAL, NARS BROEKHARST

MITARBEITER WDJ	AUFTRAGGEBER
SANDER NELISSEN, LUCAS VAN ZUIJLEN, RALPH KNUFING	BAM VASTGOED + BAM VOLKER BOUWMAATSCHAPPIJ, ROTTERDAM

REIHE
ZEILE

01 Baustellenfoto

02 Auch die Architekten haben sich mit
    ihrem Büro im Jobsveem niedergelassen.

03 Blick in einen der drei Erschließungs-
    und Belichtungshöfe

03

29 JOBSVEEM

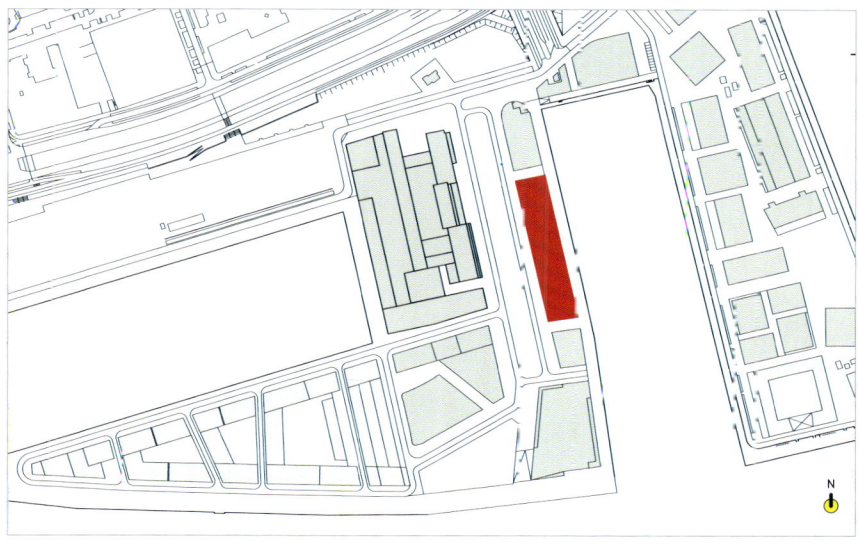

LAGEPLAN

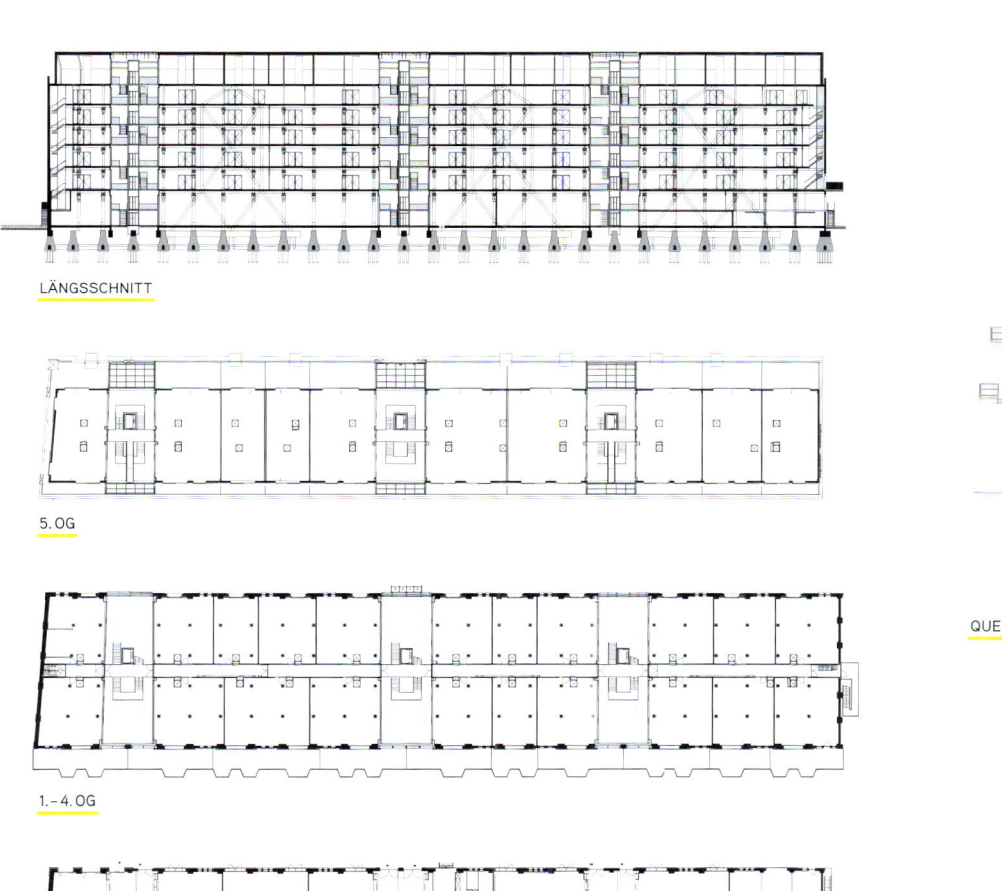

LÄNGSSCHNITT

5. OG

1.–4. OG

EG

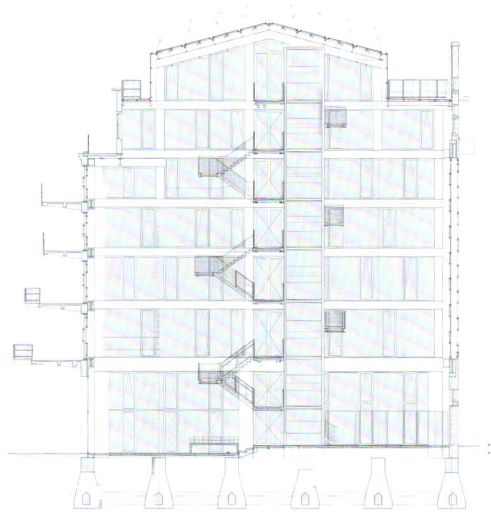

QUERSCHNITT

REIHE
ZEILE

01

02

Obwohl etwa gleichzeitig mit vielen Stadterweiterungen des Vinex-Programms geplant, gehört das Neubaugebiet Skoatterwâld nicht zur Gruppe der Vinex-Gebiete, was sich schon daran zeigt, dass die Grundstücke großzügiger geschnitten sind und der überwiegende Wohnungstyp das freistehende Einfamilienhaus ist. Eine Ausnahme bildet das Projekt Country Estate Living Zwanenwoud, das älteste der hier vorgestellten Projekte. Der von Soeters Van Eldonk architecten entworfene Bau aus dem Jahr 2002 ist jedoch heute immer noch aktuell; er beweist, dass das Reihenhaus keine Sparlösung sein muss, sondern durchaus eine exklusive Wohnform bieten kann. Der städtebauliche Masterplan für Skoatterwâld stammt von dem renommierten Stadtplaner Ashok Bhalotra, der sich bei seinem Entwurf von der strengen barocken französischen Gartenarchitektur inspirieren ließ. Soeters Van Eldonk interpretierte die Vorgaben – so ist man es von dem Amsterdamer Büro gewöhnt – mit einem kräftigen Schuss Ironie, was der Qualität der Anlage keineswegs geschadet hat. Insbesondere der Grundriss der Schlossanlage von Marly-Le-Roi stand dabei Pate. Kavaliershäuschen gleich stehen

30 PROJEKT
COUNTRY ESTATE LIVING ZWANENWOUD

EXKLUSIVITÄT ⋮ FAMILIENWOHNEN ⋮ LANDSCHAFT ⋮ SIEDLUNG
WOHNATMOSPHÄRE

Reihenhäuser als Dreier- und Sechsergruppen am öffentlichen »Schlosspark«. Das zweigeschossige Reihenmittelhaus ist beidseitig von einem dreigeschossigen Reihenendhaus flankiert. Die um ein Halbgeschoss angehobenen Wohnzimmertrakte sind wie Vitrinen vor die mit Schwänen und Obelisken geschmückten Hauptbaukörper gestellt. Über dem kurz gemähten Gras schweben Holzdecks, auf denen die Bewohner den unverstellten Blick in den Park genießen können. Lediglich eine Böschung am Parkweg markiert, wo der private Garten endet und der öffentliche Park beginnt.

03

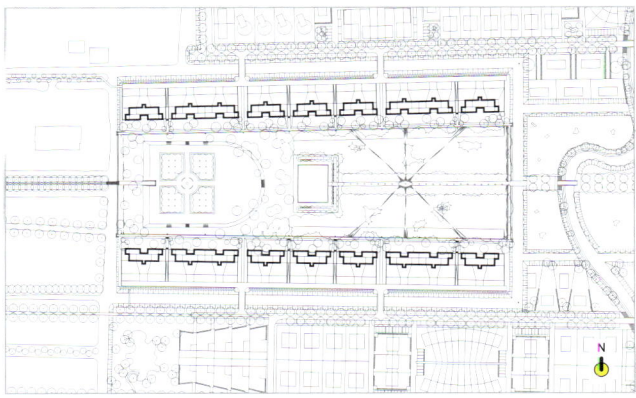

LAGEPLAN

01 Wie Vitrinen stehen die angehobenen Wohnzimmertrakte vor dem Hauptbaukörper.

02 Repräsentative Freitreppen erschließen die Reihenmittelhäuser.

03 Ausblick auf den »Schlosspark«

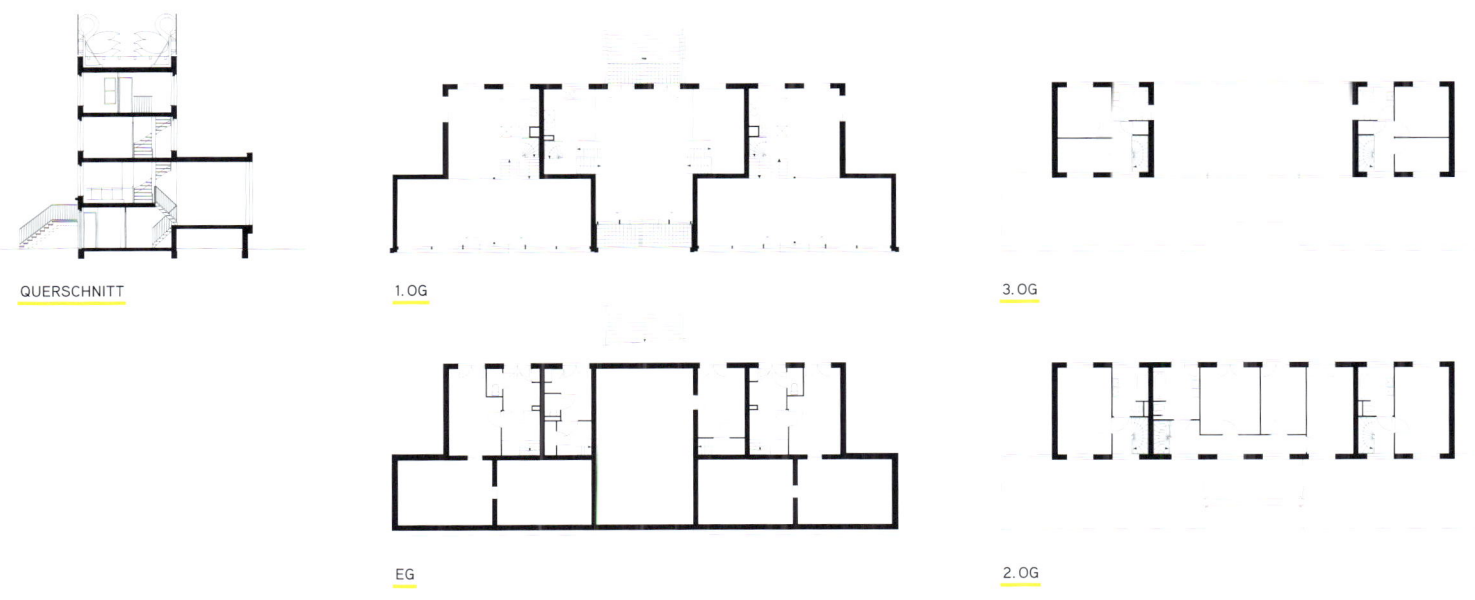

QUERSCHNITT   1.OG   3.OG

EG   2.OG

ORT/STRASSE
HEERENVEEN, SKOATTERWÂLD, LANDGRAAF, BURGGRAAF

FERTIGSTELLUNG
2002

ARCHITEKT
SOETERS VAN ELDONK ARCHITECTEN, AMSTERDAM | WWW.SOETERSVANELDONK.NL

PROJEKTARCHITEKT
SJOERD SOETERS

MITARBEITER
DIRK VAN DER BENT, SASA MATIJEVIC, ROBERT PAIMANS, DERK JAN TE RIETSTAP

LANDSCHAFTSARCHITEKTUR
ASHOK BHALOTRA, KUIPERCOMPAGNONS ROTTERDAM

AUFTRAGGEBER
HEIJMANS IBC VASTGOEDONTWIKKELING BV, ALMERE

REIHE
ZEILE

01

02

PROJEKT

31 DE ZEVENSTER

DICHTE ┊ FAMILIENWOHNEN ┊ GEMEINSCHAFT ┊ GESCHOSSWOHNUNGSBAU

HAUS IM HAUS ┊ INNENSTADT ┊ INNOVATION ┊ STADTUMBAU ┊ WOHNUNGSMIX

03

Die Wohnanlage »de Zevenster« liegt im Oud West, einem aus dem 19. Jahrhundert stammenden Amsterdamer Stadterweiterungsgebiet. Stadtstrukturell prägend sind die von Westen nach Osten verlaufenden, langgestreckten, dicht bebauten Blöcke. Von außen hermetisch verschlossen, gibt es im Inneren schöne Höfe mit zum Teil altem Baumbestand zu entdecken. Da für 14 Häuser in der Jacob van Lennepstraat eine Sanierung aufgrund der bauzeittypischen schlechten Bausubstanz unwirtschaftlich war, wünschte der Auftraggeber an deren Stelle einen Neubau mit einem breiten Spektrum zeitgemäßer Wohnungsformen und mit hoher Außenraumqualität. ANA architecten interpretieren das Blockthema, indem sie traditionelle und moderne Elemente in Beziehung zueinander setzen. Zur Straße hin zeigt sich die Blockrandbebauung mit einer ruhigen Lochfassade, behutsam akzentuiert durch die zu einem barocken Pflanzenmuster geformten metallenen Absturzsicherungen. Die Fenstergrößen variieren leicht, von der normalen Fensteröffnung bis zum geschosshohen Französischen Fenster, abhängig vom dahinterliegenden Wohnungstyp.

Auf der dem Innenhof zugewandten Südseite dagegen sorgen unterschiedliche Erschließungs- und Wohnungstypen für ein lebendiges Fassadenspiel mit eigenen Außentreppen und balkonartigen Eingangsgalerien. Einige der insgesamt 34 Wohneinheiten sind direkt von der Straße erschlossen, wiederum andere über einen Treppenraum oder über Laubengänge auf beiden Gebäudeseiten. Geschickt kombinieren ANA Laubengangerschließung mit unterschiedlichen Zugangssituationen und einer großen Gemeinschaftsterrasse im zweiten Obergeschoss: Schon der Weg zur Wohnung ist ein Erlebnis. Eingeschossige Wohnungen wechseln sich mit Maisonetten ab, Balkone kragen weit in den Innenhof hinein, Loggien geben dem Baukörper Tiefe. Besonderen Luxus bieten die drei mittleren Wohnungen im obersten Geschoss: Jede hat eine eigene große Dachterrasse mit Blick über den »alten Westen«.

01   Schon der Weg zu den Wohnungen ist ein Erlebnis.

02   Balkone kragen weit aus der Fassade hinaus.

03   Die Fenstergrößen der zurückhaltenden Straßenfassade variieren leicht.

ORT/STRASSE
AMSTERDAM, JACOB VAN LENNEPSTRAAT 271–297

FERTIGSTELLUNG
2007

ARCHITEKT
ANA ARCHITECTEN, AMSTERDAM | WWW.ANA.NL

PROJEKTARCHITEKTEN
MARCEL VAN DER LUBBE, JANNIE VINKE

MITARBEITER
SANDER MONTEIRO

KÜNSTLER, STAHLARBEITEN
ANDY SCOTT, GLASGOW

AUFTRAGGEBER
DE ALLIANTIE, HUIZEN

BLOCKRAND

01 Treppenlauf und Galerien
im Haupttreppenhaus

02 Fügung der einzelnen
Entwurfselemente

01

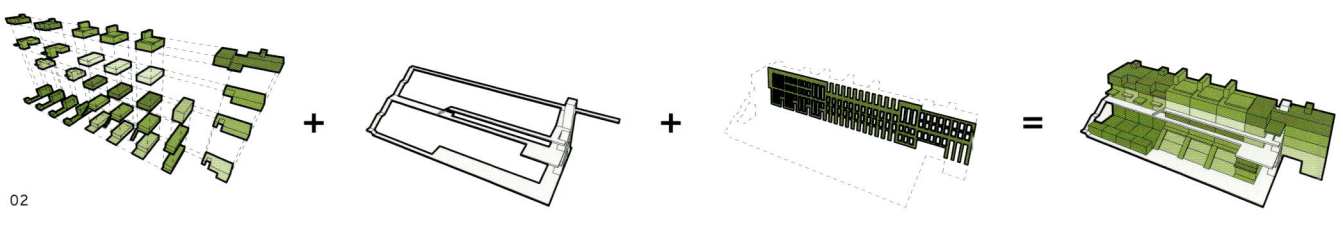

02

31 DE ZEVENSTER

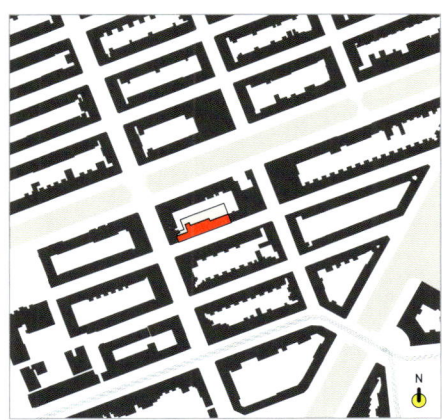

LAGEPLAN

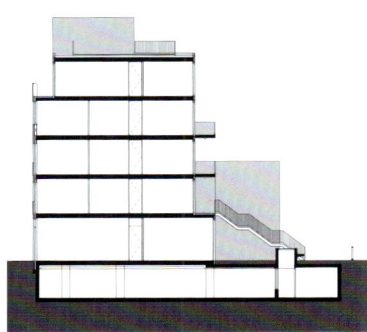

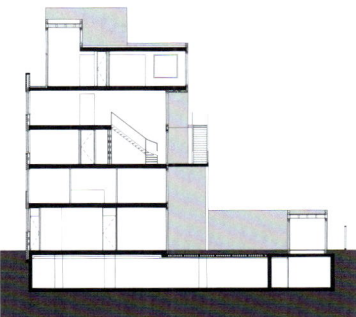

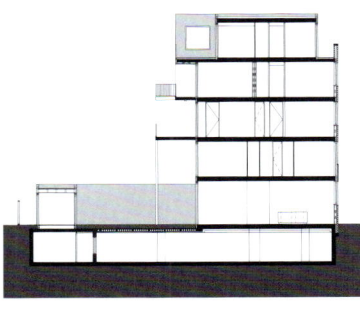

SCHNITTE

4. OG

3. OG

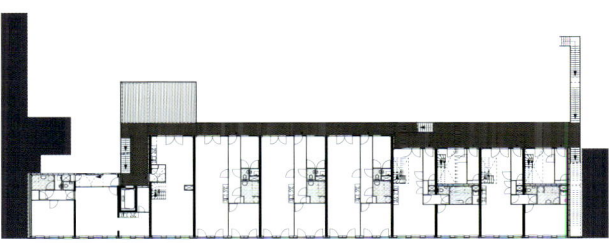

2. OG

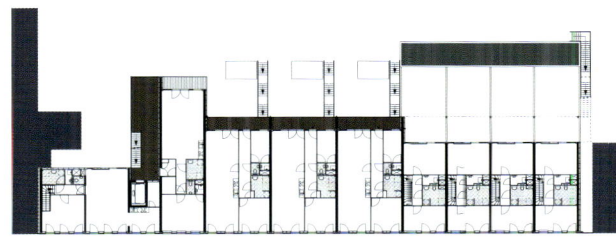

1. OG

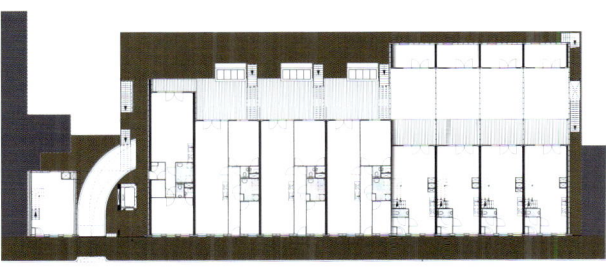

EG

BLOCKRAND

01

02

03

Die Stadt Groningen bemüht sich im Rahmen des Leitbilds »De intense stad« um eine Intensivierung und verträgliche Verdichtung des bebauten Stadtgebiets. Unter Leitung von Winy Maas (Büro MVRDV) und dem Groninger Stadtarchitekten Niek Verdonk wurden im Jahr 2004 zahlreiche Standorte untersucht und in einer Ausstellung der Öffentlichkeit präsentiert, darunter auch der Standort im östlichen Hafen, einem in unmittelbarer Nachbarschaft zur Altstadt gelegenen ehemaligen Hafengebiet, an dessen Kai Packhäuser und Gewerbebauten aufgereiht sind.

Eine städtebauliche Studie des Büros De Zwarte Hond kam zu dem Ergebnis, dass entlang der Oosterkade eine Nachverdichtung nicht nur möglich, sondern auch zur Stärkung des Stadtbildes dringend erforderlich ist. Die Architekten schlugen in der Flucht der Uferbebauung ein sechsgeschossiges Wohngebäude, das Harbour House, vor. Über einem Sockelgeschoss, in das eine Gewerbefläche, die Abstell-

32 PROJEKT
GRONINGEN HARBOUR HOUSE

EXKLUSIVITÄT : FAMILIENWOHNEN : FLEXIBILITÄT
GESCHOSSWOHNUNGSBAU : INNENSTADT : INNOVATION : LOFT
MISCHNUTZUNG : STADTUMBAU : WOHNUNGSMIX

räume sowie eine ebenerdig erschlossene Parkgarage integriert sind, befinden sich auf fünf Geschosse verteilt neun bis zu 250 Quadratmeter große, frei einteilbare Loftwohnungen mit schönem Blick auf das östliche Hafenareal. Innerhalb der in einem strengen Raster gehaltenen Fassadenstruktur konnten die Käufer die Position der zurückliegenden, bodentief verglasten Fenster bestimmen und so auf die Größe und Ausrichtung der privaten Freiräume direkt Einfluss nehmen. Raffiniert ist die Erschließung des Gebäudes: Durch die Trennung von Aufzug und Treppenhaus wird die zentral liegende Erschließungszone extrem minimiert, was der Großzügigkeit und Flexibilität der Lofts zugute kommt. Die Bewohner können, von der Hafenseite kommend, direkt mit dem Aufzug in ihre Wohnetage gelangen. Das notwendige Treppenhaus ist aus dem Baukörper herausgerückt und auf die weniger attraktive Rückseite des Gebäudes verlegt. Es dient primär als Fluchtweg, kann aber bei Bedarf auch als zweite Zugangsmöglichkeit zur Wohnung oder zu einem besonders genutzten Teil der Wohnung, zum Beispiel zu einem Homeoffice, verwendet werden.

Gebäude dem Bebauungsplan entsprechend. Fünf Geschosse mit Option auf ein sechstes

Mehr Höhe für das Erdgeschoss und das Hauptgeschoss in der ersten Ebene

Vollständig überbautes Erdgeschoss, übrige Ebenen zurückversetzt mit Rücksicht auf die dahinterliegenden Gebäude

Verbindung zu den Nachbargebäuden durch Einschnitte und Durchbrüche

Zusätzlicher, partieller Dachaufbau für mehr Präsenz zur Hafenseite

Maximale Öffnung des Klinkerbaus zur Hafenseite

04

01 Die Loftwohnungen bieten einen schönen Blick auf das Hafenareal.

02 Der Osthafen bei Nacht

03 Innerhalb der strengen Rasterstruktur konnten die Käufer die genaue Lage der Fensterwände selbst bestimmen.

04 Städtebauliche Entwicklungsstudie

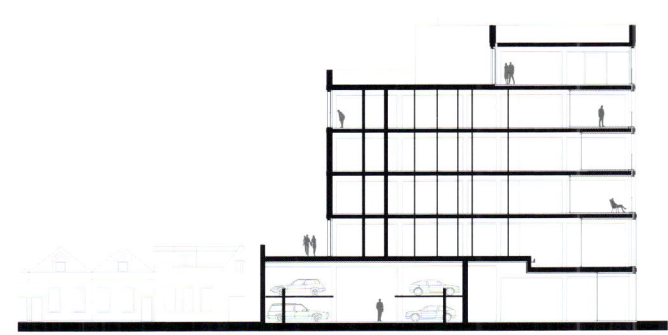

LÄNGSSCHNITT

LAGEPLAN

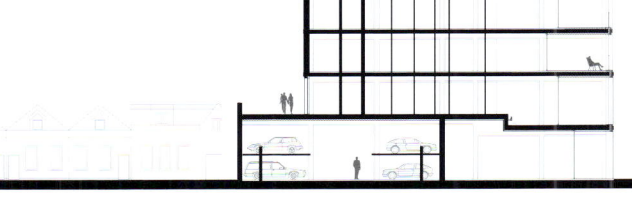

EG   1. OG   2. OG   5. OG PENTHOUSE

ORT/STRASSE
GRONINGEN, OOSTERKADE

FERTIGSTELLUNG
2005

ARCHITEKT
DE ZWARTE HOND, GRONINGEN/ROTTERDAM | WWW.DEZWARTEHOND.NL

PROJEKTARCHITEKT
JURJEN VAN DER MEER, WILLEM HEIN SCHENK, JEROEN DE WILLIGEN, ERIC VAN KEULEN

AUFTRAGGEBER
HANZEVAST ONTWIKKELING, GRONINGEN

BLOCKRAND

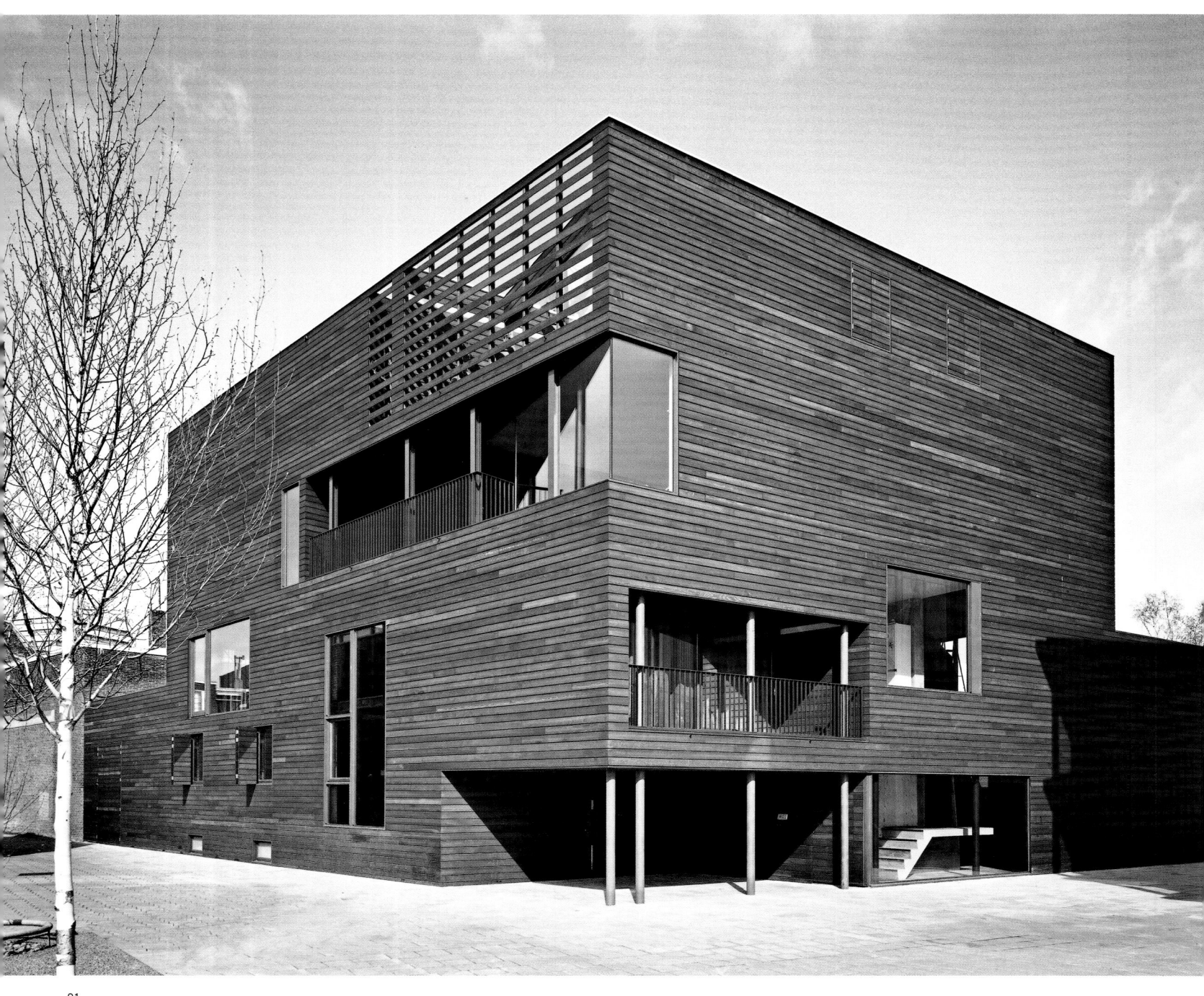

01

01 Trotz geringer Gebäudetiefe wirkt das Haus auf
den ersten Blick groß und stattlich.

02 Zwei schmale Seitenflügel verschneiden sich über Eck.

03 Statt eines eigenen Gartens hat jede Wohnung eine
große Dachterrasse.

33 ^{PROJEKT}
VILLA FÜR ZWEI

BAUGEMEINSCHAFT ⋮ EXKLUSIVITÄT ⋮ FAMILIENWOHNEN ⋮ HAUS IM HAUS
INDIVIDUALITÄT ⋮ INNENSTADT ⋮ INNOVATION ⋮ WOHNATMOSPHÄRE

02

03

Auf einer Baulücke am Don-Bosco-Platz realisierte der Architekt Paul Diederen gemeinsam mit seiner Frau und einem Mitbauherrn eine Villa für zwei Familien. Der ganz mit dunklem Zedernholz verkleidete viergeschossige Baukörper steht selbstbewusst an der Ecke Luciferstraat/Don-Bosco-Platz. Ein großes, stattliches Haus, so der erste Eindruck.[27] Bei näherem Hinsehen bemerkt man, dass das Gebäude weit weniger tief ist als zunächst vermutet. Zwei schmale Seitenflügel verschneiden sich über Eck. Der nicht zum Grundstück gehörende Innenhof wird als Parkplatz für das angrenzende Gewerbe genutzt, die Rückseiten sind daher fensterlos. Alle Fenster, Loggien und Terrassen orientieren sich zum öffentlichen Raum oder zur Seite. Damit beide Häuser von mehreren Seiten belichtet sind, hat Paul Diederen ein

raffiniertes, ineinander verschachteltes Grundrisskonzept entwickelt. Die Erschließung beider Wohnungen erfolgt über die Gebäudeecke, wo durch den Rücksprung der Fassade ein überdachter Eingangsbereich aus dem Bauvolumen ausgeschnitten ist. Die schöne Ecksituation darüber wird von beiden Parteien wechselseitig genutzt, im ersten Obergeschoss liegt das Wohnzimmer der Mitbauherren, im zweiten Obergeschoss das der Familie Diederen. Beide Wohnungen sind jeweils um einen zentralen Installationskern herum organisiert. Dieser Kern bildet auch den Fixpunkt für die sich durch das Haus schlängelnden Treppen. Einen eigenen Garten vermissen die Bewohner kaum: Dachterrassen und Loggien bieten eine Vielfalt an offenen und geschützten privaten Außenräumen.

ORT/STRASSE	FERTIGSTELLUNG	ARCHITEKT
EINHOVEN, LUCIFERSTRAAT	2002	DIEDERENDIRRIX, EINHOVEN	WWW.DIEDERENDIRRIX.NL

PROJEKTARCHITEKT	MITARBEITER
PAUL DIEDEREN	FABIANNE RIOLO, MICHIEL VAN DER WIELEN, MILCO HAANS, JACKEL HENSTRA, IRÈNE HORVERS, ROEL VAN DER LINDEN

AUFTRAGGEBER
PRIVAT

BLOCKRAND

01

02

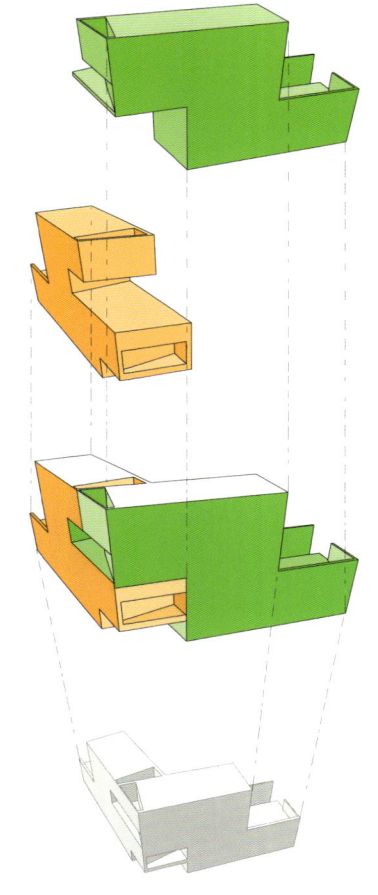

03

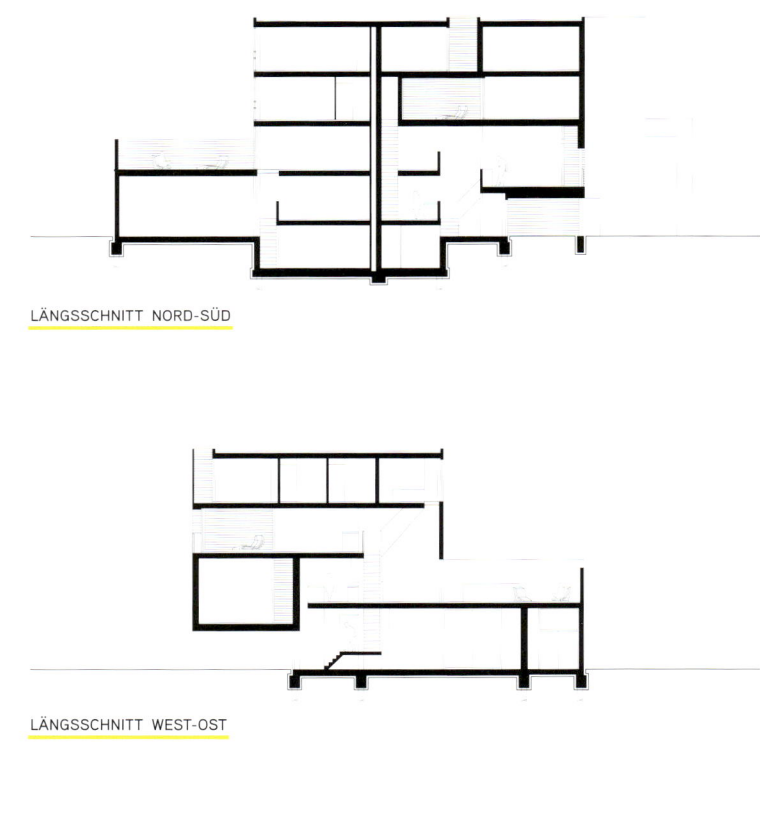

LÄNGSSCHNITT NORD-SÜD

LÄNGSSCHNITT WEST-OST

33 VILLA FÜR ZWEI

01 Eckzimmer mit großer, weit eingeschnittener
   Loggia

02 Die Erschließungstreppe durchläuft das
   ganze Haus.

03 Entwurfsskizze

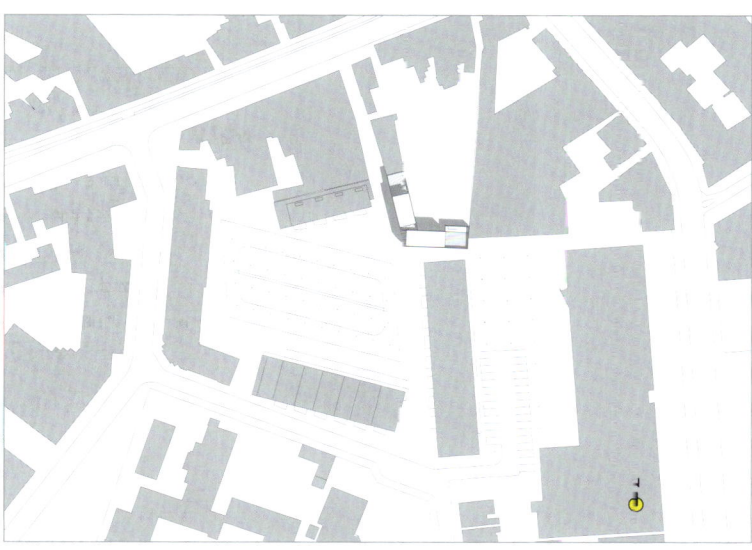

LAGEPLAN

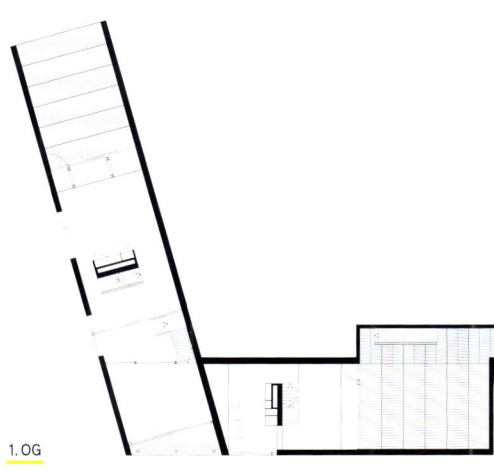

1. OG

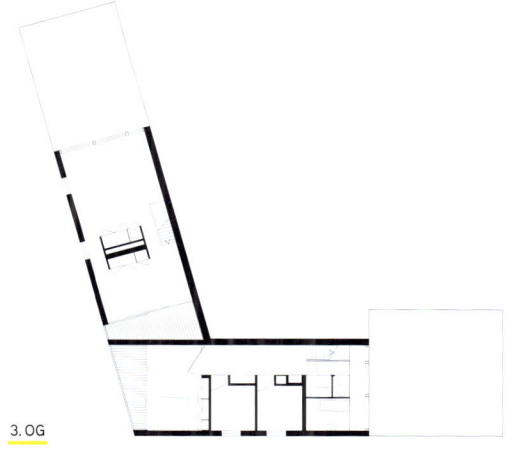

3. OG

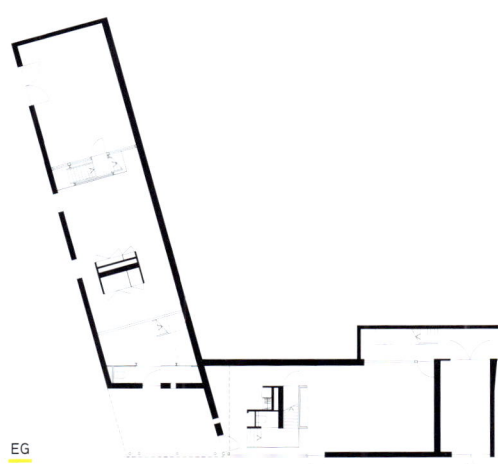

EG

2. OG

BLOCKRAND

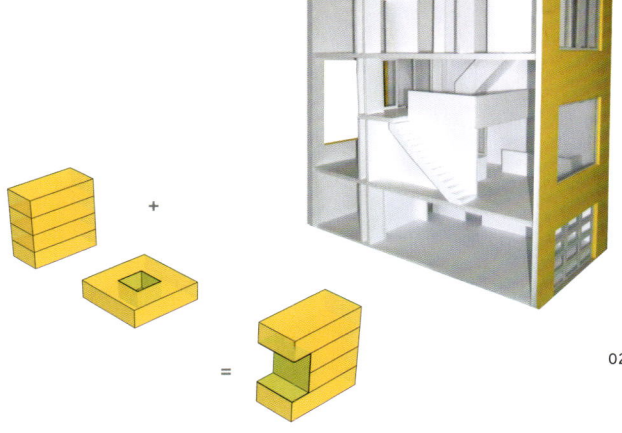

02

Was bei der Entwicklung des östlichen Amsterdamer Hafengebiets, auf den beiden ehemaligen Pieranlagen Borneo und Sporenburg, noch als Ausnahme und städtebauliche Sensation galt, nämlich die Bereitstellung von bauträgerfreien Parzellen für Privatbauherren, ist auf Steigereiland der Normalfall. Die meisten Grundstücke auf Steigereiland, eine von mehreren künstlichen Inseln des neuen Amsterdamer Stadtteils IJburg, wurden an Privatbauherren vergeben – entstanden ist eine bunte Mischung unterschiedlicher, kompakter Stadthäuser, die sich entlang den neuen Straßen aufreihen.

Die Bauherren von S-House wünschten sich großzügige Außenräume. Dem standen die geforderte Bauweise und die Enge auf den schmalen Parzellen entgegen. VMX Architects erfüllten den Wunsch der Familie mit der Kombination zweier Bautypen, dem des Reihenhauses und dem des Patiohauses. Der Entwurf teilt das Haus in drei Zonen. Wie bei dem vom Wiener Architekten Adolf Loos formulierten Raumplan ist der Weg durch das Haus als abwechslungsreiches Raumerlebnis konzipiert. Der unscheinbare Eingang im Erdgeschoss führt zu einem auch separat nutzbaren Gartenzimmer und über eine Treppe hinauf in eine zweigeschosshohe Loggia, dem quasi in die Vertikale gekippten Patio. Die am Hof gelegene Küche mit anschließendem Essbereich und die darüberliegende Wohngalerie, ein intimer Rückzugsbereich mit indirektem Ausblick auf Straße und Garten, bilden die zweite Zone. Ein Geschoss höher finden sich die Individualräume. Während die Kinderzimmer zum Garten hin ausgerichtet sind, liegt das Elternschlafzimmer introvertiert, nur indirekt über ein Oberlichtband belichtet. Die einzige Öffnung in der mit gelbem Glasmosaik verkleideten Straßenfassade ist die großzügige Loggia, die den Einblick von der Straße in die Privaträume höchst effizient steuert.

01

34
S-HOUSE

DICHTE : EXKLUSIVITÄT : FAMILIENWOHNEN : INDIVIDUALITÄT
INNENSTADT : INNOVATION

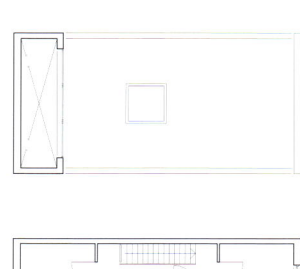

4. OG

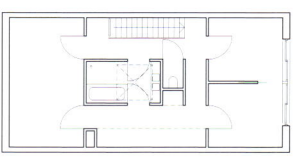

3. OG

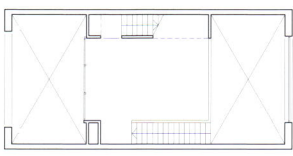

2. OG

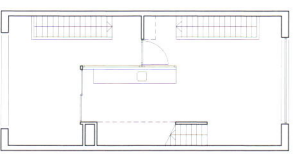

1. OG

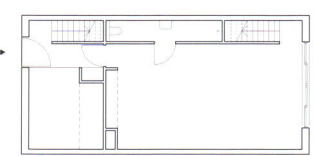

EG

01 Die einzige Öffnung in der gelben Straßenfassade ist die großzügige Loggia.

02 Entwurfsidee und Modell

03 Die Loggia als Hof und Stadtbalkon

04 Eine Treppe führt vom Eingang direkt zum Freibereich.

05 Unmittelbar hinter der Loggia befindet sich die Küche.

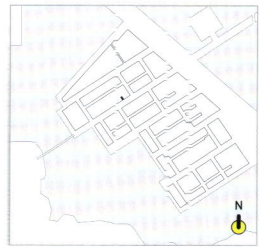

LAGEPLAN

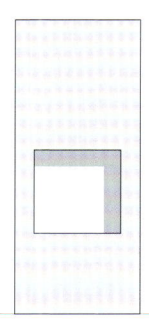

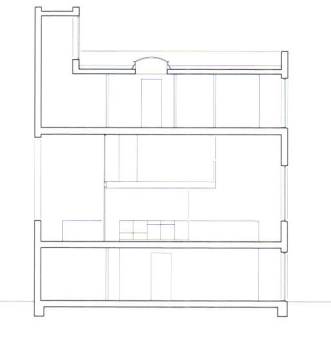

ANSICHT

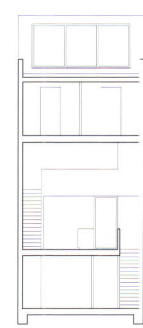

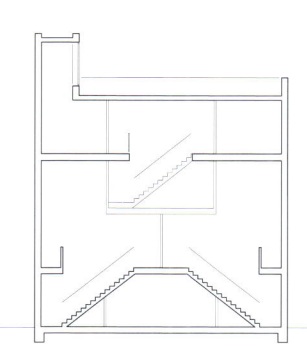

SCHNITTE

03

04

05

ORT/STRASSE

STEIGEREILAND, AMSTERDAM IJBURG, JAN OLPHERT VAILLANTLAAN 65

FERTIGSTELLUNG

2006

ARCHITEKT

VMX ARCHITECTS, AMSTERDAM | WWW.VMXARCHITECTS.NL

PROJEKTARCHITEKT

DON MURPHY, LEON TEUNISSEN

MITARBEITER

HAN HARLEMAN, MARTIJN PRINS

AUFTRAGGEBER

PRIVAT

BLOCKRAND

01

02

Viele der großen Siedlungsgebiete in den Niederlanden, die in den 1960er Jahren gebaut wurden, sind mittlerweile überaltert. Einer Untersuchung zufolge wohnt in Kaatsheuvel, einem Ortsteil der Gemeinde Loon op Zand, in jedem zweiten Haushalt mindestens eine Person im Alter von 55 Jahren und älter. Der Auftraggeber, die Wohnungsbaugesellschaft Casade woondiensten, nahm dies zum Anlass, den Pannenhoef zum multifunktionalen Zentrum »für Jung und Alt, Bildung und Betreuung« mitten in Kaatsheuvels zu entwickeln. Der Pannenhoef umfasst neben einer öffentlichen Schule mit zwölf Klassenzimmern ein Ärztehaus, ein Pflegehotel für zeitlich befristete Pflege, sieben Intensivpflegewohnungen, 39 teils behindertengerechte Wohnungen für junge und ältere Senioren sowie sechs kleine Reihenhäuser mit eigenem Garten, die ebenfalls Senioren zur Verfügung stehen.

35 PROJEKT
PANNENHOEF

BETREUTES WOHNEN ∶ GEMEINSCHAFT ∶ HAUS IM HAUS ∶ MISCHNUTZUNG
SIEDLUNG ∶ STADTUMBAU ∶ WOHNEN 50+ ∶ WOHNUNGSMIX

Von der Straße aus ist dem Baublock die Vielfalt der Nutzungen nicht anzusehen. Die Anlage fügt sich in ihrer Höhenentwicklung perfekt in die Wohnbauten der Umgebung ein. Kleine zweigeschossige Reihenhäuser scheinen neben dreigeschossigen Wohngebäuden direkt am öffentlichen Straßenraum zu stehen. Leicht überhöhte Erkervorbauten rhythmisieren die Fassaden und tragen so zu dem maßstäblichen Straßenbild bei. Im Gegensatz zu dieser geschlossenen Straßenfassade präsentiert sich der schöne Innenhof als ein intimer Ort, an dem sich Bewohner und Besucher treffen und miteinander plaudern können. Die Freibereiche der Erdgeschosswohnungen sind als breite Gemeinschaftsterrassen angelegt. Lediglich ein niedriger Mauerstreifen mit integrierten Blumentrögen trennt den privaten Freibereich von der allgemein zugänglichen Gartenzone ab. Die Bewohner im Erdgeschoss können ihre Wohnungen direkt von der Straße aus betreten; die Grundrisse sind jedoch so organisiert, dass die Wohnungen auch von der Innenhofseite erschlossen werden können. Mehr als reine Erschließungszonen sind auch die breiten, überdachten, umlaufenden Laubengänge der Obergeschosswohnungen. Sie werden von den Bewohnern gerne als Loggien mit Blick auf den Garten angenommen.

Was den Pannenhoef so besonders und wertvoll macht, ist die Tatsache, dass die Tugenden, die den niederländischen Wohnungsbau in der Vergangenheit international bekannt gemacht haben, hier noch immer lebendig sind: die Schaffung eines humanen Lebensumfelds, die Stärkung der Gemeinschaft und die konsequente Orientierung der Architektur am menschlichen Maßstab.

01 Die behutsam eingefügte Bebauung erzeugt ein maßstäbliches Straßenbild.

02 Treffpunkt für Bewohner und Besucher: der ruhige Innenhof

03 Ein niedriger Mauerstreifen trennt den privaten vom gemeinschaftlichen Freibereich.

03

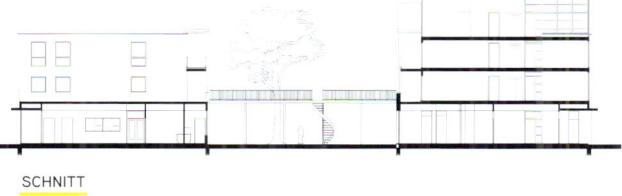

SCHNITT

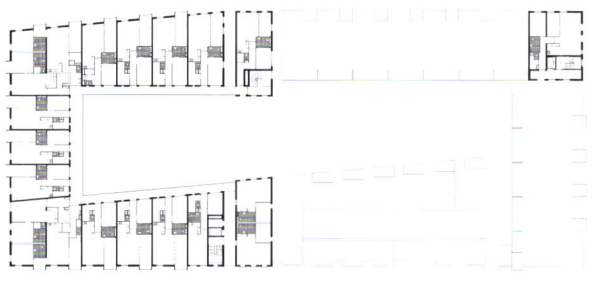

2.OG

1.OG

EG

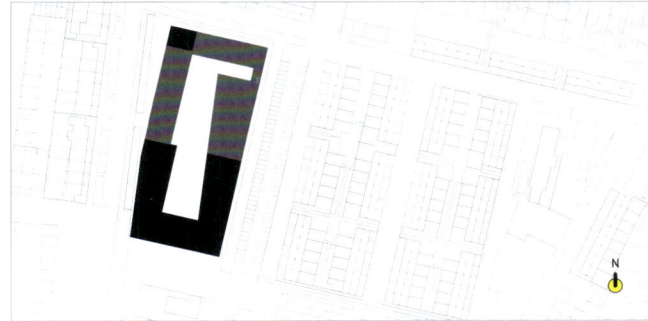

LAGEPLAN

ORT/STRASSE
LOON OP ZAND, ORTSTEIL KAATSHEUVEL, FRANS HALSSTRAAT, RUBENSSTRAAT

FERTIGSTELLUNG
2006

ARCHITEKT
ARCHITECTEN WERKGROEP, TILBURG | WWW.ARCHITECTENWERKGROEP.NL

PROJEKTARCHITEKT
TON VAN DER HAGEN, GERT JAN DE ROOIJ

MITARBEITER
JEROEN KOUWENBERG

AUFTRAGGEBER
CASADE WOONDIENSTEN, WAALWIJK

BLOCK
HOF

01

36 PROJEKT WALLISBLOK

ATELIERWOHNEN ⋮ BAUGEMEINSCHAFT ⋮ FAMILIENWOHNEN ⋮ FLEXIBILITÄT
GEMEINSCHAFT ⋮ GESCHOSSWOHNUNGSBAU ⋮ HAUS IM HAUS ⋮ INDIVIDUALITÄT
INNENSTADT ⋮ INNOVATION ⋮ KOSTENGÜNSTIGER WOHNUNGSBAU
PARTIZIPATION ⋮ RENOVIERUNG ⋮ STADTUMBAU ⋮ WOHNUNGSMIX

02

03

01 Die Außenfassade wurde sorgfältig restauriert
und blieb unverändert.

02 Individuell ausgebaute Wohnung

03 Wohnen und Arbeiten auf mehreren Geschossen

↘

Mit der Ankündigung »Wohnungen zu verschenken« startete in Rotterdam-Spangen ein Wohnbauexperiment, das in den Niederlanden mittlerweile auch unter dem Begriff »kluswoningen« (Bastelwohnungen) Schule macht. Spangen, im Westen der Stadt gelegen, ist ein zu Beginn des 20. Jahrhunderts gebautes Stadtviertel mit einem hohen Anteil an Migranten. Fünfundachtzig Prozent der Einwohner sind Ausländer, über 80 Prozent des Wohnungsbestands sind Sozialwohnungen – und wer immer kann, zieht in eines der besseren Rotterdamer Stadtquartiere.

2005 entschloss sich die Stadt Rotterdam zu einem ungewöhnlichen Verfahren: Ein abrissreifer Baublock, der Wallisblok, sollte – auch weil Bauträger wenig Interesse zeigten – komplett an private Bauherren verschenkt werden. Auflage war, dass die künftigen Bewohner eine Bauherrengemeinschaft bilden, 1000 Euro je Quadratmeter in die Kernsanierung stecken, den individuellen Ausbau zusätzlich finanzieren und dort selbst mindestens zwei Jahre wohnen bleiben. Von anfänglich 400 Interessenten blieben 35 übrig, viele davon aus nicht unbedingt einkommensstarken, aber kreativen Berufen, wie Architekten, Fotografen und Designer. Es waren weniger Bauherren als erhofft, aber gerade genug, um die Käufergemeinschaft »De Dichterlijke Vrijheid« zu bilden.

ORT/STRASSE

ROTTERDAM, SPANGEN, WALLISWEG 14–38, BALKENSTRAAT 9–37, NICOLAAS BEETSSTRAAT 94–98

FERTIGSTELLUNG

2007

ARCHITEKT

HULSHOF ARCHITECTEN BV, DELFT | WWW.HULSHOF-ARCHITECTEN.NL

PROJEKTARCHITEKTIN

IR. INEKE HULSHOF

MITARBEITER

IR. AGE FLUITMAN, BASTIAAN BURG

AUFTRAGGEBER

KOPERSVERENIGING DE DICHTERLIJKE VRIJHEID, ROTTERDAM

BLOCK
HOF

Unter der Leitung der Initiatorin Ineke Hulshof von Hulshof Architecten begann für die Baugemeinschaft ein anstrengender, rund 18 Monate andauernder Planungs- und Bauprozess, verbunden mit wöchentlichen Treffen und viel Eigenleistung beim Ausbau der eigenen Wohnungen. Die Wohnflächen mussten aufgeteilt werden; zur Wahl standen kleine Wohnungen auf einer Etage, Maisonettewohnungen, aber auch der Kauf eines ganzen viergeschossigen Hauses. Die Baugemeinschaft entschied, dass das Gebäude sein äußeres,

traditionelles Erscheinungsbild behalten sollte, die innere Struktur und die Gestaltung der Gartenfassade dagegen in »dichterischer Freiheit« neu interpretiert werden dürfe. Der gesamte Baublock wurde entkernt und die Backsteinfassade der Gartenseite entfernt. Die neue Fassade wurde gegenüber der alten um einen Meter nach außen versetzt, so dass die Grundrisse nun nicht nur einen Meter tiefer sind, sondern auch ein großes Angebot an privaten Außenräumen wie Loggien, kleineren und größeren Dachterrassen hinzukommen konnte. Als im September 2007 der Wallisblok festlich eröffnet wurde, waren 37 individuelle Traumwohnungen fertig. Mit nur 70 000 Euro für eine kleine Etagenwohnung und 250 000 Euro für ein viergeschossiges Haus waren die Wohnungen für Rotterdamer Verhältnisse echte Schnäppchen. Der Wallisblok wurde inzwischen mit bedeutenden nationalen Preisen ausgezeichnet und gilt nicht nur in der Fachwelt als erfolgreiches Beispiel der »gentripunctuur«, als Modell dafür, wie ein behutsamer und sozialer Umstrukturierungsprozess eines ganzen Stadtteils angestoßen werden kann.

01   Rund um den Innenhof wurden neue Fassaden vorgebaut.

02   Zweigeschossiger Wohnraum mit Atelieratmosphäre

03   Großzügiges Wohnen auf der Etage durch Perforation der Schottenstruktur

04   Verteilung der Wohneinheiten

01

02   03

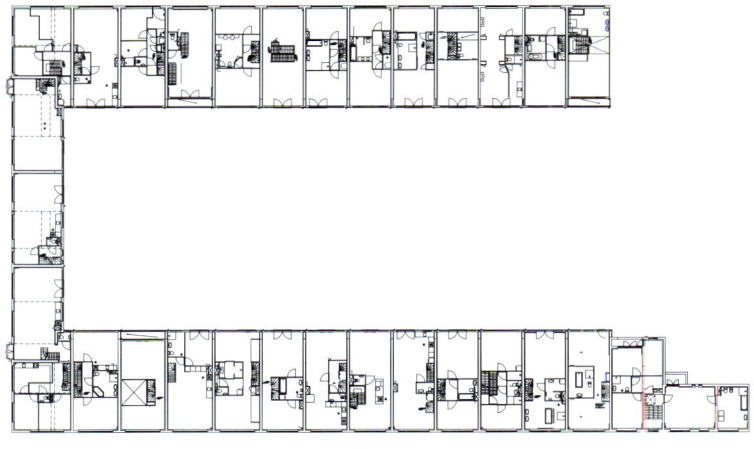

2.OG

LAGEPLAN

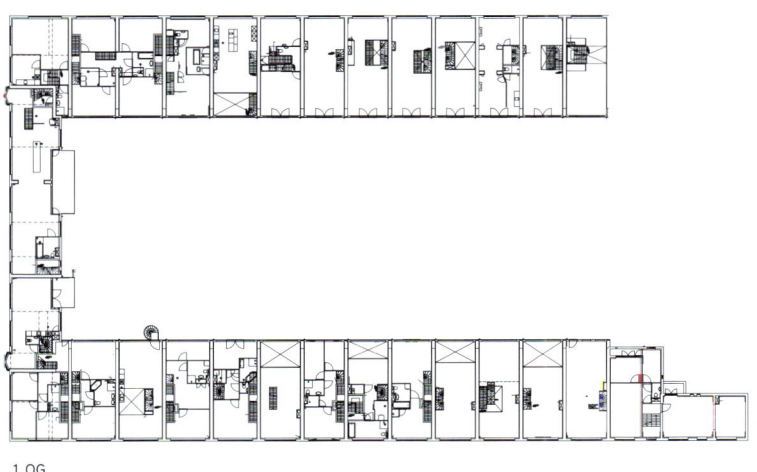

1.OG

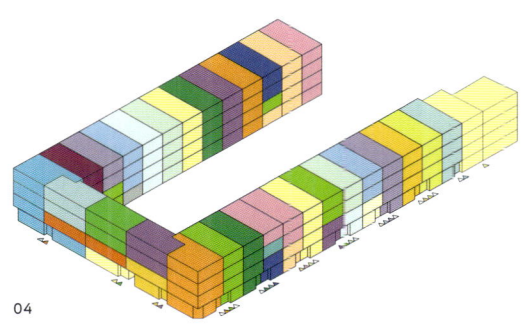

O4

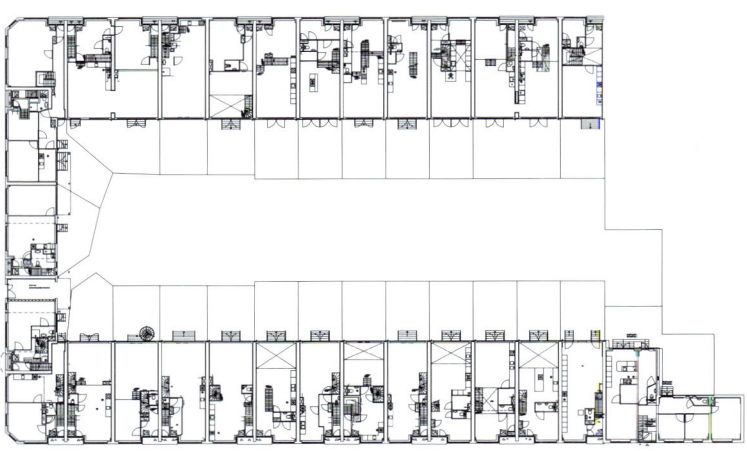

EG

BLOCK
HOF

01

02

↘

Der Rotterdamer Stadtteil Schiebroek ist in weiten Teilen von anonymen, standardisierten Wohnbauzeilen der unmittelbaren Nachkriegszeit geprägt. Innerhalb kürzester Zeit musste zu Beginn der 1950er Jahre Wohnraum aus dem Boden gestampft werden, und so ist, bedingt durch die geringe Qualität von Architektur und Bausubstanz, eine wirtschaftlich vertretbare Sanierung kaum möglich. Für viele Gebäude kommt letztlich nur der Abriss in Frage.

Mit der Wohnanlage »Lupine« haben Mei Architecten ein direkt am Quartierpark gelegenes Abrissgrundstück neu überplant und zwei Wohnblöcke geschaffen, die bedarfsgerechte Wohnformen mit städtischer Identität kombinieren. Die beiden um ein Tiefgaragengeschoss leicht angehobenen Blöcke formulieren dabei klare Raum-

37 PROJEKT
LUPINE

DICHTE ┊ FAMILIENWOHNEN ┊ GEMEINSCHAFT ┊ GESCHOSSWOHNUNGSBAU
PARTIZIPATION ┊ STADTUMBAU ┊ WOHNUNGSMIX

04

03

LAGEPLAN

kanten zum Park und zum öffentlichen Raum und umschließen jeweils einen schmalen Innenhof, der als gemeinschaftlicher, halböffentlicher Platzraum gestaltet ist. Der überwiegende Teil der 117 Wohneinheiten wird über die Innenhöfe erschlossen; die übrigen Wohneinheiten sind direkt von der Aronskelkstraat zugänglich – die Architekten wollen zusätzlich die Wohnqualität an der ruhigen Anliegerstraße stärken. Die Wohnungszuschnitte sind das Resultat einer umfassenden Bewohnerbeteiligung, auch konnten innerhalb des vorgegebenen Fassadenrasters Anzahl und Positionen der Fenster ganz nach Bedarf bestimmt werden.

Besonders gelungen ist die Inszenierung der Höfe als atmosphärischer Stadtraum: Die Höfe sind nicht begrünt, sondern haben durch-

gehend einen befestigten Bodenbelag. Sitzgelegenheiten und Pflanztröge dienen als funktionale und dekorative Stadtmöblierung. Weit auskragende Balkone, vorgestellte und -gehängte Treppenaufgänge beleben die städtisch-streng gerasterten Fassaden wie auch den dazwischen aufgespannten Freiraum.

01 Die beiden Blöcke formulieren klare Raumkanten.

02 Blick vom Quartierspark

03 Als atmosphärischer Stadtraum inszeniert:
die privaten Innenhöfe

04 Innerhalb des Fassadenrasters konnten die Fenster
bedarfsgerecht angeordnet werden.

ORT/STRASSE
ROTTERDAM, ARONSKELKSTRAAT, CYCLAAMSTRAAT

FERTIGSTELLUNG
2008

ARCHITEKTEN
MEI ARCHITECTEN EN STEDENBOUWERS, ROTTERDAM | WWW.MEI-ARCH.NL

PROJEKTARCHITEKTEN
PIM VAN DER VEN

MITARBEITER
MARK DEKKER, MARTIN DE JONG, THEUN FRANKEMA, JACK BOUWER, PAUL-PETER KUPER

AUFTRAGGEBER
COM-WONEN, ROTTERDAM

BLOCK
HOF

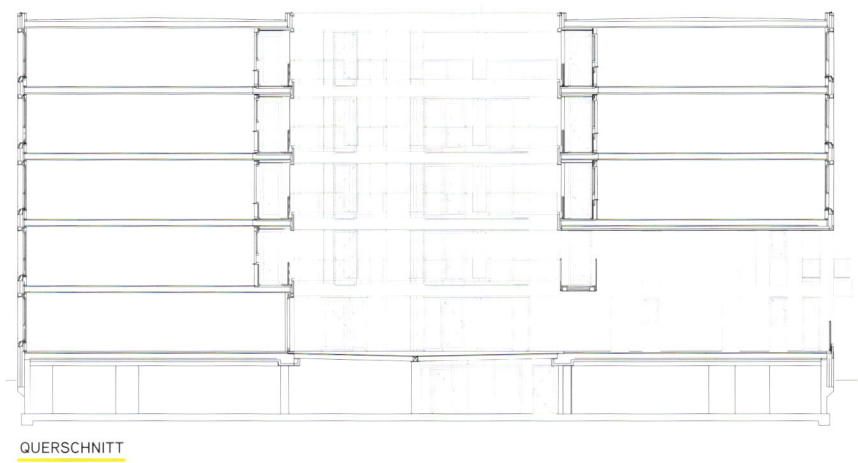

QUERSCHNITT

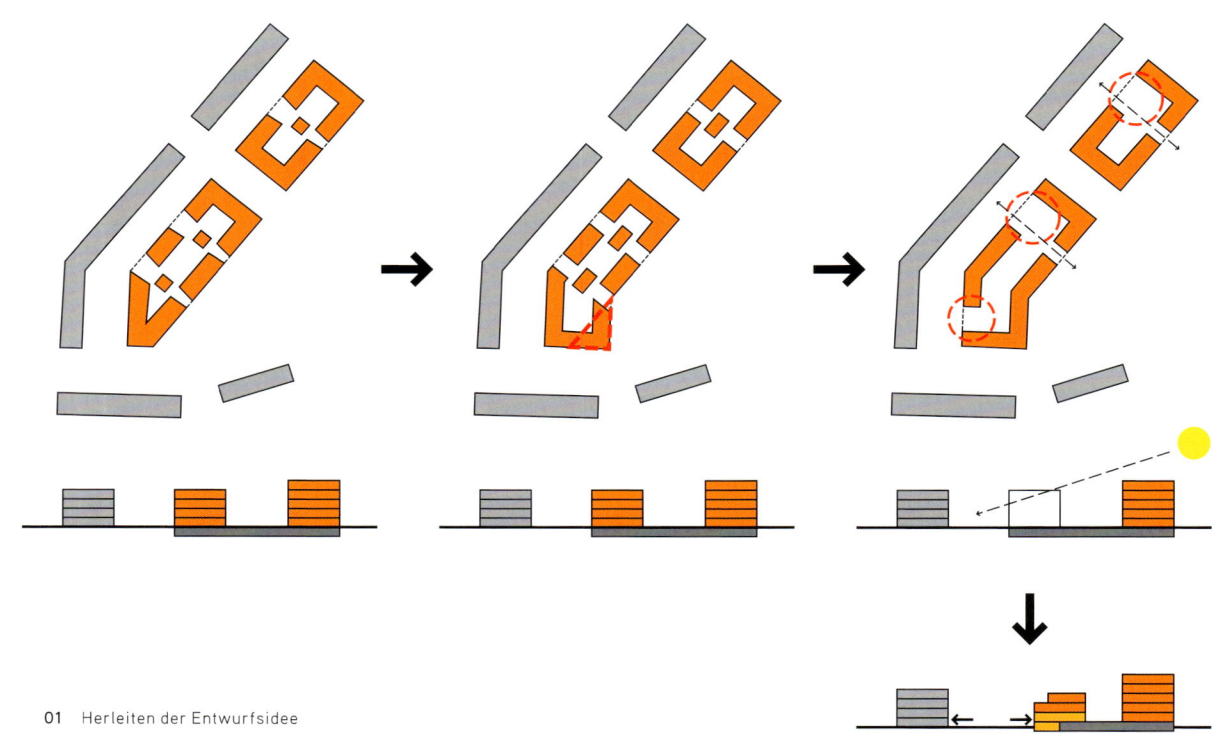

01   Herleiten der Entwurfsidee

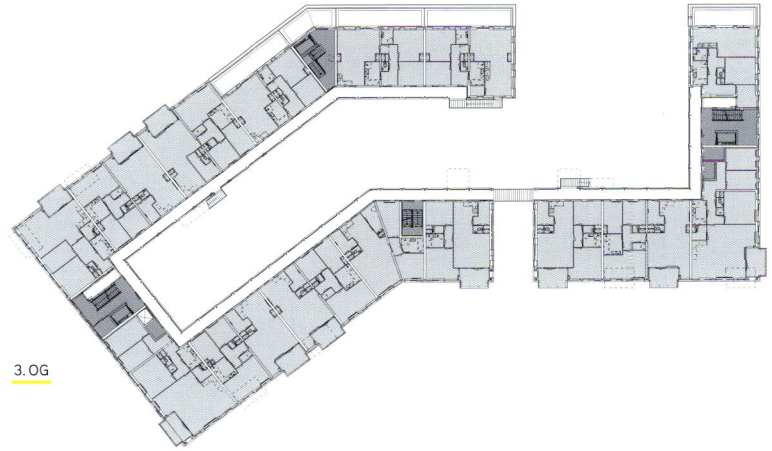

3. OG

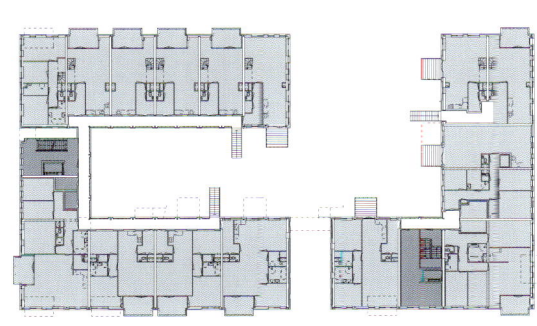

1. OG

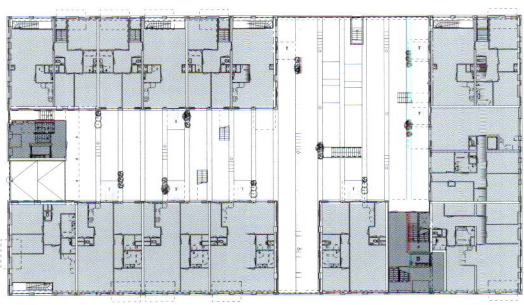

EG

BLOCK
HOF

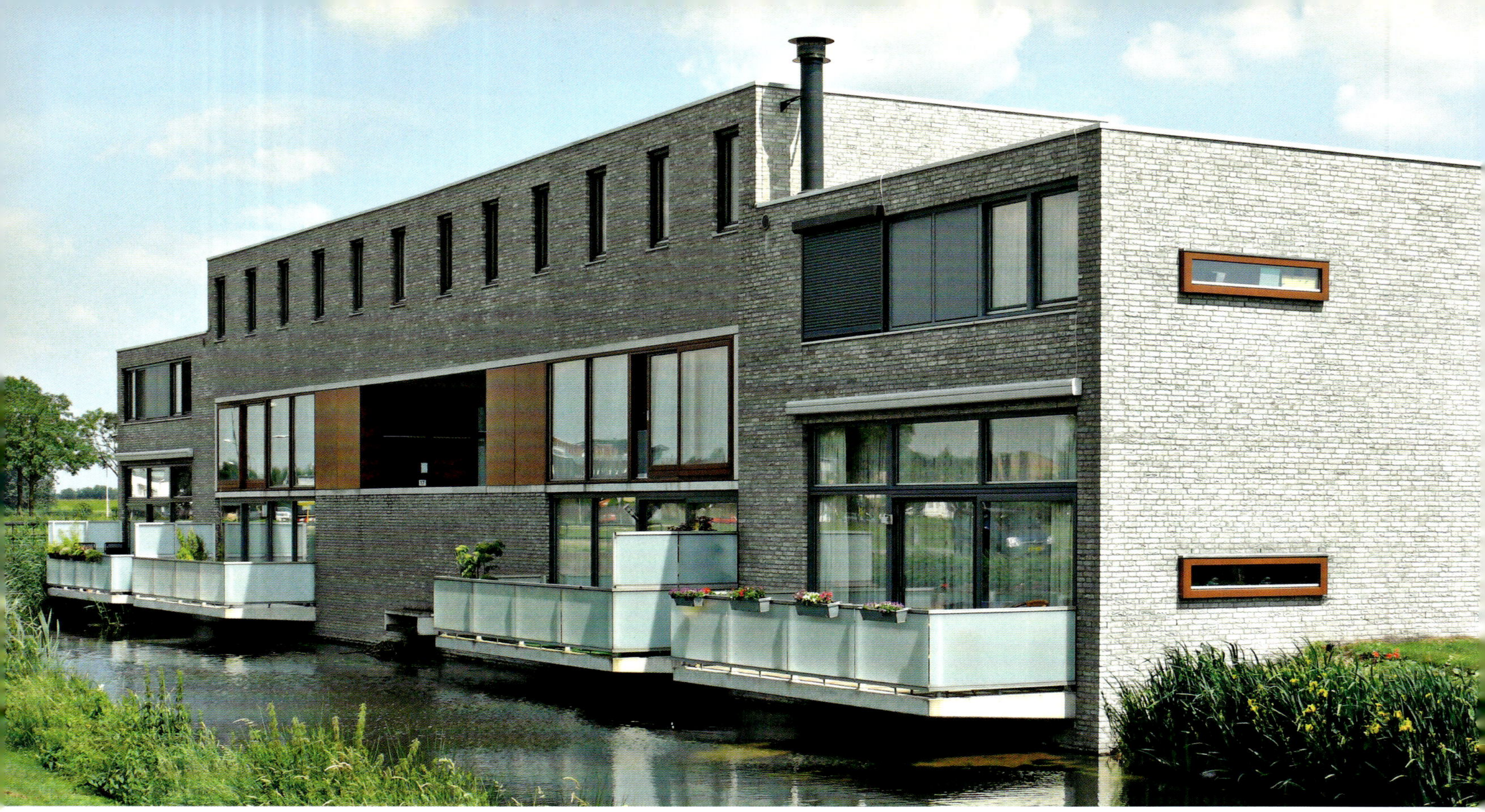

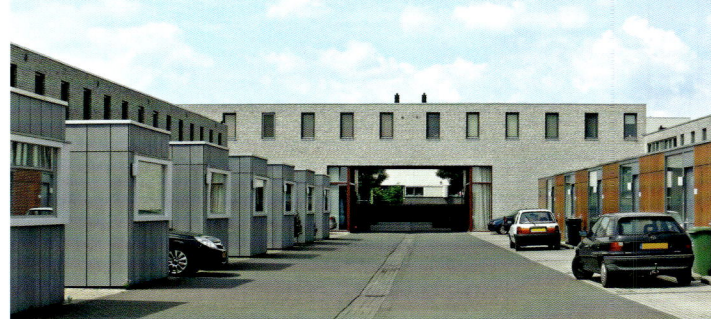

01

02

03

Wie Jahresringe legen sich die Neubaugebiete um das kleine Dorf Empel nordöstlich von 's-Hertogenbosch. Die vier Wohnhöfe am östlichen Siedlungsrand interpretieren die Radialstruktur der Dorferweiterung auf eigenständige Weise. Auf Grundlage des städtebaulichen Masterplans entschieden die Architekten, die Reihenhäuser zu kompakten, direkt am öffentlichen Grünraum stehenden Wohnhöfen zu verdichten, und vermieden dadurch die sonst übliche endlose Aneinanderreihung von Wohnungen.

Zum öffentlichen Straßenraum präsentieren sich die Höfe mit markanten, direkt an den umlaufenden Kanal angedockten Kopfbauten, die jeweils aus vier Hauseinheiten zusammengefügt sind. Private Gärten gibt es nicht, dafür hat jede Wohnung einen großen Balkon, der knapp über dem Wasser schwebt.

38 PROJEKT

WOHNHÖFE EMPEL

FAMILIENWOHNEN ⋮ LANDSCHAFT ⋮ SIEDLUNG ⋮ WOHNATMOSPHÄRE
WOHNEN AM WASSER ⋮ WOHNUNGSMIX

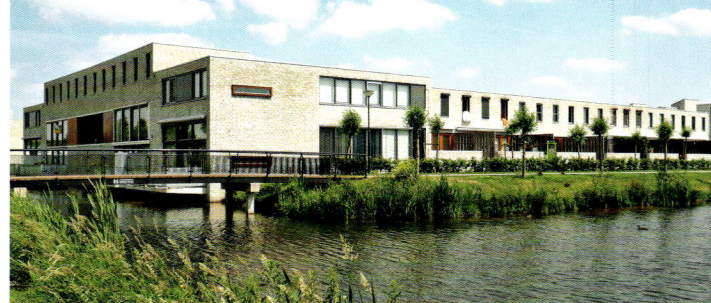

Die beiden anderen den Erschließungshof umfassenden Gebäudeflügel sind ebenfalls nach außen, zu den schön angelegten öffentlicher Grün- und Wasserflächen hin, orientiert. Während die Häuser im Südflügel über geschützte, ummauerte Terrassen verfügen, besitzen die Häuser im Nordflügel ersatzweise einen kleinen, intimen, von außen uneinsehbaren Patio auf der Hofseite.

01 Die Kopfbauten docken direkt an den umlaufenden Kanal an.

02 Blick in den Erschließungshof

03 Alle Wohnungen orientieren sich nach außen zu der öffentlichen Grün- und Wasserflächen.

04 Entwurfsskizze

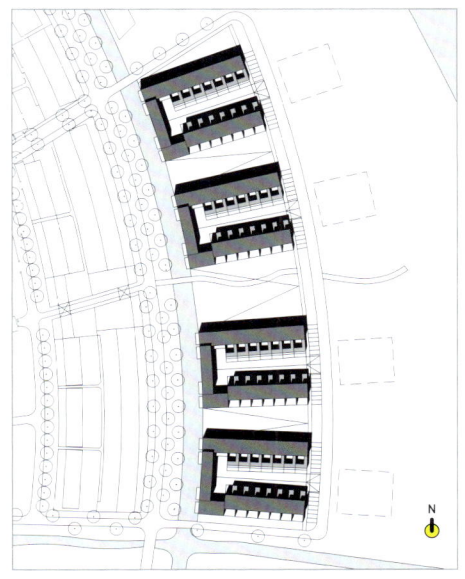

LAGEPLAN

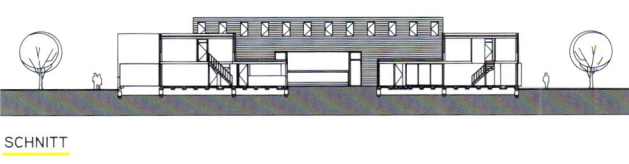

SCHNITT

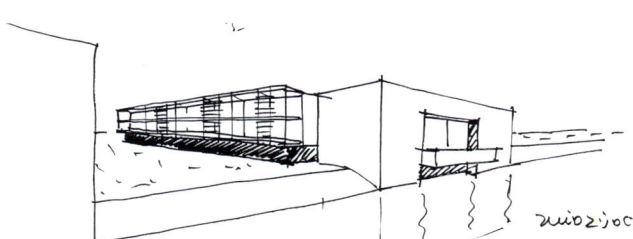

04

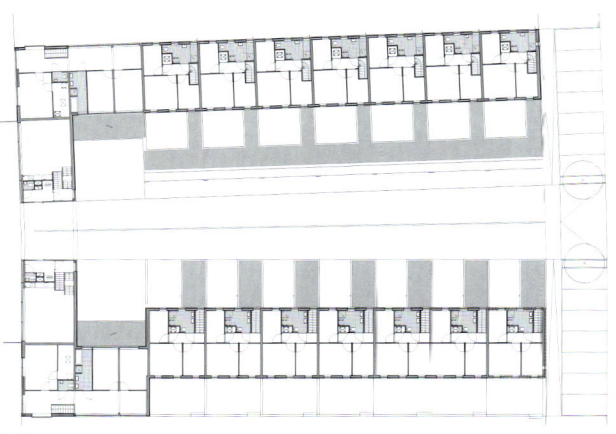

1. OG

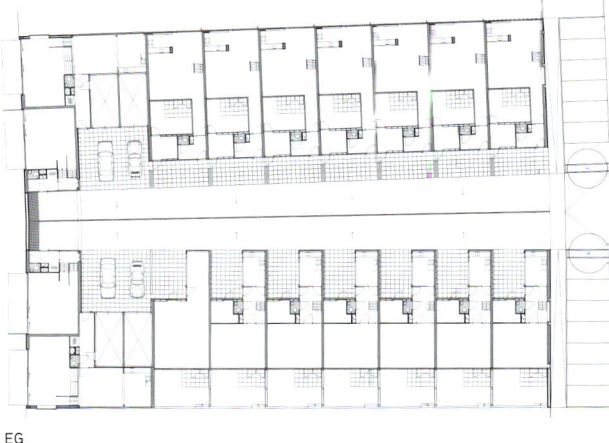

EG

ORT/STRASSE
EMPEL, 'S-HERTOGENBOSCH, HONDSDRAF

FERTIGSTELLUNG
2002

ARCHITEKT
POOLEN ARCHITEKTEN, AMERSFOORT | WWW.POOLEN.N_

PROJEKTARCHITEKT
JAN POOLEN

MITARBEITER
ROBIN VAN ROSSUM, NINA VIEGERS, RULD VAN REENEN

AUFTRAGGEBER
BOUWFONDS MAB ONTWIKKELING BV, EINDHOVEN

BLOCK HOF

01

02

Das BonVie-Zentrum für generationsübergreifendes Wohnen, ambulante und stationäre Pflege liegt inmitten des Gebiets »Parijsch-Zuid«, Culemborg, das künftig die Versorgung der umliegenden Wohngebiete mit wichtigen Infrastruktureinrichtungen, Schulen und Einkaufsmöglichkeiten sichern wird.

Der Bauherr, die Stiftung BetuwsWonen, wünschte ein Gebäude für Menschen in jeder Lebenslage: für Singles, Paare, Familien, Behinderte und auch für ältere Menschen, die bei Bedarf die Pflegeangebote in Anspruch nehmen können. Poolen Architekten teilten das komplexe Raumprogramm in zwei U-förmige Hofbebauungen auf. Leitidee war es, die Höfe nicht abzuschotten, sondern als offene Platzräume und Treffpunkte für Jung und Alt erlebbar zu machen. Durch die Verdrehung der beiden Höfe zueinander entsteht eine hierarchische Beziehung zwischen beiden Bauteilen: Block 2, der ausschließlich Wohnungen enthält, steht als räumlicher Abschluss dem ebenerdig zugänglichen Innenhof von Block 1 gegenüber. Im Block 1 sind die öffentlicheren Funktionen, wie das Gesundheitszentrum, der Kindergarten, ein Restaurant sowie das »zotel«, eine hotelartige Pflegeeinrichtung, untergebracht. Das Eingangsniveau von Block 2 ist um 1,20 Meter angehoben. Ein umlaufendes Holzdeck verbirgt die darunterliegenden 95 Parkplätze und schafft zwei differenzierte Aufenthaltszonen: einen bühnenartig erhöhten Platz und einen privateren, zum Wasser hin ausgerichteten Innenhof. Die Wohnungen beider Gebäude werden durch Laubengänge erschlossen. Diese wechseln je nach Ausrichtung der Appartements zwischen Innenhof- und Außenseite, was die Architekten für eine abwechslungsreiche, spannungsvolle Fassadengestaltung nutzen.

Auch die Materialität betont die Wechselbeziehung zwischen Innen und Außen: Die streng gegliederten Hoffassaden sind in neutralem Weiß gehalten und die hofseitigen Laubengänge mit pflanzlichen Motiven versehen, die geschosshohen, rhythmisch gesetzten Klinkerelemente der Außenfassaden spielen dagegen mit dem heterogenen städtischen Kontext.

39 PROJEKT
BONVIE

BETREUTES WOHNEN ⋮ DICHTE ⋮ FAMILIENWOHNEN ⋮ GEMEINSCHAFT
GESCHOSSWOHNUNGSBAU ⋮ INNENSTADT ⋮ MISCHNUTZUNG ⋮ WOHNEN 50+

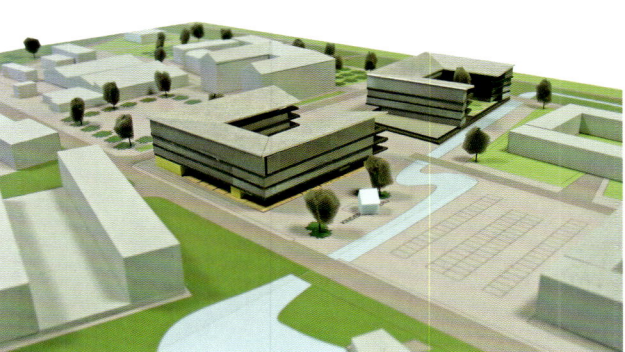

04

0’ Ein umlaufendes Holzdeck verbirgt
    die darunterliegenden Parkplätze.

02 Die hofseitigen Laubengänge sind
    mit pflanzlichen Motiven versehen.

03 Bühnenartig erhöhte Platzsituation
    vor Block 2

04 Arbeitsmodell

05 Blick von Süden

ORT/STRASSE	FERTIGSTELLUNG	ARCHITEKT
CULEMBORG, ADMIRAALVLINDERLAAN	2008	POOLEN ARCHITEKTEN, AMERSFOORT	WWW.POOLEN.NL

PROJEKTARCHITEKT	MITARBEITER	AUFTRAGGEBER
JAN POOLEN	SEVERINE KAS, GERT VAN EIJDEN, SANDER KOK, SANDER VREDEVELD	STICHTING BETUWSWONEN, CULEMBORG

BLOCK
HOF

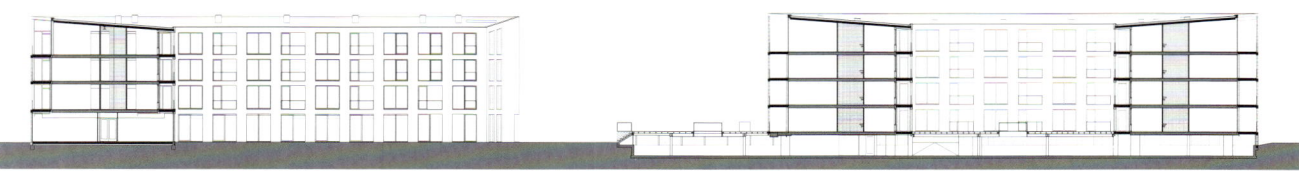

SCHNITT BLOCK 1 – BLOCK 2

BLOCK 1

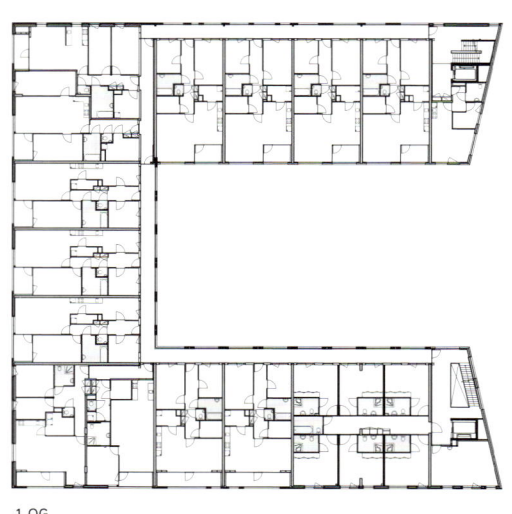

1. OG

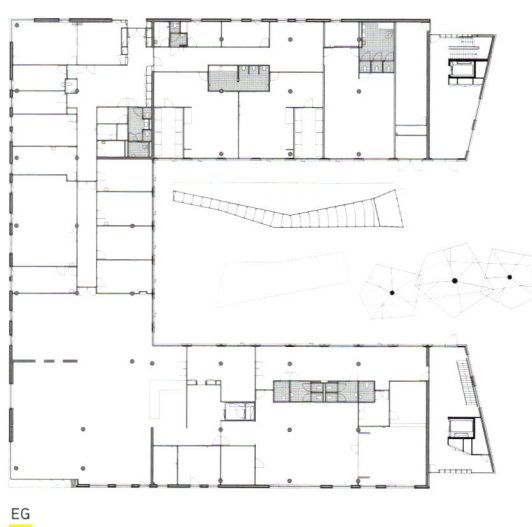

EG

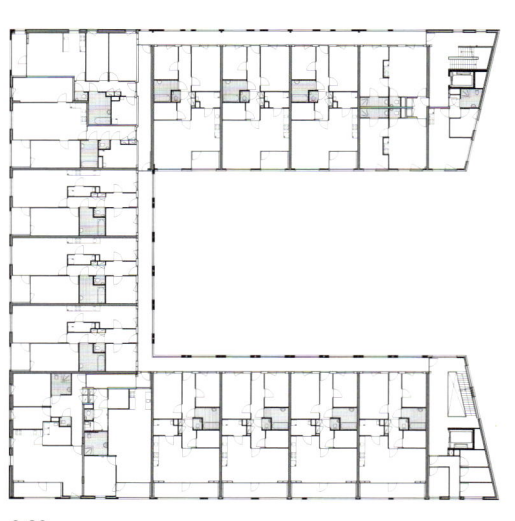

2. OG

39 BONVIE

WEVERSGILDE

TEN

BRUG

0 5 10 15 20 25 METER
SCHAAL

N

BLOCK 2

EG

1. OG

BLOCK
HOF

02

03

04

Das 1967 als Retortenstadt gegründete Lelystad ist selbst vielen Niederländern lediglich als Hauptstadt der Provinz Flevoland ein Begriff. Damit sich das ändert, setzt die Stadt verstärkt auf eine bildhafte, Identität stiftende Architektur.

Nach der Neustrukturierung des Stadtzentrums liegt der Schwerpunkt der Stadtentwicklung nun auf der Aktivierung und Gestaltung einer rund zehn Kilometer langen Küstenlinie entlang dem Maarker- und IJsselmeer. Bereits 1999 hatte die Studie »Structuurmodel Kust«

das riesige Potenzial an attraktiven Wohn-, Gewerbe- und Freizeitflächen aufgezeigt, und bis 2040 soll das Konzept Schritt für Schritt realisiert werden.

Nur zwei Kilometer vom Stadtzentrum entfernt ist ein Projekt im Bau, das wie kaum ein anderes das neue Selbstbewusstsein dokumentiert: Nach den Plänen der in den Niederlanden sehr erfolgreichen Architekten Rob Krier und Christoph Kohl soll im »Batavia Haven«, als Verbindung zwischen dem bislang isoliert liegenden Einkaufszentrum

40 PROJEKT
BATAVIA HAVEN

DICHTE ⋮ EXKLUSIVITÄT ⋮ FAMILIENWOHNEN ⋮ GESCHOSSWOHNUNGSBAU
MISCHNUTZUNG ⋮ WOHNATMOSPHÄRE ⋮ WOHNEN AM WASSER
WOHNUNGSMIX

»Batavia Stad« und einer fragmentarischen Bestandsbebauung im Süden, ein neues Stück Stadt entstehen. Fünf gemischt genutzte Baublöcke mit insgesamt 450 Eigentums-, Mietwohnungen und Gewerbeflächen sind im Halbkreis an einer rund 500 Meter langen Uferpromenade aufgereiht. Im Hafen können künftig Boote und Yachten festmachen, Restaurants, Cafés, Geschäfte und Galerien sollen die breite Promenade beleben, sogenannte Werkwoningen bieten den Bewohnern die Möglichkeit, Wohnen und Arbeiten zu kombinieren und im Erdgeschoss ein ca. 40 Quadratmeter großes Ladengeschäft oder Büro zu betreiben. Den ersten der fünf Baublöcke kann man bereits besichtigen.

Der von den Architekten an die großbürgerliche Architektursprache mondäner See- und Kurbäder der Jahre um 1900 angelehnte Komplex bietet 94 teils luxuriöse Miet- und Eigentumswohnungen sowie 23 Stadthäuser mit eigenen kleinen Gärten, die an den Gemeinschaftsgarten im Innenhof grenzen. Auch wenn die historisierende Architektursprache, wie bei den meisten Werken von Rob Krier, stark polarisiert, so darf man doch auf die Atmosphäre des gesamten städtebaulichen Ensembles gespannt sein.

05

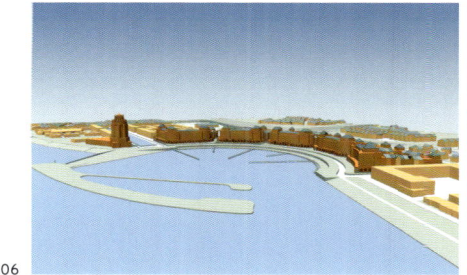

06

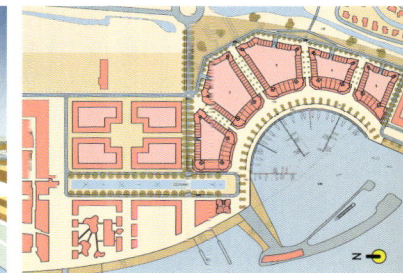

LAGEPLAN

REGELGESCHOSS BLOCK 1

01 Die Architektur zi ier: die großbürgerliche Architektursprache mondäner Seebäder.

02 Luftbild des ersten der fünf geplanten Baublöcke

03 Innenhof mit Gemeinschaftsgarten

04 Impressionen, Zeichnung von Rob Krier

05 Fassadenabwicklungen

06 Visualisierung der Gesamtanlage

ORT/STRASSE
LELYSTAD, BATAVIA HAVEN, SCHONZICHT

FERTIGSTELLUNG
2008 BIS CA. 2015

STÄDTEBAU
KRIER · KOHL, GESELLSCHAFT VON ARCHITEKTEN MBH, BERLIN, MIT WISSING STEDENBOUW EN RUIMTELIJKE VORMGEVING, BARENDRECHT

HOCHBAU, BLOCK 1, GESCHOSSWOHNUNGSBAU
ROB KRIER UND CHRISTOPH KOHL | WWW.KRIERKOHL.COM

HOCHBAU, BLOCK 1, REIHENHÄUSER
MOLENAAR & VAN WINDEN ARCHITECTEN, DELFT | WWW.MOLENAARENVANWINDEN.NL

AUFTRAGGEBER
OCB ONTWIKKELINGS COMBINATIE BATAVIAHAVEN C. V., UTRECHT. GESELLSCHAFTER:
AMVEST, BOUWFONDS ONTWIKKELING, VAN WIJNEN PROJECTONTWIKKELING MIDDEN BV UND STABLE INTERNATIONAL DEVELOPMENT BV

BLOCK
HOF

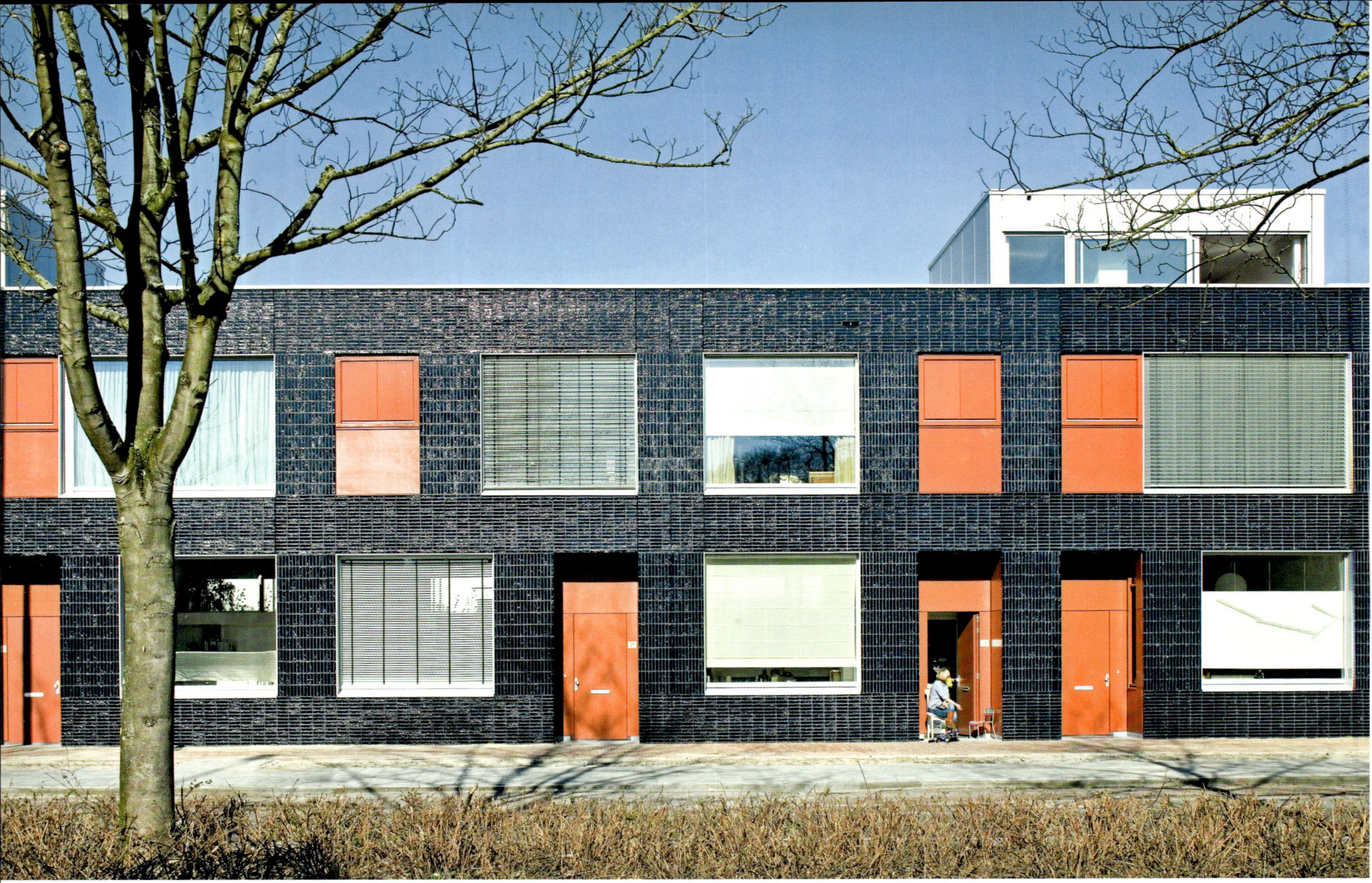

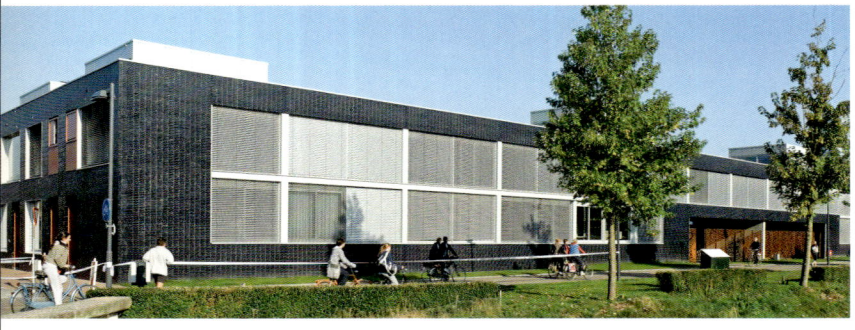

01

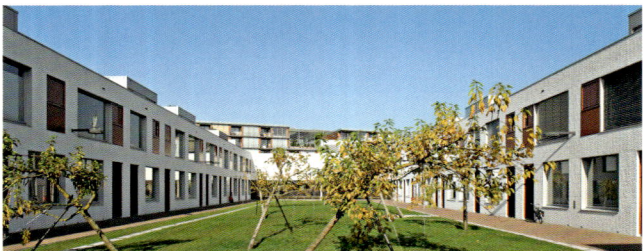

02

03

↘ Als schöne Parklandschaft, in cie ganz unterschiedliche Wohnbauten eingestreut sind, präsentiert sich der der Chassé-Park heute ganz selbstverständlich dem Besucher. Dabei war der Planungsprozess nicht gerade einfach. Obwohl unmittelbar an die historische Altstadt angrenzend, ist das ehemalige Kasernenareal durch vier große Hauptverkehrsstraßen eingeschnürt. Teilflächen waren bereits neu bebaut oder umgenutzt, so dass das zur Verfügung stehende Gebiet trotz seiner zentralen Lage in der Stadt isoliert zu bleiben drohte. In dem 1994 ausgelobten Wettbewerb gelang es allein dem Büro OMA, mit dem Campus-Modell ein schlüssiges Konzept für das Gesamtareal vorzulegen, in das die bereits bestehenden Bausteine nahtlos integriert werden konnten. Dieses Modell kombiniere, so der Erläuterungsbericht, eine städtische Atmosphäre mit der Offenheit des Parks. Unterschiedliche, alte und neue Gebäude formen zusammen eine spannungsreiche Komposition autonomer Objekte. Die extreme Verdichtung der Wohnungen in großen Gebäuden und der Verzicht auf Privatgärten ermöglichen, dass drei Viertel der Grundstücksfläche unbebaut bleiben. Um

41

PROJEKT

100 × 100

DICHTE ⋮ FAMILIENWOHNEN ⋮ INNENSTADT ⋮ LANDSCHAFT ⋮ STADTUMBAU
WOHNATMOSPHÄRE

04

die einzelnen Gebäude möglichst stark voneinander zu unterscheiden, legten die Stadtplaner für jedes Objekt die Gebäudetypologie fest, überließen aber die architektonische Form und die Materialwahl dem ausführenden Architekturbüro. Aufgabe der Architekten Van Sambeek Architects war es, ein 100 × 100 Meter großes Baufeld mit »erdgebunden« Wohneinheiten zu füllen. Ursprünglich nach dem Vorbild der *back-to-back* stehenden Patiohäuser auf Borneo-Sporenburg wesentlich dichter geplant, wurde das Konzept vereinfacht und weiterentwickelt,[28] so dass nun mehr Wohneinheiten einen Ausblick auf den Park bieten. Von außen erscheint das mit nachtblau glasierten Klinkern ummantelte Bauvolumen monolithisch, tatsächlich besteht es jedoch aus zwei Doppelzeilen von Reihenhäusern, die mittels breit gelagerter Hofhäuser zu einem geschlossenen Quadrat zusammengefügt sind. Die unmittelbar an der Straße beziehungsweise am Park liegenden Wohneinheiten werden über den öffentlichen Raum erschlossen, die beiden innenliegenden Reihen sind über den mit Maulbeerbäumen bepflanzten, abschließbaren Innenhof zugänglich, dessen privater Charakter durch die hell geschlämmten Ziegelfassaden unterstrichen wird. In einem halb versenkten Parkgeschoss unter den Gebäuden befinden sich die Stellplätze. Geschickt nutzen die Architekten den dadurch entstehenden Höhenversatz innerhalb der Häuser: Die Wohnküche liegt auf Eingangsniveau, der sensiblere Wohnbereich, vor Einblicken geschützt, eine Halbtreppe höher. Die meisten der 66 Wohneinheiten verfügen über eine kleine Gartenterrasse, einige zusätzlich über ein wintergartenähnliches Dachzimmer.

Gerade weil das spektakuläre Moment der ursprünglichen Planung fehlt, konnten Van Sambeek Architects mit dem Projekt 100 × 100 beweisen, dass hochwertiges innerstädtisches Wohnen nach dem Prinzip *low rise – high density* auch mit ganz einfachen Mitteln erreicht werden kann.

SCHNITT

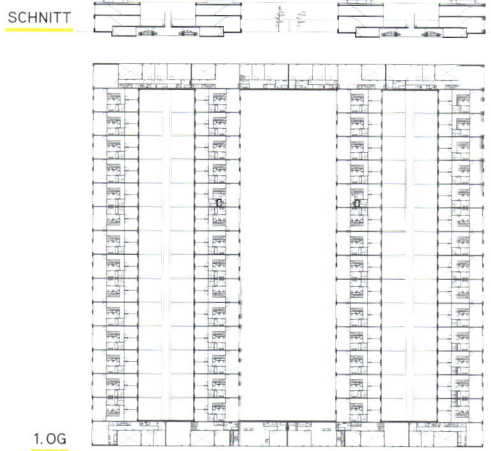

1. OG

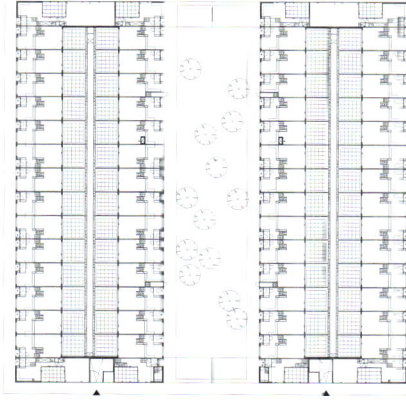

EG

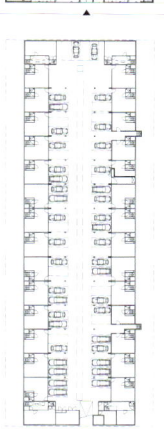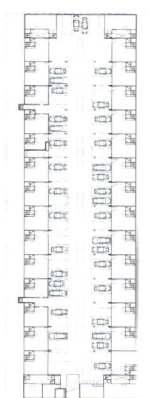

UG

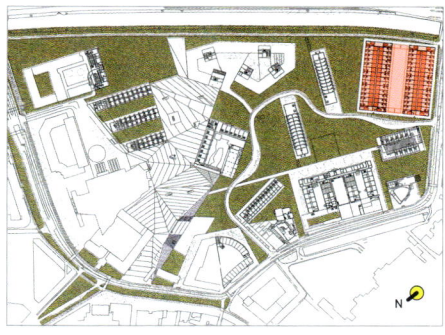

LAGEPLAN

01 Die außenliegenden Wohneinheiten werden über den öffentlichen Raum erschlossen.

02 Vom Park aus erscheint das mit dunklen Klinkern ummantelte Bauvolumen monolithisch.

03 Die beiden innenliegenden Häuserreihen sind über den verschließbaren Innenhof zugänglich.

04 Ein Teil der Häuser hat ein wintergartenähnliches Dachzimmer.

ORT/STRASSE

BREDA, CHASSÉ-PARK, HET BOLWERK, VIERWINDENSTRAAT

FERTIGSTELLUNG

2007

ARCHITEKT

VAN SAMBEEK ARCHITECTS, AMSTERDAM | WWW.VSARCH.EU

PROJEKTARCHITEKT

ERNA VAN SAMBEEK

MITARBEITER

RENÉ VAN VEEN, STEVEN BRUNSMANN, DAN ËL PETERS

LANDSCHAFTSARCHITEKTUR

WEST 8 URBAN DESIGN & LANDSCAPE ARCHITECTURE, ROTTERDAM

AUFTRAGGEBER

BAM WONINGBOUW, BREDA

BLOCK
HOF

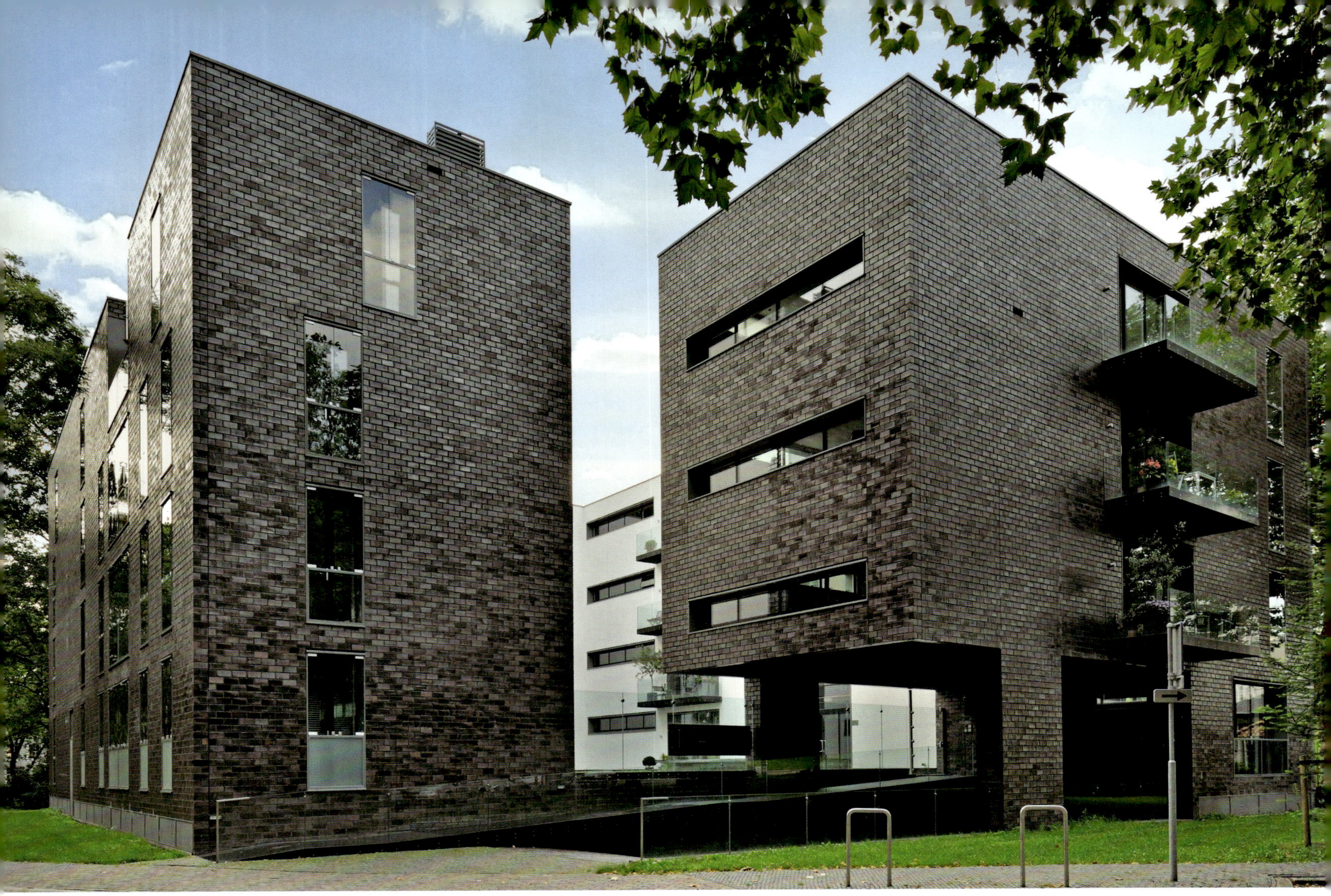

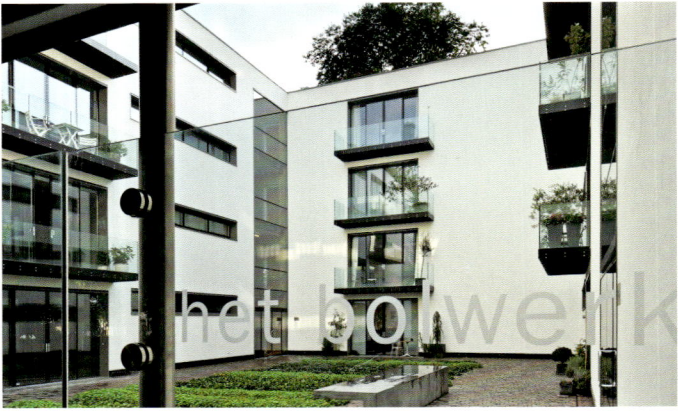

01

02

Das »Bolwerk« verdankt seinen Namen einem ehemaligen Bunker, den die Deutschen 1944 am Rande des Klosterparks der St. Servaasabtei erstellt haben. Der mit einer Ziegelfassade, Dach sowie Blindfenstern und -türen getarnte Bunker stand jahrzehntelang inmitten großer alter Bäume, bis der Projektentwickler Edwin Oostmeijer 1996 auf das verwaiste Grundstück aufmerksam wurde. Nach vielen Gesprächen mit der Stadt Utrecht und der zuständigen Denkmalschutzbehörde gelang es ihm, das Gebäude von der Stadt zu erwerben.
Allerdings dauerte es mehrere Monate, bis die drei Meter dicken Wände Schicht für Schicht gesprengt und abgetragen waren. Der von den belgischen Architekten awg entworfene kompakte Neubau gründet unmittelbar auf der 31 × 35 Meter großen Bodenplatte des Bunkers

42 PROJEKT

HET BOLWERK

DICHTE ⋮ EXKLUSIVITÄT ⋮ GESCHOSSWOHNUNGSBAU
INNENSTADT ⋮ INNOVATION

C3

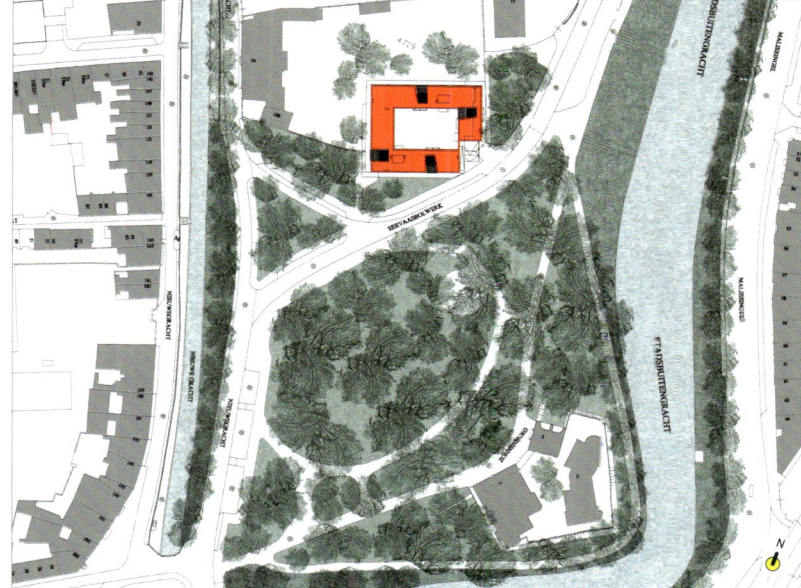

LAGEPLAN

C1 Die Wohnungen gruppieren sich um einen kleinen kontemplativen Innenhof.

02 Im Gegensatz zur dunklen Außenfassade ist der Innenhof in strahlendem Weiß gehalten.

03 Blick vom Klosterpark

Sechzehn großzügige Wohnungen gruppieren sich, auf vier Geschosse verteilt, um einen kleinen kontemplativen Innenhof. Der Baublock ist nicht ganz geschlossen, die Südostecke ist geöffnet. Unter dem angehobenen Ostflügel liegt die Tiefgarageneinfahrt. Parallel zur Abfahrt führt eine Fußgängerrampe nach oben in den leicht erhöhten Innenhof, von dem aus die Bewohner, sofern sie nicht mit dem Auto kommen, in ihre Wohnungen gelangen.

Im Gegensatz zu den dunklen, leicht violett changierenden Klinkern der Außenfassade ist der Innenhof in strahlendem Weiß gehalten. Bedingt durch die Abmessungen des ehemaligen Bunkers ist das Bauvolumen für eine Hofbebauung eigentlich zu klein, die Architekten haben darauf reagiert, indem sie schmale Grundrisse wählten. Alle Aufenthaltsräume sind auf den Park ausgerichtet, über den Innenhof erhalten die Wohnzimmer zusätzliches Licht. Was die Wohnungen jedoch besonders auszeichnet, ist der fließende Übergang zwischen Innen und Außen: Die tief eingeschnittenen, allseitig verglasten, patioähnlichen Loggien sind ganzjährig nutzbarer Außen- und Innenraum zugleich.

ORT/STRASSE
UTRECHT, SERVAASBOLWERK 18

FERTIGSTELLUNG
2006

ARCHITEKT
AWG ARCHITECTEN, ANTWERPEN | WWW.AWG.BE

PROJEKTARCHITEKTEN
BOB VAN REETH, JAN VERRELST, CHRISTINE DE RUIJTER

MITARBEITER
ILSE VAN BERENDONCKS, FILIP DEPREZ

AUFTRAGGEBER
EDWIN OOSTMEIJER PROJECTONTWIKKELING, UTRECHT

BLOCK
VERDICHTET

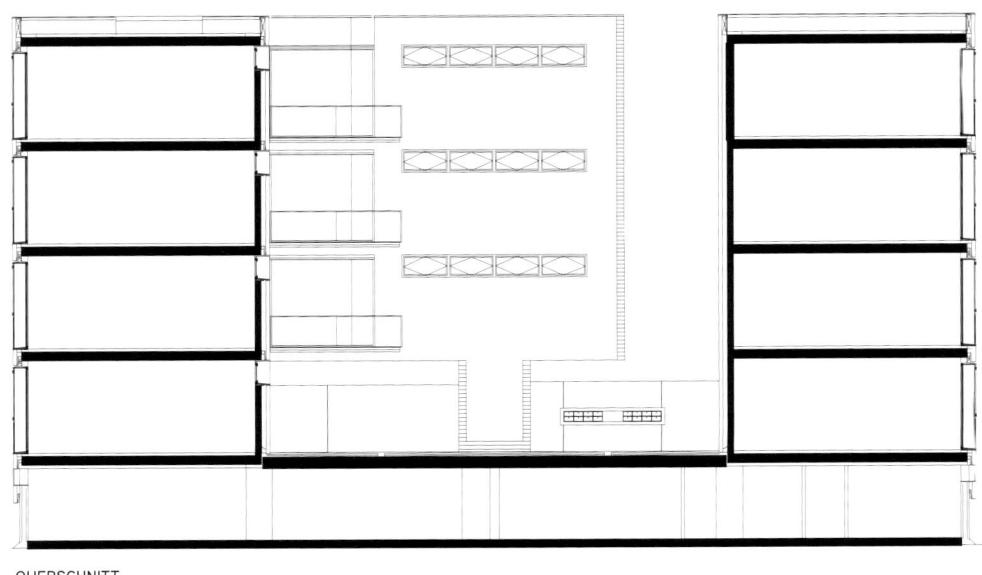

QUERSCHNITT

UG

EG

42 HET BOLWERK

01 Unter dem angehobenen Ostflügel befindet sich die Tiefgaragenenfahrt.

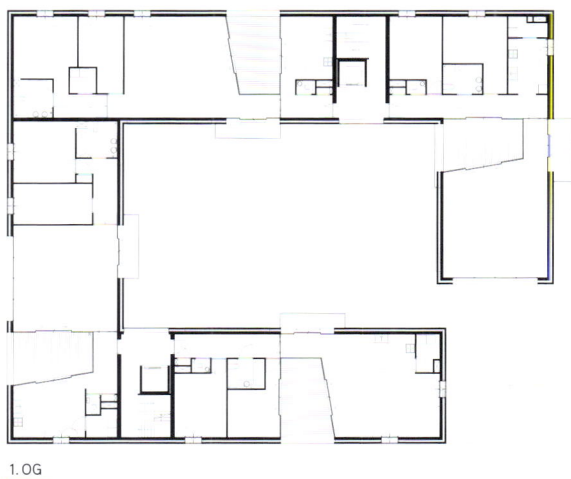

1.OG

2.OG

BLOCK
VERDICHTET

01

Ein 600 Meter langer See, begleitet von einer Abfolge öffentlicher Park- und Freianlagen, ist das besondere Merkmal des zu Nieuw-Vennep gehörenden Vinex-Gebiets Getsewoud. Am nordöstlichen Ende weitet sich der See in einen Querarm, der von reetgedeckten Einfamilienhäusern gesäumt wird. Und direkt im Schnittpunkt von Seeachse und Uferbebauung erhebt sich ein auf 44 Meter Höhe emporragender Gebäudekomplex, der schon allein aufgrund seiner ungewöhnlichen Gestalt neugierig macht. Das Büro Bronsvoort Blaak Architecten, das die im städtebaulichen Entwurf als Dominante vorgesehene und ausdrücklich so benannte »Burg« entworfen hat, setzte sich zu Beginn der Bearbeitung mit der grundlegenden Frage auseinander, ob die heutigen Erwartungen an ein komfortables Wohngebäude überhaupt mit einer festungsartigen Bauform zur Deckung gebracht werden

können. Das Raumprogramm, das rund 50 Wohnungen in Verbindung mit einem ambulanten Pflegezentrum vorsah, erschien mit der geforderten verdichteten Bauweise vereinbar, auch die schöne Lage direkt am See und die geplante Platzsituation nördlich des Baufelds schienen den Architekten ein passendes Umfeld für eine kompakte Wohnanlage zu sein. Die Architekten schufen zunächst eine Wallanlage, hinter und unter der sich die Tiefgarage befindet. Darauf steh: landeinwärts, auf Binnenhafen und Platz orientiert, der sich nach oben hin verjüngende, dreizehngeschossige »Bergfried«. Ein niedrigerer Gebäudeteil bildet einen »Vorposten« am See. Der Turm ist als Vierspänner organisiert, zwei Wohnungen richten sich nach Süden zum See aus, jeweils eine Wohnung nach Osten und nach Westen. Das Pflegezentrum schließt den Burghof zum Wasser hin ab, eine balkon-

43 PROJEKT
KASTEEL GETSEWOUD

FAMILIENWOHNEN ⋮ GESCHOSSWOHNUNGSBAU ⋮ HAUS IM HAUS
LANDSCHAFT ⋮ MISCHNUTZUNG ⋮ SIEDLUNG ⋮ WOHNATMOSPHÄRE
WOHNEN AM WASSER ⋮ WOHNUNGSMIX

02 03

8. OG

12. OG

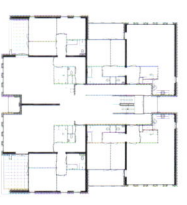

6. OG

11. OG

LAGEPLAN

01 Der städtebauliche Entwurf definiert die »Burg« als dominierendes Element.

02 Reetgedeckte Einfamilienhäuser am See bilden die unmittelbare Nachbarschaft des festungsartigen Gebäudekomplexes.

03 Auch im Detail spürbar: die selbstbewusste, eigenständige Architektursprache

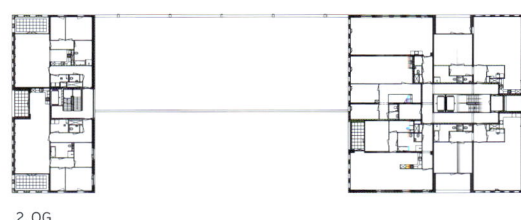

2. OG

EG

artige, über das Wasser auskragende Galerie dient als zugehöriger Freibereich. Zur Landseite begrenzt eine schlangenförmig ausgebildete Klinkermauer den leicht angehobenen Innenhof. Die Erschließung der Tiefgarage führt in konsequenter Weise über den Burghof, die Einfahrt befindet sich im Erdgeschoss des Vorpostens. Klug vermeiden die Architekten eine platte, historisierende Architektursprache und entwickeln stattdessen einen eigenständigen, selbstbewussten Material- und Formenkanon, der sich hinter historischen Vorbildern nicht zu verstecken braucht.

LÄNGSSCHNITT

ORT/STRASSE

GEMEINDE HAARLEMMERMEER, ORTSTEIL NIEUW-VENNEP, HABANERA 1–111

FERTIGSTELLUNG

2006

ARCHITEKT

BRONSVOORT BLAAK ARCHITECTEN BNA, AMERONGEN | WWW.BRONSVOORTBLAAK.NL

PROJEKTARCHITEKTEN

ANTON BRONSVOORT, JAN WESTENENG

MITARBEITER

WIM VAN ESSEN, HERTINE KARS, KLAAS TUIN

AUFTRAGGEBER

NIJHUIS BOUW BV, RIJSSEN

BLOCK
VERDICHTET

01

Genau an der Kreuzung zweier Grachten, der Nieuwe Herengracht
und dem Entrepotdok, steht ein kubischer Baukörper direkt am
Wasser. Frits van Dongen hat hier auf dem ehemaligen Grundstück
der Amsterdamer Verkehrspolizei das kompakte, typologisch inno-
vative Appartementgebäude »Botania« entworfen.
Von außen zeigt sich das Gebäude als kompaktes Volumen relativ
nüchtern, im Inneren jedoch verstecken sich hinter der gerasterten
Ziegelfassade variantenreiche Wohnungstypen. Das Baufenster
war, so der Architekt, zu klein für eine Blockrandbebauung, aber
zu groß für ein solitäres Wohngebäude. Über einer flexibel einteil-
baren Einzelhandelsfläche im Erdgeschoss entwickelten die Architekten eine laubengangähnliche Erschließung für die zur Stadt
hin orientierten Drei- bis Vierzimmer- und Maisonettewohnungen.

Die Entscheidung, den eigentlich zu kleinen Innenhof nicht als Außenraum zu nutzen, sondern funktional dem Bauvolumen zuzuschlagen,
führte zu einer ungewöhnlichen Form: Drei 33 Meter tiefe Wohnungen
sind von Fassade zu Fassade durch das Gebäude gesteckt. Treppen-
artige Versätze bilden dabei nach unten hin die dynamisch aufstei-
gende, holzverschalte Decke der zentralen Eingangs- und Erschließungshalle, nach oben hin die großzügigen Dachterrassen der
durchgesteckten Wohneinheiten.
Da auch einige Erschließungsflure der normalen Wohnungen über den
terrassierten Innenhof belichtet werden, müssen die Bewohner der
Terrassenwohnungen eine gewisse Öffentlichkeit akzeptieren, dafür
aber entschädigt der Luxus der Fläche mitten in der Stadt.
Luxuriös geht es auch im obersten Geschoss zu: Über Außentreppen,
erreichbar über verglaste Loggien, haben hier alle Wohnungen Zugang
zur privaten Dachterrasse mit fantastischem Blick über Amsterdam.

44 PROJEKT
BOTANIA

DICHTE ⋮ EXKLUSIVITÄT ⋮ GESCHOSSWOHNUNGSBAU ⋮ INNENSTADT
INNOVATION ⋮ MISCHNUTZUNG ⋮ STADTUMBAU ⋮ WOHNEN AM WASSER
WOHNUNGSMIX

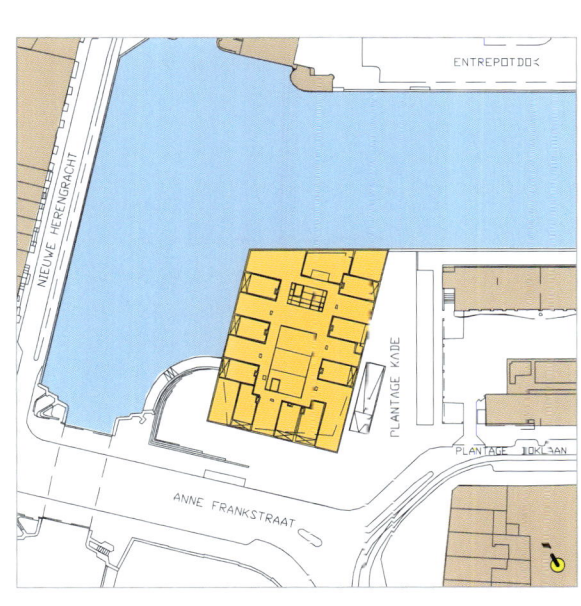

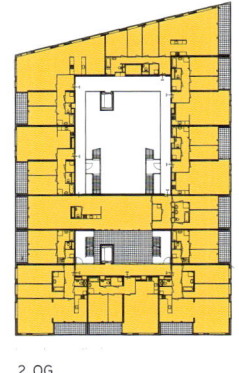

2. OG

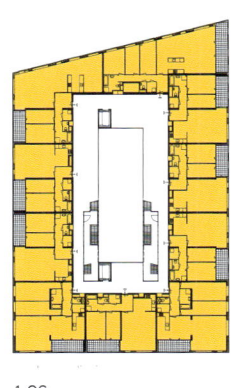

DACH

1. OG

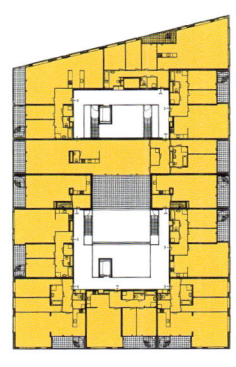

4. OG

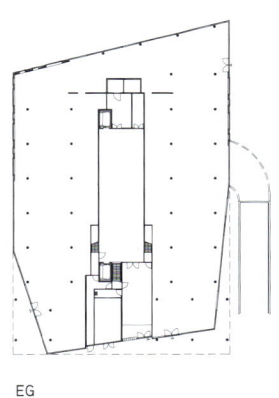

EG

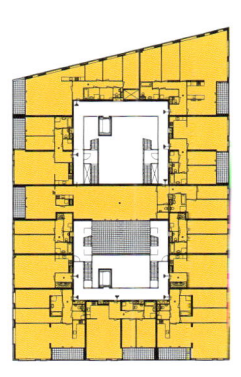

3. OG

01 Der kubische Baukörper markiert die Kreuzung zweier Amsterdamer Grachten.

02 Auf der Oberseite der treppenartigen Versätze der Erschließungshalle befinden sich private Dachterrassen.

03 Blick in den terrassierten Innenhof

03

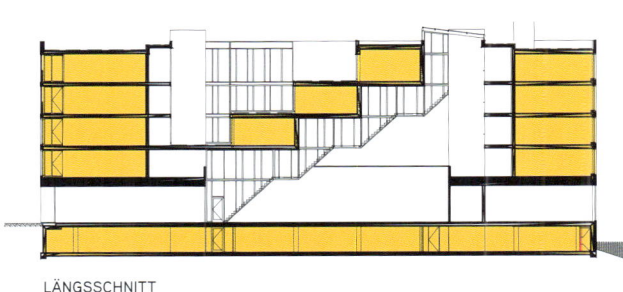

LÄNGSSCHNITT

LAGEPLAN

ORT/STRASSE	FERTIGSTELLUNG	ARCHITEKT
AMSTERDAM, PLANTAGEKADE 1–69	2002	DE ARCHITEKTEN CIE., AMSTERDAM | WWW.CIE.NL

PROJEKTARCHITEKT	MITARBEITER	AUFTRAGGEBER
FRITS VAN DONGEN	C. RINZEMA, W. BENSCHOP, J. MOLENAAR, F. VEERMAN	BOTANIA BV, AMSTERDAM

BLOCK
VERDICHTET

01

02

Der von einem kleinen Kanal durchschnittene Baublock 23 liegt direkt an der IJburglaan, der Hauptstraße des neuen Amsterdamer Stadtteils IJburg. Drei größere, verdichtete Wohnkomplexe, im Grunde selbst autonome Baublöcke, halten einen schönen grünen Westentaschenpark im Inneren von Block 23 frei von Bebauung.

Wer das an der IJburglaan stehende Gebäude von Dick van Gameren betrachtet, kommt nicht umhin, an eine Burg zu denken. Nach außen präsentiert sich das Gebäude mit seiner wohlgesetzten Lochfassade eher verschlossen, der achtgeschossige Turm erinnert mit seinen kubisch zerklüfteten Dacheinschnitten an einen Bergfried. Und auch beim Gang durch die schmale Gasse, die mittig durch das Gebäude verläuft, wähnt man sich in einem dichten Altstadtquartier. Der Architekt verschmilzt hier gekonnt gleich mehrere Nutzungen und Wohnformen, straßenbegleitende Gewerbeflächen, Appartements, Reihen-, Doppel- und Einzelhäuser, zu einem neuen, hybriden Gebäudetypus, zu einer kleinen Stadt in der Stadt. Die Erschließung ist dabei das ordnende und das besondere Gestaltungselement: alle Wohnungen werden von dieser offenen *rue intérieure* aus erschlossen, die mal als Gasse im Erdgeschoss, mal als vertikaler, großzügiger Treppenraum oder zuletzt, ganz oben auf dem Turm, als intimes Plätzchen ausgeformt ist.

Dank der vielfältigen, stimmungsvollen Wege- und Sichtbeziehungen ist die innere Dichte zu keinem Zeitpunkt unangenehm, ganz im Gegenteil, die Bewohner der 82 Wohneinheiten haben längst ihren eigenen Stadtraum erobert und in Besitz genommen.

PROJEKT

BLOK 23B1

DICHTE : FAMILIENWOHNEN : GEMEINSCHAFT : GESCHOSSWOHNUNGSBAU
HAUS IM HAUS : INNENSTADT : INNOVATION : MISCHNUTZUNG
WOHNUNGSMIX

01 Unterschiedliche Bau- und Wohnungsformen bilden einen hybriden Baukörper.

02 Alle Wohnungen werden über eine durchgehende *rue intérieure* erschlossen.

03 Die offene Erschließungsgasse der Reihenhäuser

03

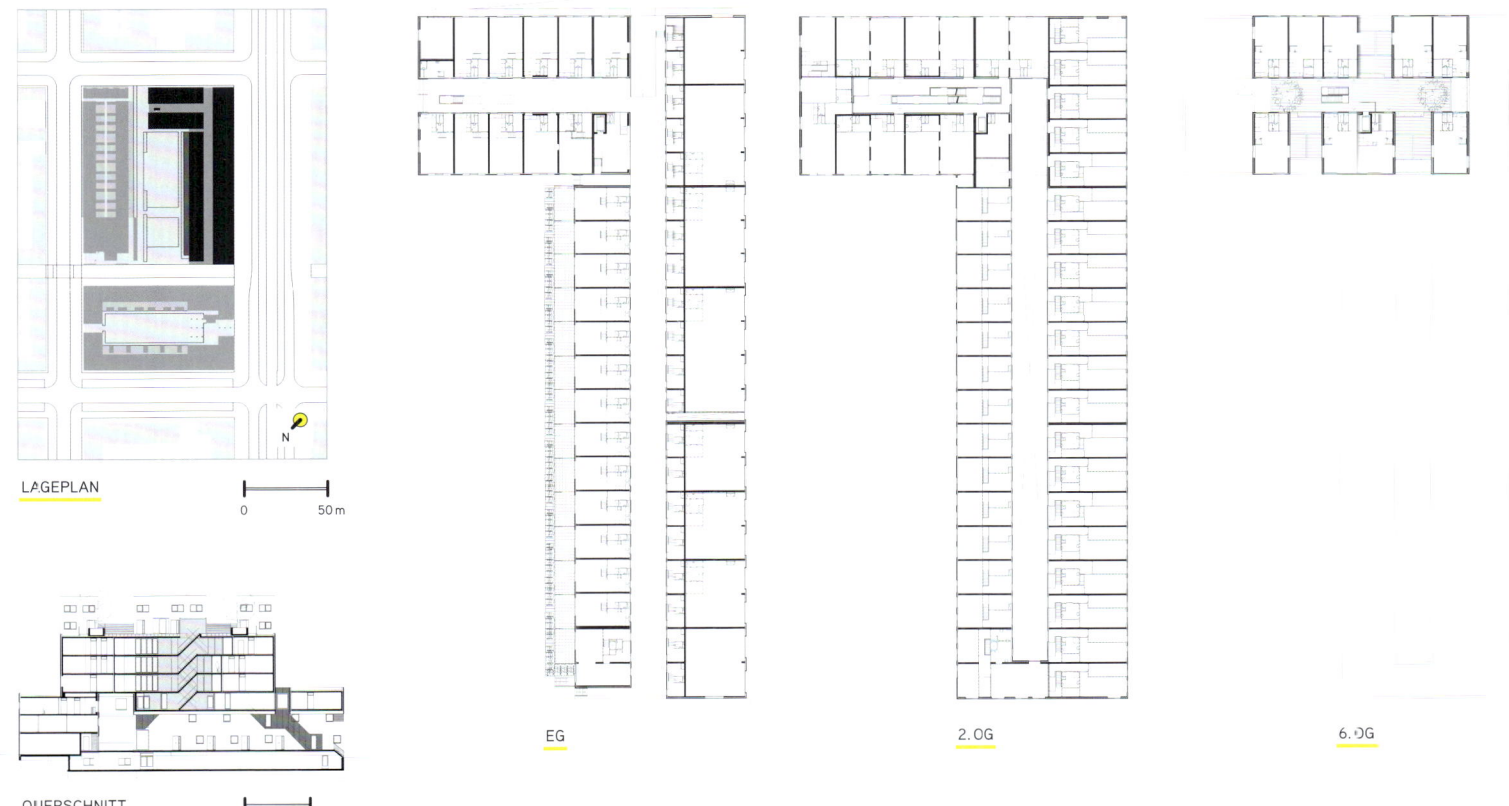

LAGEPLAN

0   50 m

QUERSCHNITT

0   10 m

EG

2. OG

6. OG

ORT/STRASSE
AMSTERDAM IJBURG/IJBURGLAAN 1279–1293, KIEKSTRAAT 1–101

FERTIGSTELLUNG
2005

ARCHITEKT
DICK VAN GAMEREN ARCHITECTEN, AMSTERDAM | WWW.DICKVANGAMEREN.NL

PROJEKTARCHITEKT
DICK VAN GAMEREN

MITARBEITER
PAUL VLOK, WOUTER KUIPER, GERT-JAN MACHIELS, MARK SLOOF

AUFTRAGGEBER
IJBURGER MAATSCHAPPIJ BV, AMSTERDAM

BLOCK
VERDICHTET

01

02

03

46 PROJEKT
MÜLLERPIER, BLOCK 10

DICHTE : FAMILIENWOHNEN : FLEXIBILITÄT : HAUS IM HAUS
INNENSTADT : INNOVATION : STADTUMBAU

04

Neben Amsterdam ist Rotterdam die zweite boomende Metropole der Niederlande. Im Fokus der urbanen Entwicklung steht die Revitalisierung des Maasufers und der dort gelegenen, längst nicht mehr benötigten ehemaligen Hafenareale. Nach dem Masterplan von Kees Christiaanse Architects & Planners (KCAP) entsteht derzeit auf der Landzunge des Müllerpiers, komponiert aus höchst unterschiedlichen Baukörpern und -typen, ein neues Wohnquartier. Der Plan sieht vor, dass alle Volumen als Solitäre auf einem einheitlich »gewebten« städtischen Grund stehen. Spiel-, Sportplätze und Freiflächen sind wie Intarsien in den öffentlichen Raum eingelegt. Insgesamt vier Architekturbüros sind mit den Hochbauten betraut, darunter auch das Büro EGM architecten, das hier, mitten in Rotterdam, eine kompakte städtische Reihenhaussiedlung realisiert hat.

Von außen betrachtet erscheint die Anlage als monolithischer Baublock; tatsächlich jedoch handelt es sich um vier windmühlenartig angeordnete, U-förmige Baukörper auf einem durchlaufenden Sockelgeschoss. Dieses Sockelgeschoss löst die Parkplatzfrage perfekt. Über die integrierte, ebenerdige Gemeinschaftsgarage lassen sich Transporte und Einkäufe direkt in die Abstellräume der Häuser bringen. Während die etwas größeren, außenliegenden Häuser unmittelbar vom öffentlichen Raum aus erschlossen werden, sind die kleineren, innenliegenden Gebäude ein Geschoss höher über ein räumlich spannendes, atmosphärisch dichtes Gassensystem erschlossen. Dieser halböffentliche und gleichwohl intime Raum hat eine hohe Aufenthaltsqualität: Kinder können hier ungestört spielen, Bewohner sich zu gemeinsamen Aktivitäten treffen.

01 Blick vom gegenüberliegenden Pier
02 Die Wohnanlage vom Aussichtsturm Euromast aus gesehen
03 Die größeren Häuser werden vom öffentlichen Raum aus erschlossen.
04 Visualisierung des Masterplans von KCAP

ORT/STRASSE	FERTIGSTELLUNG	ARCHITEKT
ROTTERDAM, MÜLLERPIER	2002	EGM ARCHITECTEN, DORDRECHT/ROTTERDAM	WWW.EGM.NL

PROJEKTARCHITEKT	MITARBEITER	AUFTRAGGEBER
LUÌS PIREZ	G. A. KÜHNE, MATTHIJS VAN DEN BERG, NATASJA KRUITHOF	EUROWONINGEN BV, ROTTERDAM, CAPELLE A/D IJSSEL

BLOCK
VERDICHTET

01

02

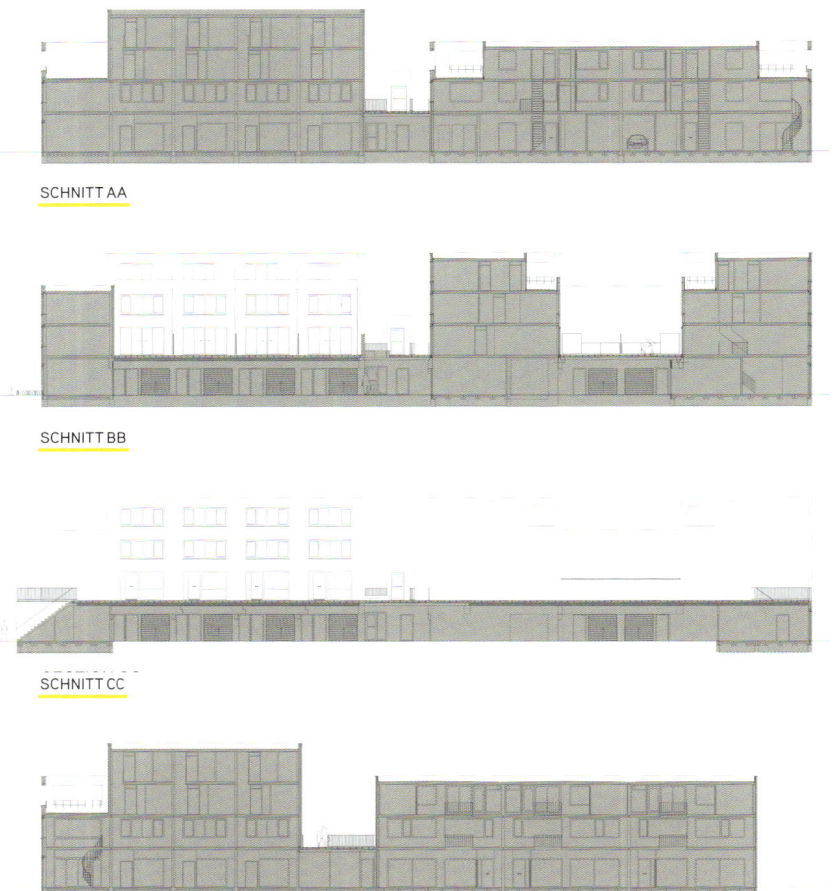

SCHNITT AA

SCHNITT BB

SCHNITT CC

SCHNITT DD

01 Auf dem Sockelgeschoss befindet sich der Zugang zu den innenliegenden Häusern.

02 Die Gasse zwischen den Häusern dient nicht nur zur Erschließung, sondern auch als Aufenthaltsbereich.

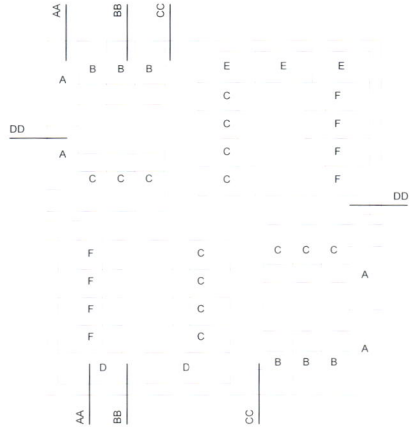

46 MÜLLERPIER, BLOCK 10

1.OG

3.OG

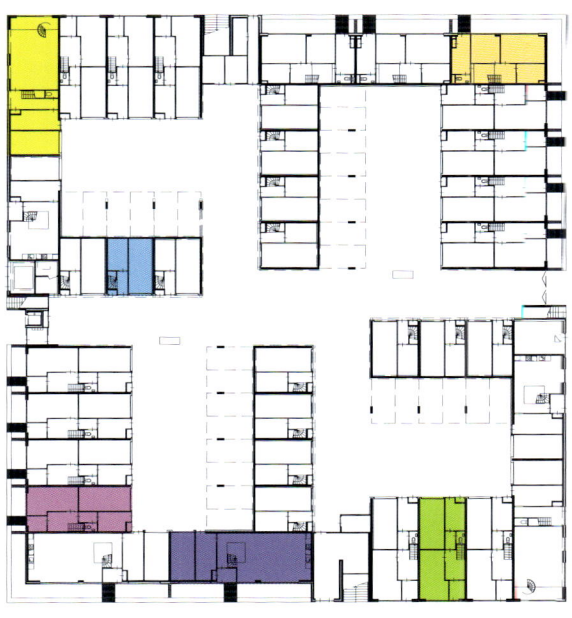

EG

2.OG

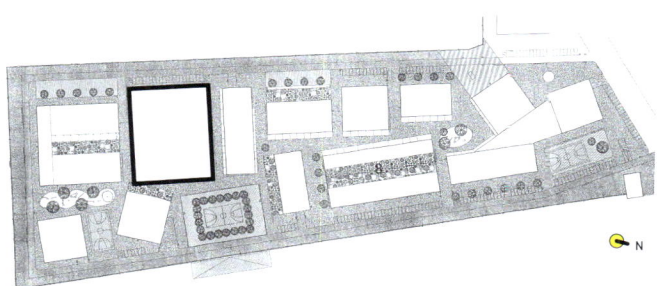

LAGEPLAN

 N

BLOCK
VERDICHTET

01

Heftig umstritten ist die hohe Dichte der neuen Wohn- und Geschäfts-
bebauung auf dem ehemaligen Hafenpier »Westerdokseiland« in der
Nähe des Amsterdamer Hauptbahnhofs. Für die einen ist das neue
Quartier metropolitan, für die anderen eine Sardinenbüchse. Wie auch
immer man sie bewertet, die Bebauung, die auf einem Masterplan des
Delfter Büros OD 205 basiert, ist ein interessanter Beitrag zum Thema
Wohnen in der Stadt.

An der Realisierung der vier, in ihrer Tiefen- und Höhenentwicklung
erheblich variierenden Baublöcke waren zahlreiche renommierte
niederländische Architekten beteiligt. Die Westseite der Bebauung
liegt an der großzügigen Promenade »Westerdok«; Bootshäuser, am

Kai angedockt, bilden die unmittelbare Nachbarschaft. Die Ostseite mit
Blick auf den IJ folgt dem Bogen einer verkehrsreichen Straße. Zum
»Westerdoksdijk« gibt sich der Block geschlossen und öffnet sich
zur Promenade. Dreigeschossige Blockabschnitte wechseln sich
hier mit höheren ab, so dass die durch den Verkehrslärm benachteilig-
ten Bewohner ebenfalls Ausblicke nach Westen genießen können.
Konsequent umgesetzt wurde die städtebauliche Figur im »VOC Cour«,
dessen 14 Parzellen von MVRDV, Art Zaaijer, Bosch Architecten und
JSA auf einer gemeinsamen Tiefgarage realisiert wurden. Der gesamte Block umfasst 366 Wohnungen und rund 3 000 Quadratmeter
Gewerbeflächen. Allein 135 Wohnungen und etwas über die Hälfte der

PROJEKT
WESTERDOKSEILAND

DICHTE ⋮ EXKLUSIVITÄT ⋮ FAMILIENWOHNEN ⋮ GESCHOSSWOHNUNGSBAU
INNENSTADT ⋮ INNOVATION ⋮ MISCHNUTZUNG ⋮ STADTUMBAU
WOHNEN AM WASSER ⋮ WOHNUNGSMIX

02

03

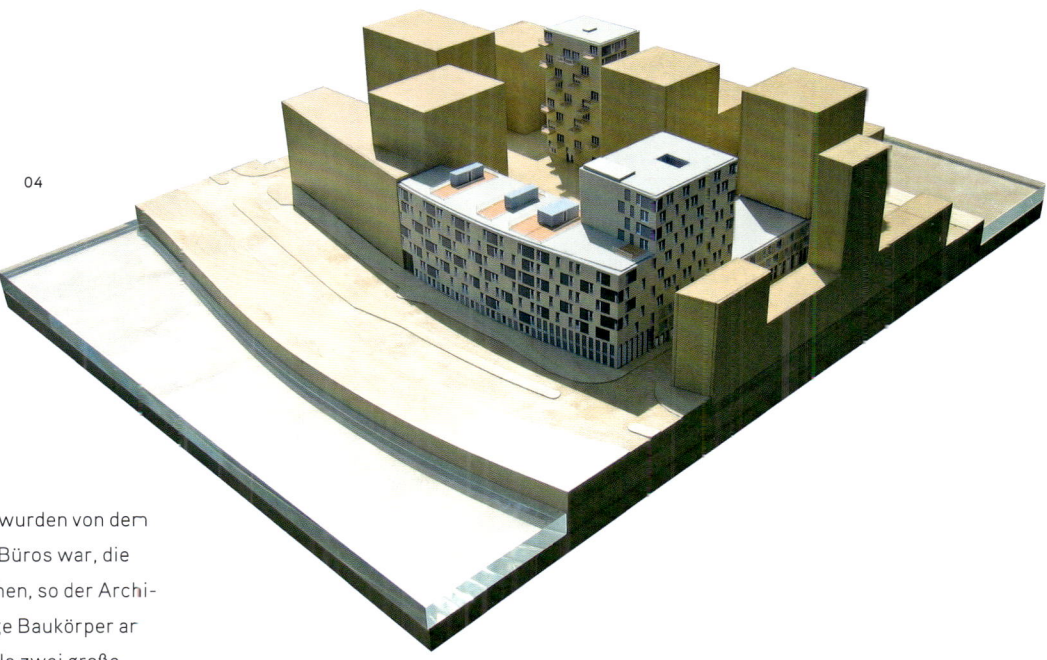

04

Gewerbeflächen, verteilt auf zwei Blockabschnitte, wurden von dem Rotterdamer Architekturbüro JSA geplant. Ziel des Büros war, die einzigartige Lage in jeder Wohnung spürbar zu machen, so der Architekt Jeroen Schipper. Der elfgeschossige, turmartige Baukörper ar der Promenade ist als Vierspänner konzipiert, jeweils zwei große Wohnungen orientieren sich mit breiten Loggien und großen, flächenbündig eingesetzten Panoramafenstern nach Westen, zwei kleinere Wohnungen sind pro Geschoss zur Hofseite hin ausgerichtet. Die öffnungsbreiten Balkone scheinen hier wie aus der ansonsten geschlossenen Fassade herausgeklappt. Die seitlichen Außenwände sind dafür weit aufgeglast, ab dem vierten Obergeschoss haben auch die hof-

01 Die dichten Baublöcke öffnen sich zur Promenade.

02 Die öffnungsbreiten Balkone scheinen sich aus der Fassade herauszuklappen.

03 Zur lauten Seite hin gibt sich der Baublock geschlossen.

04 Modell

ORT/STRASSE
AMSTERDAM, WESTERDOK, WESTERDOKSDIJK

FERTIGSTELLUNG
2009

ARCHITEKT
JSA JEROEN SCHIPPER ARCHITECTEN BV, ROTTERDAM | WWW.JSA-ROTTERDAM.NL

PROJEKTARCHITEKT
JEROEN SCHIPPER

MITARBEITER
PAUL KIERKELS, ERIK SLANGEN, GABRIEL PENA, ANNETT ARNDT, EVA FRICKE, BRIAN DEBRUIJN

AUFTRAGGEBER
WODAN CV, AMSTERDAM

BLOCK VERDICHTET

01 Innenhoffassade

seitigen Wohnungen einen Ausblick auf Kanal und Altstadt. Die
L-förmige Blockrandbebauung weist eine Bautiefe von durchschnitt-
lich 19 Metern auf. Die Wohnungen sind überwiegend über einen
Mittelflur erschlossen und teilweise als Duplex-Typen ausgeführt.
Das durchgesteckte Maisonettegeschoss hat in diesem Fall beides:
eine großzügige Loggia zum geschützten Innenhof hin und einen
schönen Ausblick auf das Wasser des IJs.

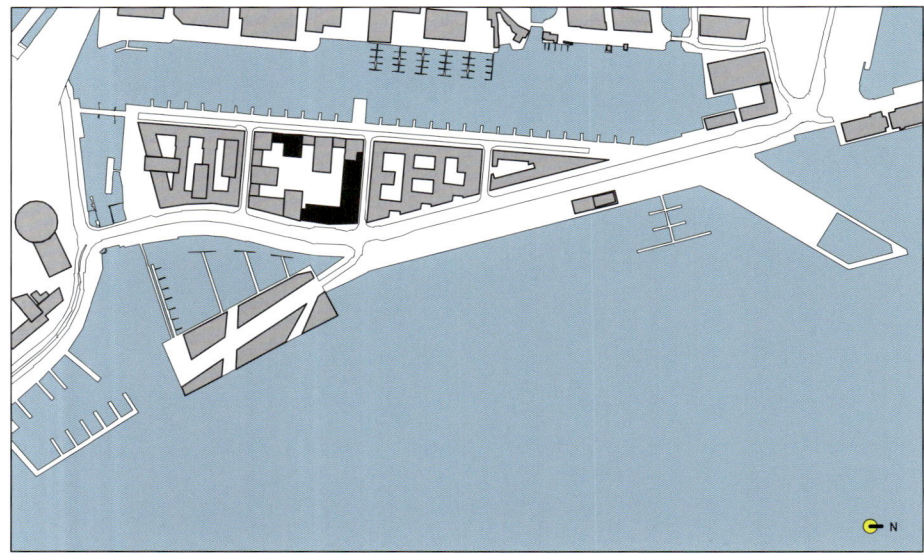

LAGEPLAN

47 WESTERDOKSEILAND

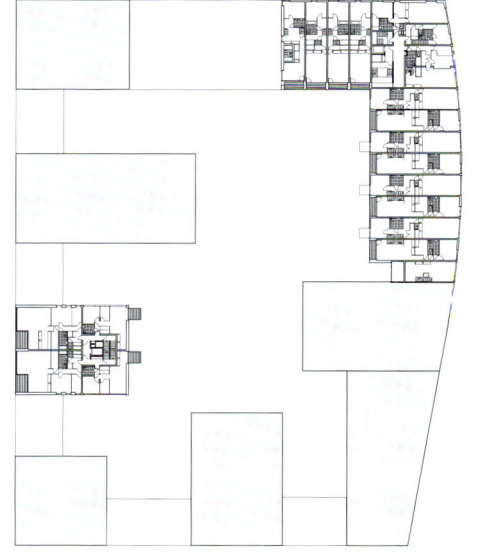

4.OG

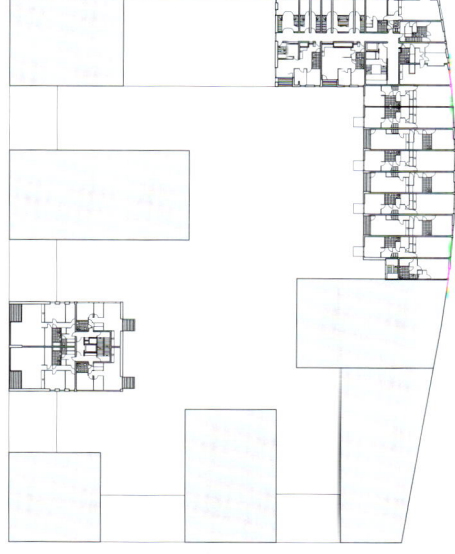

6.OG

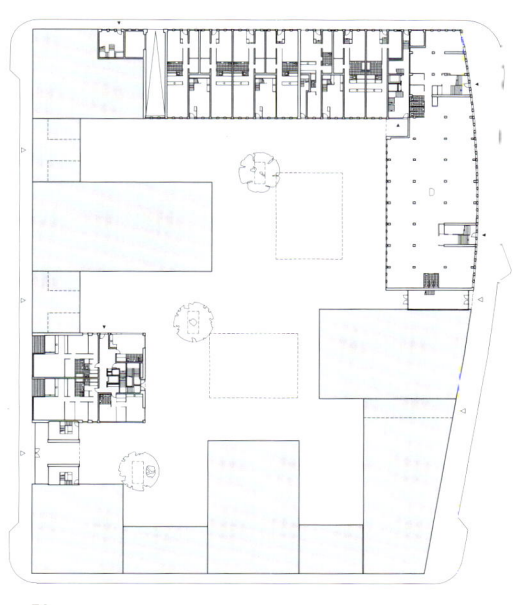

EG

5.OG

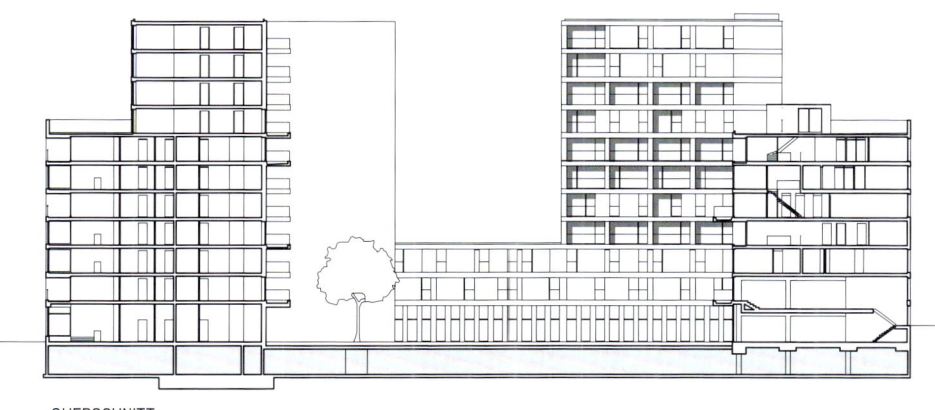

QUERSCHNITT

BLOCK
VERDICHTET

01

Hillegersberg gilt als beliebter Wohnort für vermögende Rotterdamer Bürger. In früheren Zeiten hat man rund um das Dorf Torf gewonnen. Die durch den Torfabbau entstandenen Seen und Inseln, die nur per Schiff erreichbar sind, zählen zu den exklusivsten Wohnlagen in Rotterdam. Bei der Entwicklung des Neubaugebiets »De Lage Limiet« wurde bewusst an diese einzigartigen Lagequalitäten angeknüpft. Fünf Appartementkomplexe stehen, Inseln gleich, inmitten eines großen künstlichen Sees; in den daran anschließenden, von Kanälen durchzogenen Baufeldern konnten Bauträger und private Bauherren luxuriöse Einfamilienhäuser mit eigenem Wasserzugang realisieren.

Von der Hauptstraße kommend führt eine Brücke über den See auf die Lamsrustlaan. Linker Hand »schwimmt« der von Klunder Architecten entworfene Wohnblock im See. Große, übereinander und zueinander versetzte holzvertäfelte Loggien scheinen sich um die verglaste Fassade zu bewegen. Hinter den torartigen Öffnungen im Erdgeschoss vermutet man auf die Ankunft von Gondeln wartende Venezianer. Und in der Tat: Das gesamte Gebäude strahlt auffallende Exklusivität aus, was sich noch verstärkt, wenn man mit dem Auto über einen Steg durch das landseitige große Tor zunächst in den Hof und von dort in die Tiefgarage fährt. Der kompakte, bambusbepflanzte und ebenfalls holzvertäfelte Innenhof dient primär der Erschließung, die von Laubengängen erschlossenen großzügigen Zwei- bis Vierzimmer-Appartements und Penthousewohnungen orientieren sich zum See.

02

01 Der Appartementkomplex steht inmitten eines künstlichen Sees.

02 Primär der Erschließung dient der kompakte Innenhof.

LAGEPLAN

ORT/STRASSE

ROTTERDAM HILLEGERSBERG, LAMSRUSTLAAN

FERTIGSTELLUNG

2006

ARCHITEKT

KLUNDER ARCHITECTEN, ROTTERDAM | WWW.KLUNDERARCHITECTEN.NL

PROJEKTARCHITEKT

IR. RIEN DE RUITER, IR. SJOERD M.X. BERGHUIS

AUFTRAGGEBER

HOPMAN INTERHEEM GROEP BV, GOUDA

BLOCK
VERDICHTET

01   Große Loggien beleben die rundum verglaste Fassade.

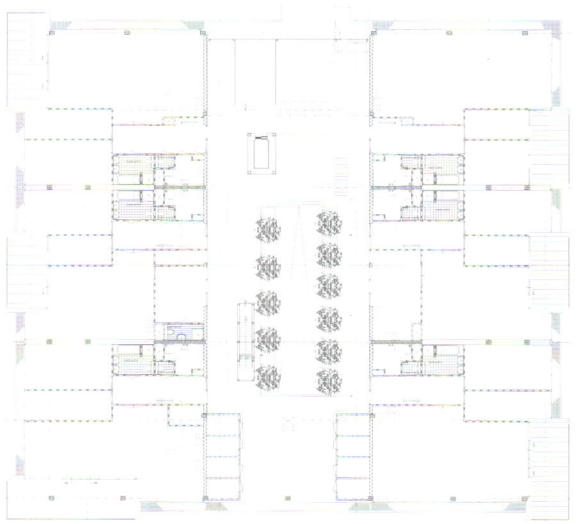

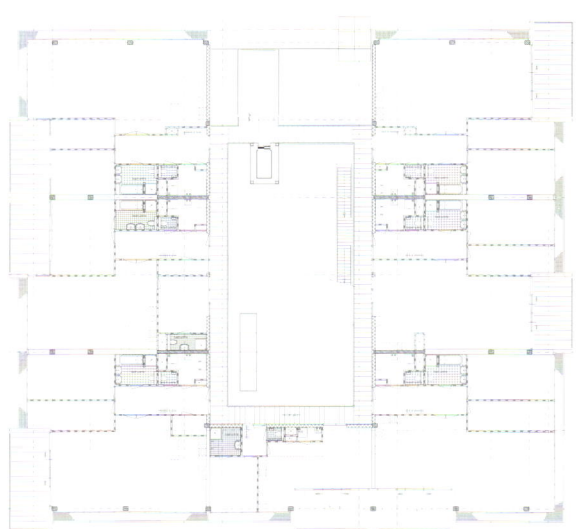

48 HOOG HILLEGERSBERG

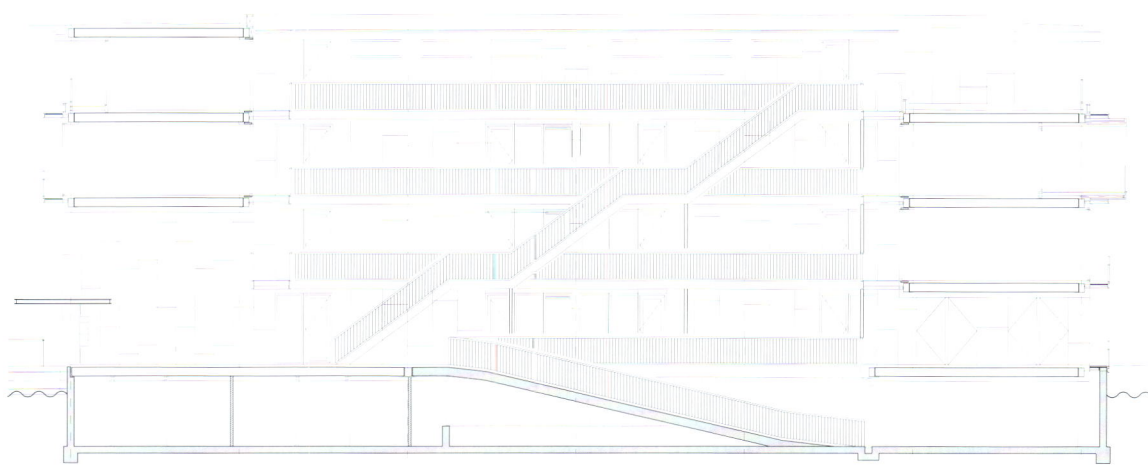

SCHNITT

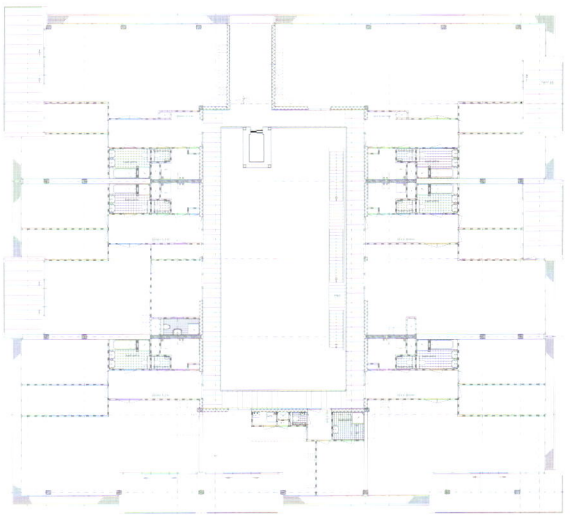

2. OG

3. OG

BLOCK
VERDICHTET

01

02

03

49 PROJEKT
PARKRAND

DICHTE ⋮ GEMEINSCHAFT ⋮ GESCHOSSWOHNUNGSBAU ⋮ HAUS IM HAUS
INNOVATION ⋮ STADTUMBAU ⋮ WOHNUNGSMIX

01 Der perforierte Baukörper bietet allen Bewohnern
    schöne Ausblicke in den Park.

02 Auf dem Sockelgeschoss befinden sich
    Gemeinschaftsterrassen.

03 Blick nach oben: gedeckt und doch offen

Geuzenveld, ganz im Westen von Amsterdam gelegen, wurde in der Nachkriegszeit als Wohnquartier nach dem Leitbild der durchgrünten und aufgelockerten Stadt erbaut. Die inzwischen sanierungsbedürftigen, meist viergeschossigen Wohnbauten entsprechen kaum mehr den heutigen Bedürfnissen. Viele Gebäude wurden in den letzten Jahren abgerissen und durch marktkonforme Neubauten ersetzt. Nach wie vor gut angenommen werden jedoch die großzügigeren Grünanlagen, insbesondere der zentral gelegene Eendrachtspark, dessen westlicher Rand durch den von MVRDV entworfenen, elfgeschossigen und 135 x 135 x 35 Meter großen, ausdrucksvollen Baublock neu definiert wird.

Ursprünglich standen auf dem Grundstück drei L-förmig geknickte Wohnzeilen, wie man sie in ähnlicher Bauweise etwas weiter westlich immer noch finden kann. Die Architekten experimentierten zunächst mit mehreren Bauformen, bis sie schließlich zu dem Ergebnis kamen, das Raumprogramm nicht über die Fläche zu verteilen, sondern in einem Bauvolumen zu konzentrieren und dadurch den Park zu erweitern. Große Aussparungen im Baukörper gewähren den straßenseitig orientierten Bewohnern schöne Ausblicke in den Park und schaffen – bei dem von MVRDV bereits 2004 realisierten Wohngebäude »Mirador« in Madrid ist es ähnlich – angehobene, geschützte Freiräume, die der Rotterdamer Designer Richard Hutten als Garten, Lounge und Wohnzimmer interpretiert und mit Spielgeräten, überdimensionalen Blumentöpfen und Kronleuchtern ausgestattet hat. Die im Gegensatz zu den rauen, in dunklem Sichtbeton gehaltenen Außenfassaden weiß geklinkerten Innenfassaden verstärken den privaten Charakter der Gemeinschaftsräume.

Insgesamt umfasst der Neubau rund 240 attraktive Mietwohnungen und vier Gewerbeflächen. Die Architekten entwarfen 23 unterschiedliche Wohnungstypen, von der Dreizimmer- und familiengerechten Vierzimmerwohnung bis hin zu großzügigen Maisonettes, die in den beiden oberen umlaufenden Geschossen angeordnet sind.

ORT/STRASSE
AMSTERDAM, DR. H. COLIJNSTRAAT

FERTIGSTELLUNG
2007

ARCHITEKT
MVRDV, ROTTERDAM | WWW.MVRDV.NL

PROJEKTARCHITEKTEN
WINY MAAS, JACOB VAN RIJS, NATHALIE DE VRIES

MITARBEITER
SANDOR NAUS (PROJEKTLEITER), MARIN KULAS, MARC JOUBERT, SVEN THORISSEN, ANET SCHURINK, JEROEN ZUIDGEEST,
JOANNA GASPARSKI, JAAP VAN DIJK, GABRIELLA BOJALIL, ARJAN HARBERS

AUFTRAGGEBER
HET OOSTEN KRISTAL, AMSTERDAM

BLOCK
VERDICHTET

01

02

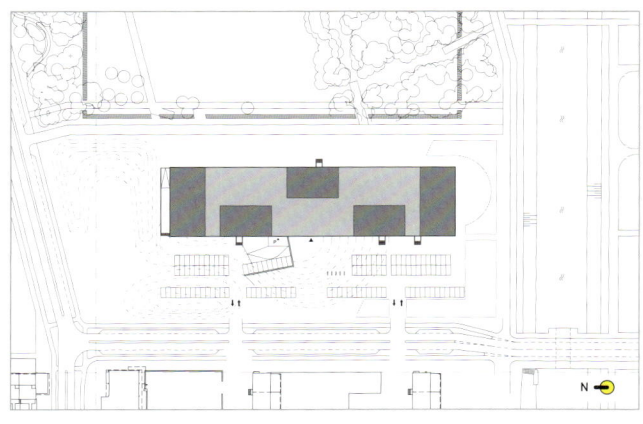

LAGEPLAN

03

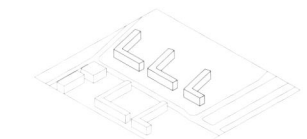

Ausgangssituation

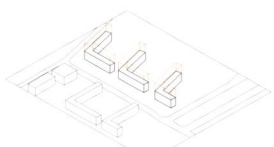

Neues Raumprogramm (gedoppelt)

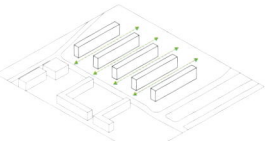

Unerwünschte Nord-Süd-
Orientierung

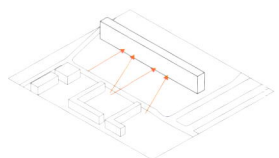

Scheibenhochhaus mit Parkblick

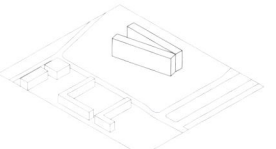

Kompakte Blöcke im Park

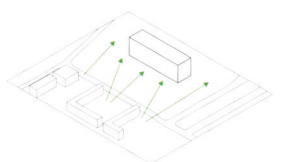

Massiver Block, 24 Meter tief

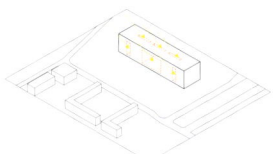

Öffnungen für Licht und Luft,
Block 34 Meter tief

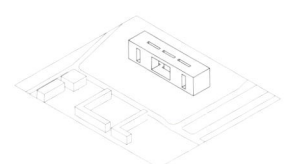

Endgültiger Entwurf

49 PARKRAND

4. OG

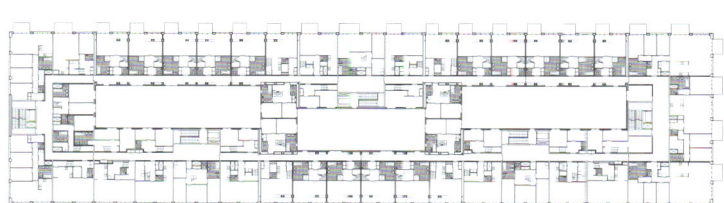

10. OG

EG

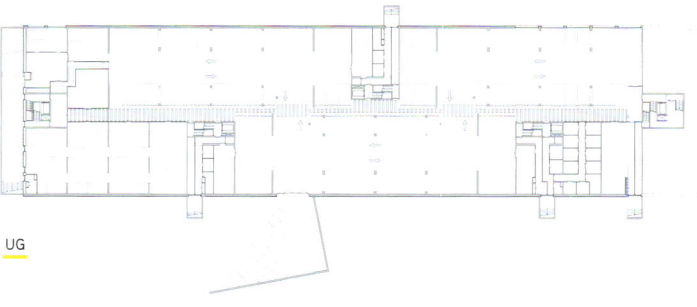

9. OG

UG

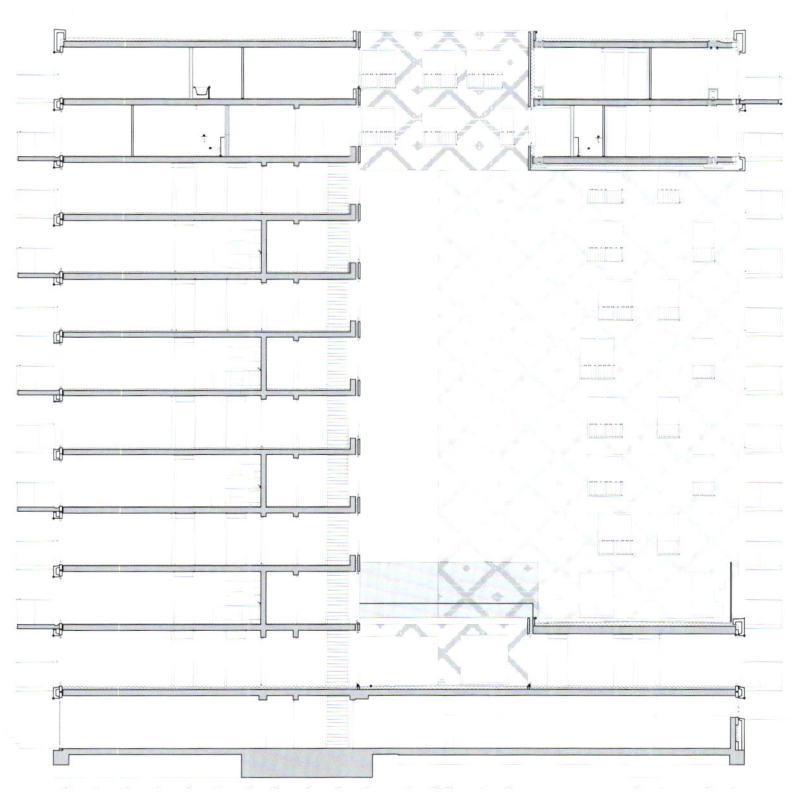

QUERSCHNITT

BLOCK
VERDICHTET

01

Nach den Vorgaben des städtebaulichen Entwurfs hätte das an einem Park gelegene, dreieckige Grundstück ursprünglich mit einer achtgeschossigen Hochhauszeile eingefasst werden sollen. Zwischen der Zeile und einem zu entwickelnden, angrenzenden autofreien Einfamilienhausgebiet war ein großer Parklatz vorgesehen. In der Auseinandersetzung mit der Aufgabenstellung deckten die Architekten Widersprüche auf, die es zu lösen galt: Lässt sich der extreme Kontrast zwischen Hochhaus und Einfamilienhaus überhaupt angemessen gestalten? Wie lebt es sich im Schatten eines Hochhauses? Warum soll ein autofreies Gebiet von einem großen, zentralen Parkplatz dominiert werden?

Die Architekten von SeARCH teilten das Bauvolumen der Hochhausscheibe in zwei lange Zeilen, die einander zugewandt auf einem Tiefgaragengeschoss stehen. Indem die Geschosszahl von Süd nach Nord und von West nach Ost abnimmt, hat der Baukörper die städtebaulich gewünschte Dominanz am Park, zugleich wird ein harmonischer Übergang zum Einfamilienhausgebiet geschaffen. Die Vergrößerung der Grundfläche bot darüber hinaus die Möglichkeit, mehr Fahrzeuge im Sockelgeschoss unterzubringen, der zentrale Parkplatz konnte so auf einen schmalen Streifen am Südrand des Baugrundstücks reduziert werden. Eine gabionenverkleidete Mauer umgibt das autofreie Einfamilienhausgebiet. Die 74 Häuser werden über einen organisch geschwungenen Fußgängerweg erschlossen, der wie selbstverständlich an den beiden Hof- und Garagenzugängen des Geschosswohnungsbaus beginnt, beziehungsweise endet – und so das ganze Quartier miteinander vernetzt.

DICHTE ⫶ GEMEINSCHAFT ⫶ GESCHOSSWOHNUNGSBAU
MISCHNUTZUNG ⫶ WOHNUNGSMIX

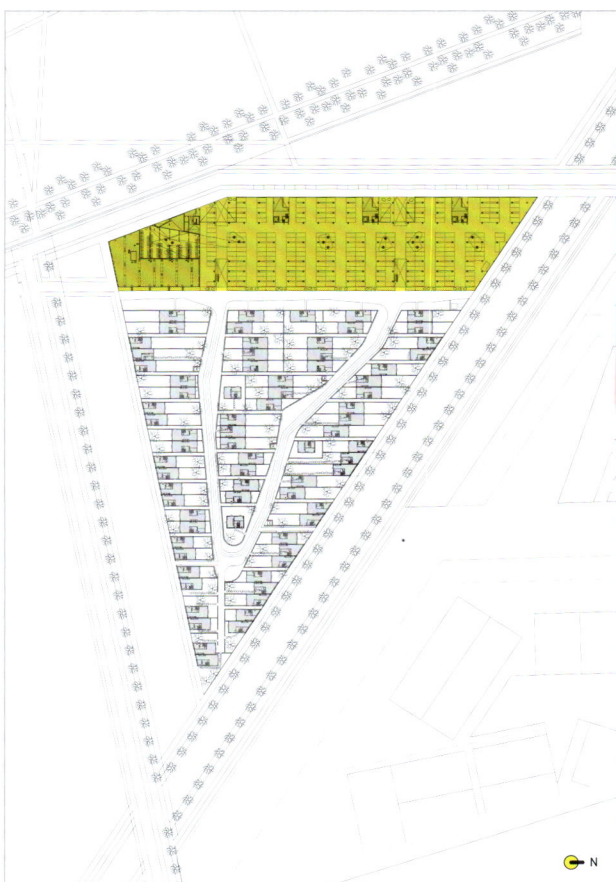

LAGEPLAN

01   Direkt am Park: der repräsentative Hauptzugang

02   Umlaufende Galerien erschließen die Wohnungen.

03   Blick vom autofreien Einfamilienhausgebiet
     Richtung Geschosswohnungsbau

02

03

Das große Bauvolumen, wegen seiner Form »de boemerang« (Bume-rang) genannt, enthält 1 750 Quadratmeter Gewerbefläche im Erd-geschoss und 184 Mietwohnungen in über 30 Grundrissvarianten, vom kompakten Einzimmerappartement bis zur großzügigen Maiso-nettewohnung. Der repräsentative Hauptzugang liegt am Park; über eine modellierte Rampenlandschaft betritt man den räumlich spannen-den Innenhof. Umlaufende Galerien erschließen die Wohnungen, Scharen von geschossweise zueinander versetzten Brücken verbin-den beide Gebäudeflügel miteinander und zonieren den schmalen, langen Hof in kleinere, sorgfältig gestaltete Platzräume, die von den Bewohnern gerne und rege genutzt werden. Nicht zuletzt trägt das Materialkonzept – alle Wände und Brüstungen im Innenhof sind mit vertikalen Holzstäben verkleidet – zur angenehmen, wohnlichen Innenraumatmosphäre bei.

ORT/STRASSE
UTRECHT, LEIDSCHE RIJN, MUSICALLAAN

FERTIGSTELLUNG
2006

ARCHITEKT
SEARCH BV | WWW.SEARCH.NL

DESIGNTEAM
BJARNE MASTENBROEK, AD BOGERMAN, TON GILISSEN, KATHRIN HANF, JACK HOOGEBOOM, UDA VISSER

MITARBEITER
RALPH DOGGEN, PASCAL BEMELMANS, IWAN HAMELEERS, GERT JAN MACHIELS, THIJS MEIJER, THOMAS VAN
SCHAICK, REMCO WIERINGA, MIGUEL LOOS, MATTEO FOSSO, MARK SLOOF, BASTIAAN VLIERBOOM, ALAN LAM

AUFTRAGGEBER
BPF BOUWINVEST, AMSTERDAM

BLOCK
VERDICHTET

01

02

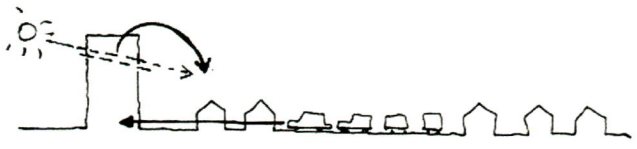

03

01 Der schmale, lange Hof ist in mehrere
    Platzräume gegliedert. Zueinander versetzte
    Brücken verbinden beide Gebäudeflügel.

02 Blick von Osten auf das dreieckige Areal

03 Entwurfsidee

04 Skizze Erschließung

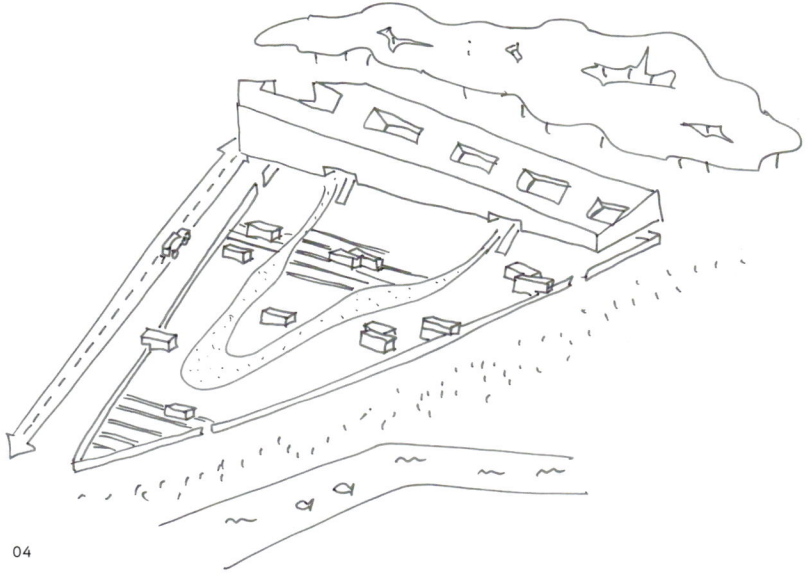

04

50 SCHERF 13

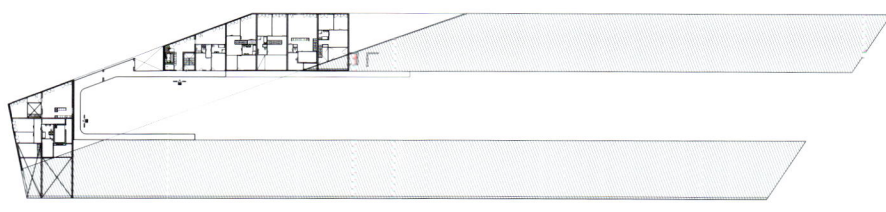

7. OG

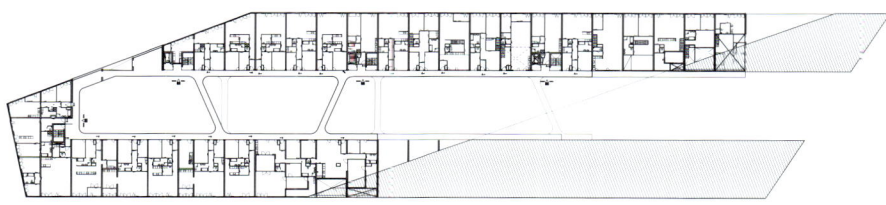

5. OG

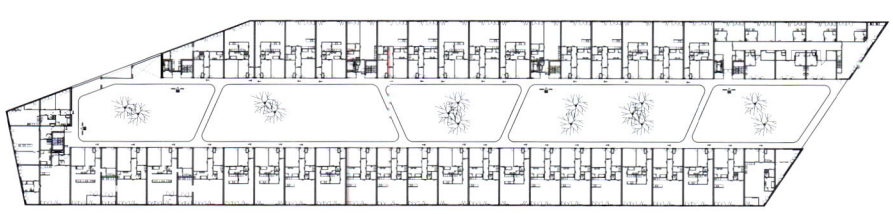

2. OG

1. OG

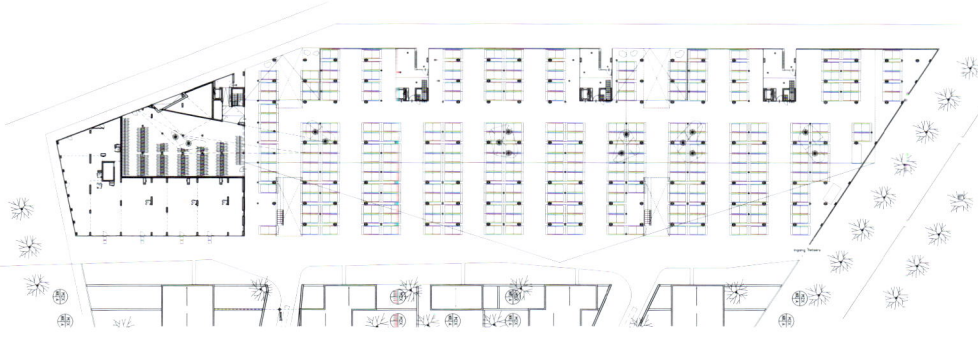

EG

BLOCK
VERDICHTET

01

Haveneiland heißt das städtische Zentrum des neuen Amsterdamer Stadtteils IJburg. Die Bebauung der größten der sieben künstlichen Inseln im IJmeer folgt einem strengen Orthogonalraster, das sich in seinen Dimensionen an den bewährten Blockgrößen der Amsterdamer Innenstadt orientiert. Durch das Mischen der Nutzungen, Wohnformen und Bewohnergruppen soll eine großstädtische Atmosphäre entstehen. Damit auch die Architektur vielfältig wird, arbeiten in der Regel mindestens drei Architekturbüros an einem Block.[29]

Das von VMX auf einem Teil von Block 23 entworfene Gebäude ist typologisch nicht eindeutig zuzuordnen. Hybridartig vereinigt es in einer Großform mehrere Wohnungsformen: 28 Reihenhäuser, 24 Appartements, acht luxuriöse 185 Quadratmeter große Penthousewohnungen mit Dachterrassen sowie eine mehrgeschossige Parkgarage. Die Rei-

henhäuser gruppieren sich um einen kleinen Gartenhof, der nach Nordosten von einem neungeschossigen, würfelförmigen, tiefen Baukörper begrenzt wird. Gleich einem Kernhaus sitzt der von Wohnungen ummantelte Parkbereich im Zentrum des tiefen Bauvolumens. Im Erdgeschoss stehen 14 Parkplätze den Reihenhausbewohnern zur Verfügung, über einen Autoaufzug lassen sich die oberen Ebenen anfahren. Ein besonderer Luxus wird den Bewohnern der Appartements geboten: Dank Autoaufzug können sie direkt vor ihrer »Haustür« parken. Der in dunklem Klinker gehaltene Gebäudekomplex wirkt in seiner sorgfältigen Detaillierung hochelegant. Die flächenbündigen, teils rahmenlosen, teils in getönter Sonnenschutzverglasung ausgeführten Fensterflächen unterstreichen wirkungsvoll den von den Architekten angestrebten monolithischen Gebäudecharakter.

01 Der Baublock teilt sich einen Gartenhof mit zwei Nachbargebäuden.

02 Flächenbündige Fensterflächen verstärken den monolithischen Gebäudecharakter.

03 Über einen Autoaufzug lassen sich einige Turmgeschosse direkt anfahren.

04 Blick in den Gartenhof

51 PROJEKT
IJBURG 23

DICHTE ⫶ FAMILIENWOHNEN ⫶ GESCHOSSWOHNUNGSBAU ⫶ HAUS IM HAUS
INNENSTADT ⫶ INNOVATION ⫶ WOHNUNGSMIX

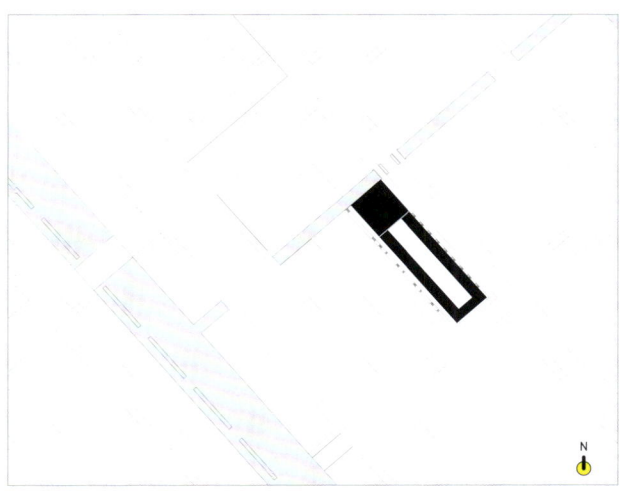

LAGEPLAN

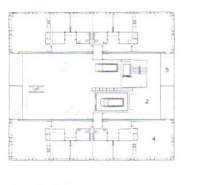

3.-6. OG

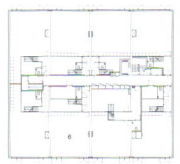

7. OG

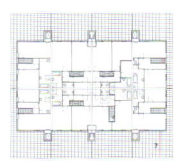

8. OG

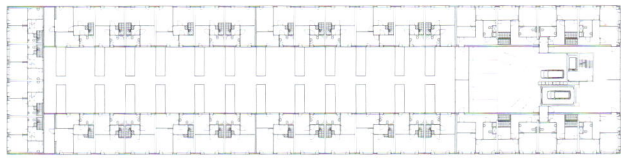

2. OG

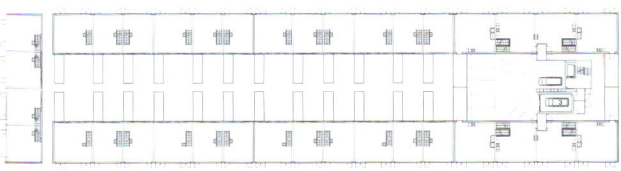

1. OG

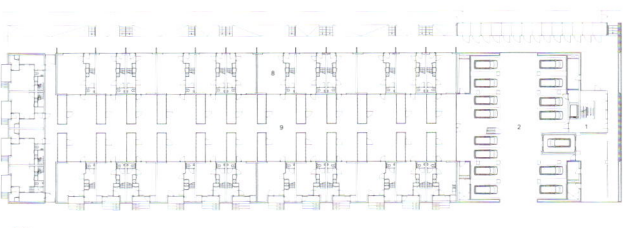

EG

02

03

04

SCHNITT PARKIERUNG

SCHNITT ERSCHLIESSUNG

ORT/STRASSE

AMSTERDAM IJBURG, MARIA AUSTRIASTRAAT

FERTIGSTELLUNG

2005

ARCHITEKT

VMX ARCHITECTS, AMSTERDAM | WWW.VMXARCHITECTS.NL

PROJEKTARCHITEKT

DON MURPHY, LEON TEUNISSEN

MITARBEITER

ROB OTTEN

AUFTRAGGEBER

JOHAN MATSER PROJECTONTWIKKELING, HILVERSUM

BLOCK
VERDICHTET

01

Die Plussenburgh steht mitten im Zentrum von IJsselmonde, einem in den 60er Jahren des vorigen Jahrhunderts gebauten, weitgehend gesichtslosen und mittlerweile in die Jahre gekommenen Vorort von Rotterdam. Auf Grundlage eines städtebaulichen Masterplans zur Verbesserung der Zentrums- und Wohnumfeldqualität lobte die Stiftung Ouderenhuisvesting Rotterdam 2001 einen eingeladenen Wettbewerb für eine Wohnanlage für Bewohner ab 55 Jahren (55+) aus, den das Büro Arons en Gelauff Architecten aus Amsterdam für sich entscheiden konnte. Unter dem Motto »Warum grau? Die Hippies kommen nun ins Rentenalter« präsentierte das damals noch unbekannte Architektenteam einen mutigen, poppigen Entwurf: Ein auf schrägen Stützen stehender, über einem Wasserbecken schwebender Querriegel lehnt sich an ein siebzehngeschossiges Hochhaus an. Im Erdgeschoss ist das Gebäude über einen eingeschobenen Pavillon an ein bestehendes Altersheim angedockt, das bei Bedarf für Verpflegung und medizinischen Dienst sorgt. Die 104 Wohnungen basieren auf einem ungewöhnlich großzügigen Achsraster von 9,60 Metern, bei Bedarf können die Räume innerhalb dieses Rasters frei eingeteilt werden. Während die mit durchlaufenden, dreidimensional schwingenden Balkonen versehenen Wohngeschosse tagsüber ein dynamisches Schattenspiel zeigen, haben die zueinander gestellten verglasten Laubengänge auf den rückwärtigen Seiten ihren starken Auftritt bei Nacht: Da beide Bauteile, Turm und Riegel, sich nur teilweise überdecken, leuchten die Rückfassaden zu beiden Seiten in über 200 Farbtönen.

01　Die Plussenburgh markiert das Zentrum des Rotterdamer Vorortes IJsselmonde.

02　Farbig verglaster Laubengang

03　Der Querriegel mit den Wohnungen scheint über dem Wasserbecken zu schweben.

04　Dynamisch geschwungene Balkone

05　Entwurfsskizze Balkone

02

03

04

05

DE PLUSSENBURGH

BETREUTES WOHNEN ┊ DICHTE ┊ EXKLUSIVITÄT ┊ FLEXIBILITÄT
GEMEINSCHAFT ┊ GESCHOSSWOHNUNGSBAU ┊ INNOVATION
STADTUMBAU ┊ WOHNEN 50+

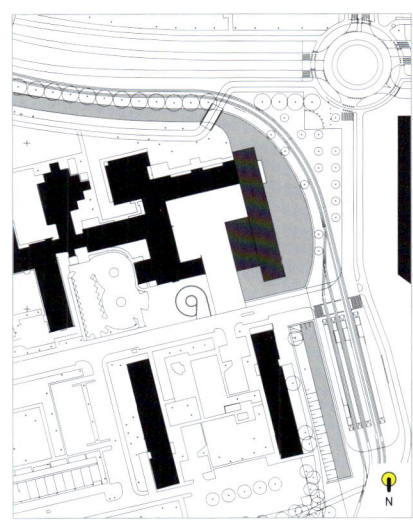

LAGEPLAN

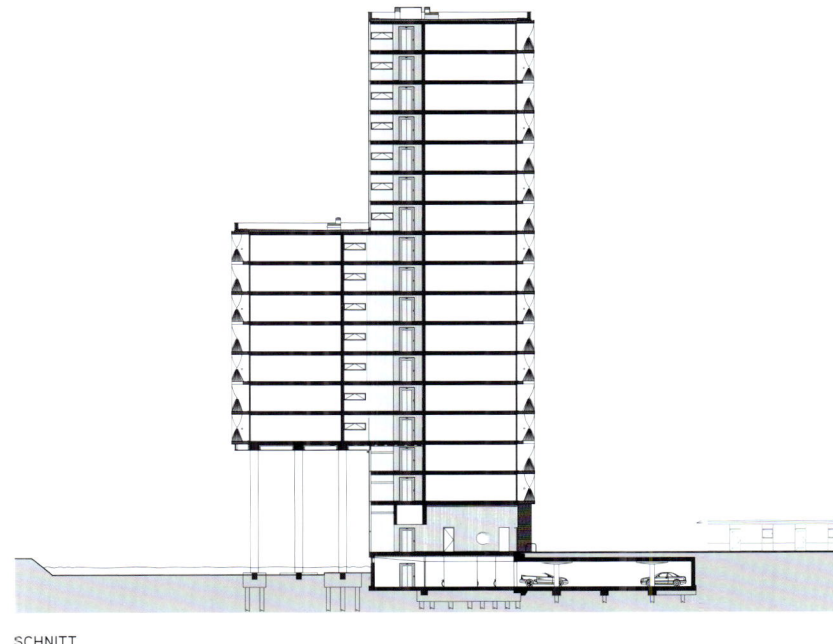

SCHNITT

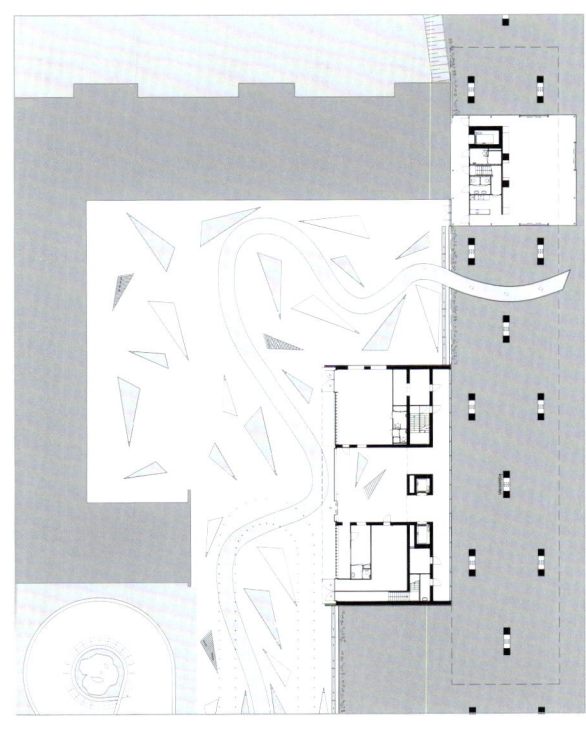

EG

1.OG   4.OG   10.OG

ORT/STRASSE

ROTTERDAM IJSSELMONDE, GROTE HAGEN 566–770

FERTIGSTELLUNG

2006

ARCHITEKT

ARONS EN GELAUFF ARCHITECTEN, AMSTERDAM | WWW.ARONSENGELAUFF.NL

PROJEKTARCHITEKTEN

FLOOR ARONS EN ARNOUD GELAUFF

MITARBEITER

ADRIE LAAN, MENNO MEKES, JAN BART BOUWHUIS, ERIK JAN VERMEULEN, HILDE GRÜNDEMANN,
MARISKA KOSTER, JACCO VAN DER LINDEN, FELIX FASSBINDER, IRENE SILJAMA

LANDSCHAFTSARCHITEKT

PETRA BLAISSE, INSIDE OUTSIDE, AMSTERDAM

AUFTRAGGEBER

STICHTING OUDERENHUISVESTING ROTTERDAM (SOR), ROTTERDAM

HOCHHAUS
TURM

Die Bebauung des Eckgrundstücks an der stark befahrenen Laan Corpus den Hoorn wurde 2003 im Rahmen des Groninger Programms »De intense stad« zur Diskussion gestellt. Die Stadt verfolgt in diesem noch immer aktuellen Programm das Leitbild der kompakten »intensiven« Stadt.

Das benachbarte Pflegeheim Maartenshof musste umfassend saniert werden, und die Betreiber wollten ergänzend 74 komfortable Eigentumswohnungen für jüngere, selbstständige Senioren anbieten. Bei Bedarf sollten die neuen Bewohner auf die vorhandenen Betreuungsangebote zurückgreifen können. Wichtig war dem Auftraggeber, dass das neue Gebäude möglichst eigenständig erscheinen und die Anbindung an das Pflegeheim möglichst diskret erfolgen sollte. Arons en Gelauff Architecten, die zum Zeitpunkt der Beauftragung bereits mit ihrem spektakulären 55+-Wohnprojekt de Plussenburgh in Rotterdam von sich reden gemacht hatten, entsprachen auch hier den hohen Erwartungen der Bauherrschaft: Ein achtzehngeschossiges, ausdrucksstarkes Hochhaus mit bullaugenbestückten Außenwänden und zurückgezogenen, verglasten Ecken steht azentrisch auf einem zweigeschossigen Sockel, den seinerseits zickzackförmig angeordnete Stützen vom Baugrund emporzustemmen scheinen. Im gläsernen Erdgeschoss befinden sich Eingangsbereich, Gemeinschaftsräume, rund 1 000 Quadratmeter Gewerbeflächen sowie der Autoaufzug zu den Parkplätzen, die in den beiden Sockelgeschossen liegen. Über einen versteckten, im Außenbereich überdachten und verglasten Gang ist das Gebäude ebenerdig an den Maartenshof angebunden.

Für den Turm entwickelten die Architekten ein ausgeklügeltes Grundrisskonzept: Kreuzförmig um einen Erschließungskern angeordnet, stapeln sich Winkelbungalows, deren Hofraum hier zum Luftraum wird und die weite Ausblicke in zwei Richtungen ermöglichen. Die zur lauten Straßenseite liegenden Wohnungen haben jeweils eine verglaste Loggia, die der Straße abgewandten Wohnungen einen großen Balkon. Tragstruktur, Fassadeneinteilung und die Lage der Versorgungsstränge sind so ausgelegt, dass sich die Wohnungen gewandelten Erfordernissen problemlos anpassen lassen.

01

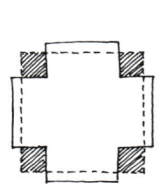 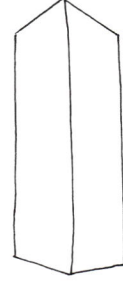 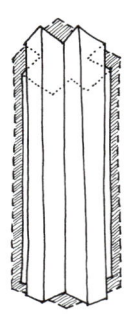

02

53 _{PROJEKT}
53 DE ROKADE

BETREUTES WOHNEN ⋮ DICHTE ⋮ EXKLUSIVITÄT ⋮ FLEXIBILITÄT
GESCHOSSWOHNUNGSBAU ⋮ INNOVATION ⋮ MISCHNUTZUNG
STADTUMBAU ⋮ WOHNATMOSPHÄRE ⋮ WOHNEN 50+

01 Die Rokade wirkt als weithin sichtbares Stadtzeichen

02 Entwurfsskizze

03 Nachts leuchten Fenster und »Bullaugen«.

04 Eingangsbereich

05 Wohnen fast wie im Winkelbungalow

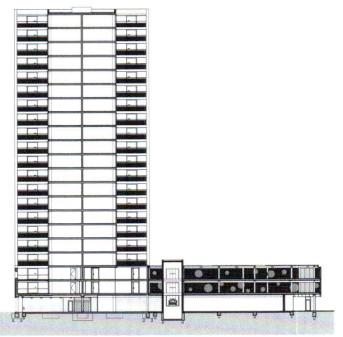

LÄNGSSCHNITT

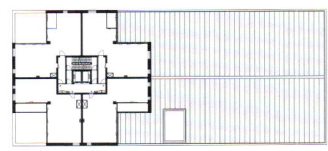

3. OG

1. OG

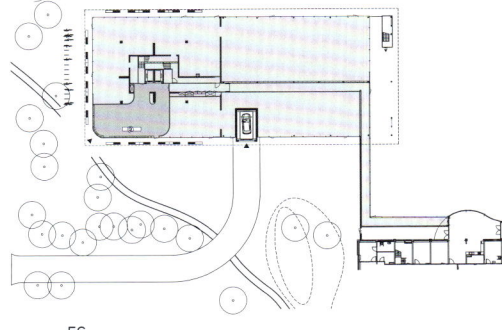

EG

03 04

de Rokade

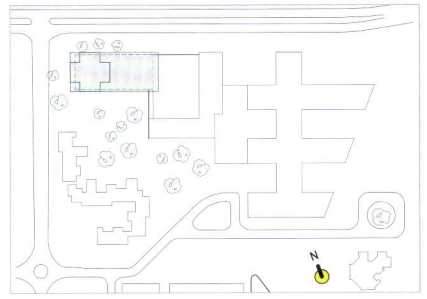

LAGEPLAN

05

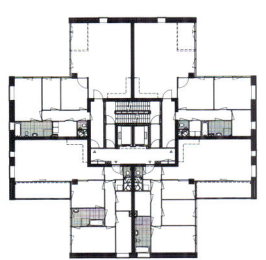

REGELGESCHOSS TURM

Option 1

Option 2

Option 3

Penthouse

ORT/STRASSE

GRONINGEN, SPORTLAAN 2 + 4

FERTIGSTELLUNG

2007

ARCHITEKT

ARONS EN GELAUFF ARCHITECTEN, AMSTERDAM | WWW.ARONSENGELAUFF.NL

PROJEKTARCHITEKTEN

FLOOR ARONS EN ARNOUD GELAUFF

MITARBEITER

JOOST VAN BERGEN, JAN BART BOUWHUIS, RIANNE KREIJNE, ADRIE LAAN, FLORIAN SCHRAGE, ALDRIK STEGENGA, MAHIR DÜNDAR, CLAUDIA TEMPERILLI, MARISKA KOSTER-BERBÉ

AUFTRAGGEBER

WOONSTICHTING DE HUISMEESTERS, GRONINGEN

HOCHHAUS TURM

Das Projekt ist Teil eines größeren Wohn-, Geschäfts- und Kinokomplexes mitten in der Tilburger Innenstadt, konzipiert von den spanischen Architekten Bonell i Gil Arquitectes. Für Bedaux de Brouwer galt es den Übergang von der langen, geschlossenen Fassade eines zweigeschossigen Gewerbebaus zu der kleinmaßstäblichen Bebauung der IJzerstraat zu gestalten und auf dem schmalen, keilförmigen Restgrundstück eine attraktive innerstädtische Wohnbebauung zu schaffen.

Die Architekten schlugen entlang der IJzerstraat, dem Rhythmus der gegenüberliegenden Stadthäuser folgend, eine kammförmige Struktur aus Hofhäusern vor. Bedingt durch die schräge Bauflucht sind die viergeschossigen Häuser unterschiedlich groß, dank der gestaffelten Anordnung aber alle nach Süden ausgerichtet. Unterschiedlichste Maisonette- und Etagenwohnungen ermöglichen ein breites Spektrum an Wohnformen. Die meisten Wohnungen, bis auf die separat zugänglichen Dachappartments, werden über kleine, abschließbare Innenhöfe erschlossen, die den Bewohnern als geschützte gemeinsame Außenbereiche zur Verfügung stehen.

Der nur etwa acht Meter breite, 16 Meter tiefe und 35 Meter hohe Wohnturm an der Spitze des Keils bildet dagegen ein markantes Stadt-

01 Der Loft-Turm ergänzt die Stadtsilhouette um ein
    charakteristisches neues Element.

02 Mächtige Wangen fassen die Panoramafenster ein

03 Ostansicht

04 Hofhäuser entlang der IJzerstraat

05 Zweigeschossiger Wohnraum im Loft-Turm

01

02

PROJEKT

54 LOFT-TURM UND HOFHÄUSER PIETER VREEDEPLEIN

ATELIERWOHNEN : DICHTE : EXKLUSIVITÄT : FAMILIENWOHNEN
GESCHOSSWOHNUNGSBAU : HAUS IM HAUS : INNENSTADT : INNOVATION
LOFT : LUXUS : MISCHNUTZUNG : STADTUMBAU : WOHNUNGSMIX

03   04   05

zeichen. Da in Tilburg immer mehr charakteristische Objekte aus dem Stadtbild verschwunden seien, so der Architekt Jacq. de Brouwer, sollte der Stadtsilhouette wieder ein skulpturales, zum Maßstab der Stadt passendes Element hinzugefügt werden.

Über einer Gewerbeeinheit im Erdgeschoss stapeln sich vier zweigeschossige Lofts, die sich abhängig von der Aussichtsqualität in unterschiedliche Himmelsrichtungen orientieren. Die von mächtigen Wangen eingefassten und mit geschosshohen Schiebeläden versehenen Panoramafenster geben dem Turm sein expressives, skulpturales Erscheinungsbild.

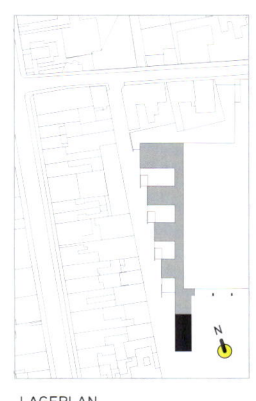

LAGEPLAN

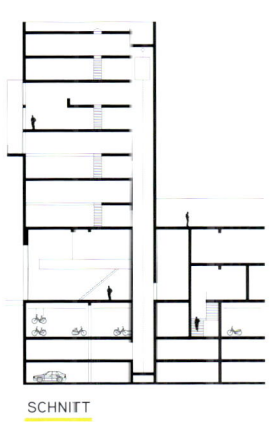

SCHNITT

EG

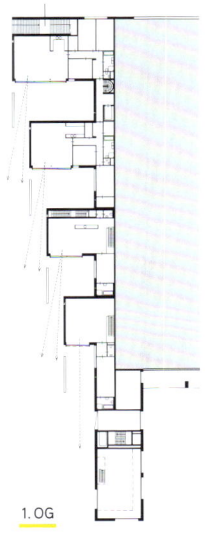

1. OG

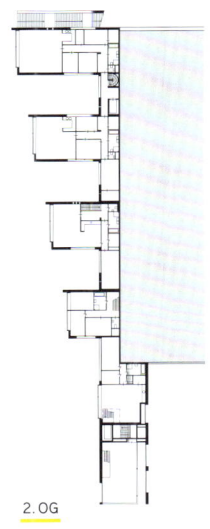

2. OG

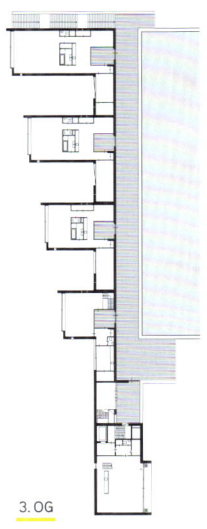

3. OG

4. – 10. OG

ORT/STRASSE
TILBURG, IJZERSTRAAT

FERTIGSTELLUNG
2007

ARCHITEKT
BEDAUX DE EROUWER ARCHITECTEN BV BNA, GOIRLE | WWW.BEDAUXDEBROUWER.NL

PROJEKTARCHITEKT
JACQ. DE BROUWER

MITARBEITER
PETER KEIJSERS, KOEN DE WITTE

AUFTRAGGEBER
FIETER VREEDEPLEIN ONTWIKKELING C. V. (JOINT VENTURE ZWISCHEN DEM BOUWFONDS MAB, DEN HAAG, UND DER STADT TILBURG)

HOCHHAUS
TURM

01

↘

Am 13. Mai 2000 explodierte in der deutsch-niederländischen Grenz-stadt ein Feuerwerkslager mit so ungeheurer Wucht, dass dabei Menschen zu Tode kamen, Unzählige verletzt wurden und das Stadt-quartier Roombeek fast vollständig zerstört wurde. Der Wiederauf-bau des rund 60 Hektar großen Viertels nach einem Masterplan von Pi de Bruijn (de Architekten Cie.) ist mittlerweile fast abge-schlossen. Mit Investitionskosten von etwa 600 Millionen Euro zählt das neue Roombeek zu den größten Sanierungsvorhaben in den Niederlanden. Neue Wohnquartiere, einige davon nun mit individuellen Einfamilienhäusern bestückt, aufsehenerregende Kulturbauten und ein neues Bürgerzentrum prägen seither das Gesicht des Quartiers. In zentraler Lage, an der Schnittstelle zwischen dem Roomweg und

55 PROJEKT
DE EEKENHOF

BETREUTES WOHNEN ⋮ DICHTE ⋮ GEMEINSCHAFT ⋮ GESCHOSSWOHNUNGSBAU
INNOVATION ⋮ MISCHNUTZUNG ⋮ STADTUMBAU ⋮ WOHNUNGSMIX

der Fußgängerpromenade Museumslaan, die Roombeek mit dem Stadtzentrum verbindet, haben Claus en Kaan auf einem dreieckigen Grundstück ein weithin sichtbares Stadtzeichen geschaffen. Der Eekenhof ist als Kombination von Pflegeeinrichtung und Wohnen konzipiert. An der Spitze des Dreiecks stapeln sich die Stockwerke zu einem turmartigen Backsteingebilde, das mit seinen umlaufenden, abgerundeten Balkonvorbauten und verglasten Erkern die Wohnbauten der Amsterdamer Schule von Michel de Klerk zitiert, aber auch an die bewegte Architektursprache eines Erich Mendelsohn erinnert. Im Sockel des zehngeschossigen Hauptgebäudes ist das Gesundheitszentrum untergebracht, darüber erheben sich, seitlich abgetreppt, die 52 Miet- und Eigentumswohnungen. Der Zugang liegt an der Spitze des Dreiecks. Eine sich organisch verengende und weitende Raumfolge durchquerend, erreichen die Bewohner eine beidseitig gefasste, einläufige Treppe und gelangen über sie hinauf in einen gänzlich anderen Kosmos. Der Raum öffnet sich in eine spektakuläre, fast schon sakrale, sich dynamisch nach oben verjüngen-

de Halle, über deren umlaufende, eichenholzverkleidete Gänge die Wohnungen erschlossen sind. Die Architekten selbst beziehen sich dabei auf Frank Lloyd Wright und Arne Jacobsen, was die Raumkomposition und die haptische Qualität des Innenausbaus betrifft. Um einen Innenhof gruppieren sich die beiden weiteren, formal verwandten Bauteile des Eekenhofs: eine Zeile mit Reihenhäusern und ein Haus mit betreuten Gemeinschaftswohnungen. Eine schöne alte Eiche fügt sich wie selbstverständlich in den Blockrand ein.

01 Expressiv geformt, stapeln sich die
    Stockwerke übereinander.

02 Blick vom Schurinksweg

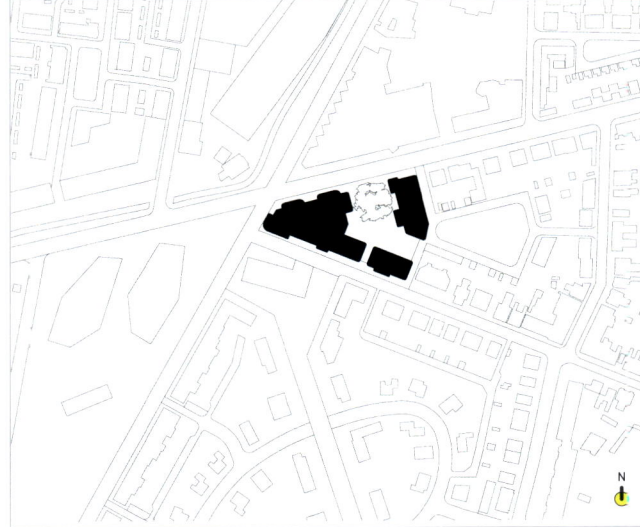

LAGEPLAN

03

ORT/STRASSE
ENSCHEDE, GROOT-ROOMBEEK, ROOMWEG, SCHURINKSWEG

FERTIGSTELLUNG
2008

ARCHITEKT
CLAUS EN KAAN ARCHITECTEN | WWW.CLAUSENKAAN.COM

PROJEKTARCHITEKT
FELIX CLAUS, DICK VAN WAGENINGEN

MITARBEITER
JAN GERRIT WESSELS, JAMES WEBB, KERSTIN HARTMANN, ANNE HOLTROP, ROMY SCHNEIDER

AUFTRAGGEBER
WONINGCORPORATIE DOMIJN, ENSCHEDE

HOCHHAUS
TURM

02

01 Die dynamisch abgetreppte, sich nach
    oben hin verengende Erschließungshalle

02 Fassadendetail: eine Reminiszenz an
    die Amsterdamer Schule

03 Entwurfsskizze

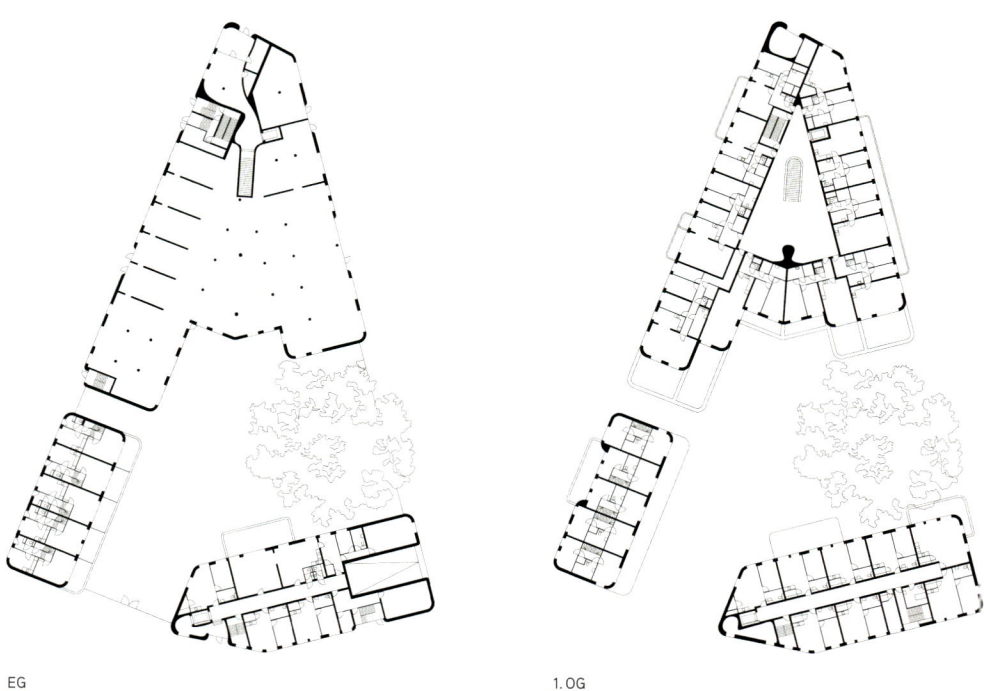

EG   1. OG

55 DE EEKENHOF

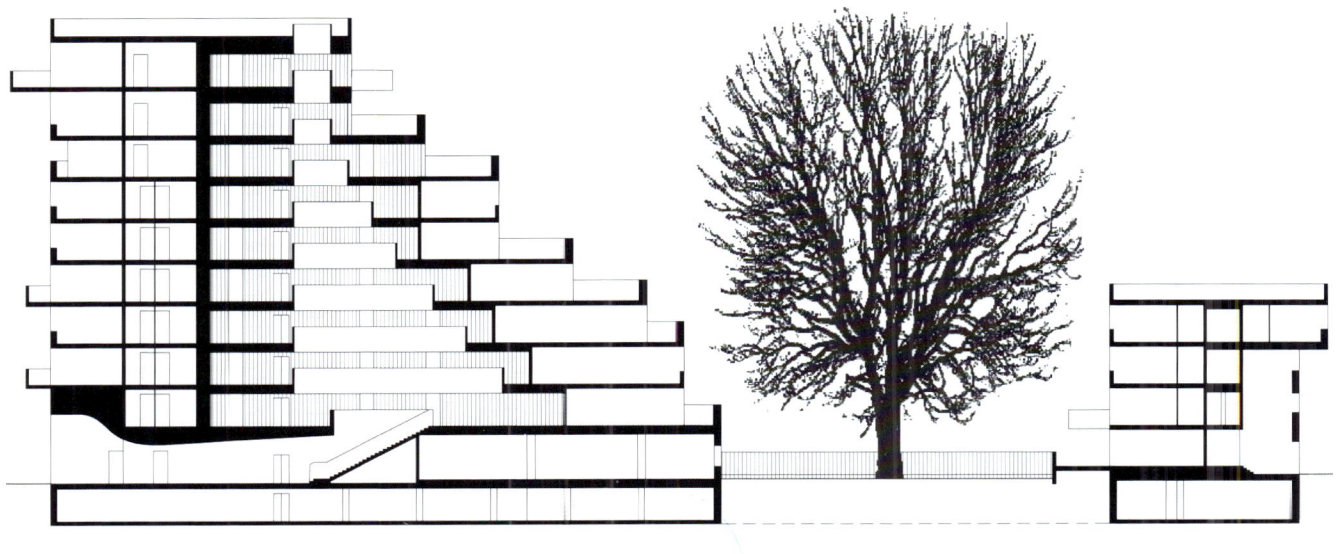

SCHNITT

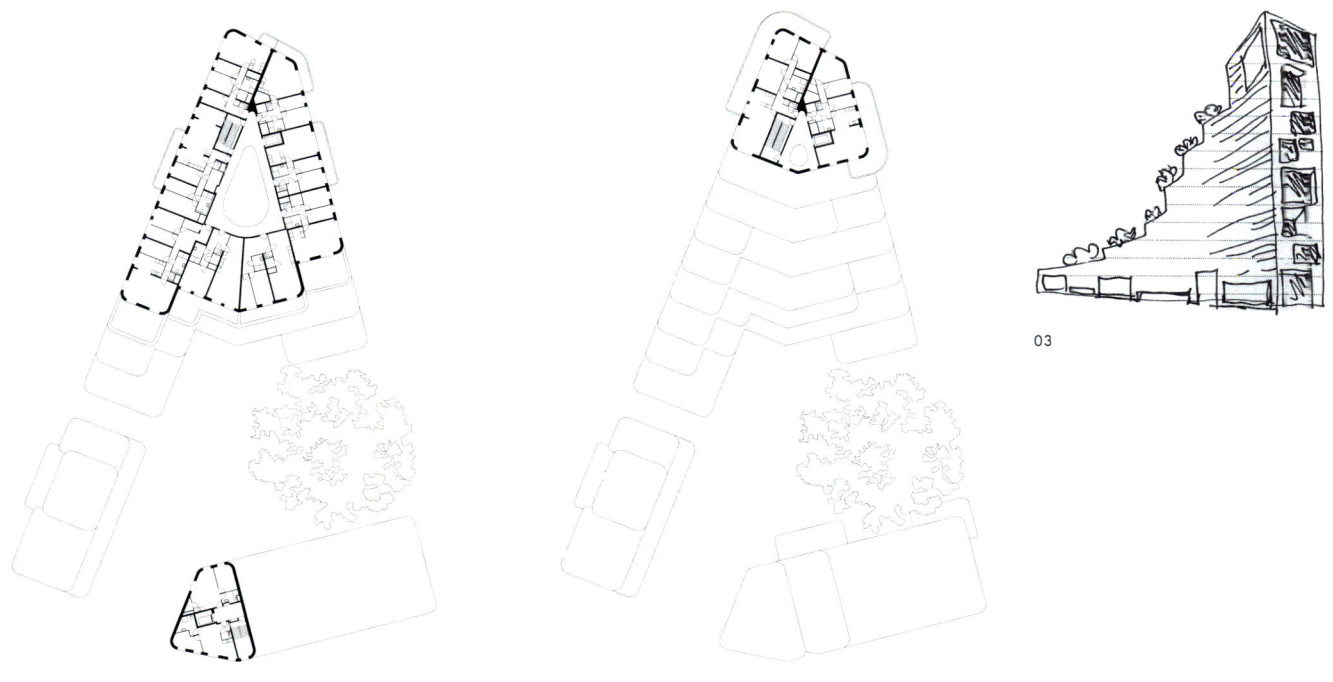

03

3. OG

9. OG

01

02

Der 1994 vorgestellte Masterplan für Almere Stadt war der Auftakt zu einem radikalen Umbau des aus den 1970er und -80er Jahren stammenden Stadtzentrums. Einen eingeladenen Wettbewerb gewann das Büro OMA; es entwickelte eine angehobene, vertikal geschichtete, dichte Stadtlandschaft, die sich bis an die Uferlinie des Sees Heervater erstreckt. Ein Identitätsmerkmal, das dem primär als Schlafstadt bekannten Ort bislang fehlte, ist die durch die neuen Gebäude geprägte, weithin sichtbare, metropolitane Skyline. Besonders imposant sind die beiden »Seite an Seite« im Wasser stehenden Wohntürme von Frits van Dongen. Geschlossene, mit opakem Industrieglas ver-

56 SIDE BY SIDE

DICHTE ⋮ EXKLUSIVITÄT ⋮ FAMILIENWOHNEN ⋮ GEMEINSCHAFT
GESCHOSSWOHNUNGSBAU ⋮ INNENSTADT ⋮ INNOVATION ⋮ LUXUS
WOHNATMOSPHÄRE ⋮ WOHNEN AM WASSER

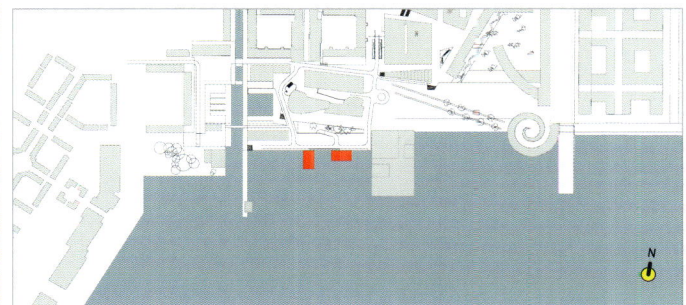

03

LAGEPLAN

kleidete Wandflächen wechseln sich mit geschosshohen Fensterflächen ab und geben den Gebäuden einen abstrakten, fast immateriellen Ausdruck. Die Anordnung der beiden Türme in L-Form ist aus dem städtebaulichen Kontext entwickelt, den Architekten zufolge aber auch eine Hommage an die 1951 von Ludwig Mies van der Rohe gebauten Wohntürme am Lake Shore Drive in Chicago. Insgesamt 144 Wohnungen verteilen sich auf die beiden einundzwanziggeschossigen Türme. Drei bis vier Wohneinheiten liegen auf jeder Etage, im obersten Geschoss stehen jeweils zwei luxuriöse Penthousewohnungen zur Verfügung. Neben den komfortabel geschnitten Wohnungen und der

fantastischen Aussicht haben die Türme noch einiges mehr zu bieten: Der in die Pieranlage integrierten Tiefgarage ist zur Seeseite hin eine als Fitnessraum genutzte Galerie vorgelagert. Über die Galerie sind Sauna und Hallenbad des einen Turms mit dem zweigeschossigen Wintergarten des anderen Turms verbunden. Das Wasser unmittelbar im Blickfeld, können die Bewohner hier trainieren, schwimmen oder sich einfach nur entspannen.

01 Blick vom Ostturm auf Verbindungsbau
    und Wintergarten

02 Die neue Skyline von Almere

03 Ansicht der Wohntürme »Side by Side«
    vom See

ORT/STRASSE	FERTIGSTELLUNG	ARCHITEKT	PROJEKTARCHITEKT
ALMERE, KOETSIERBAAN	2007	DE ARCHITEKTEN CIE., AMSTERDAM	WWW.CIE.NL	FRITS VAN DONGEN

MITARBEITER	AUFTRAGGEBER
R. TEN BRAS, C. SMEETS, J. MOLENAAR, K.S. LIU, R. BOS, R. KONIJN	BLAUWHOED/EUROWONINGEN BV, ROTTERDAM

HOCHHAUS
TURM

01 Die Türme stehen unmittelbar an der Uferkante.

SCHNITT

56 SIDE BY SIDE

1. – 10. OG   11. – 20. OG   21. OG

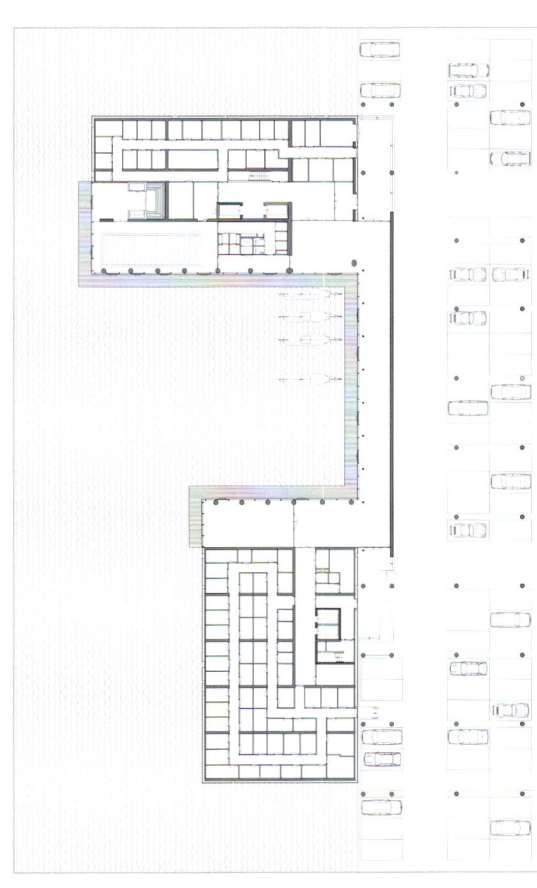
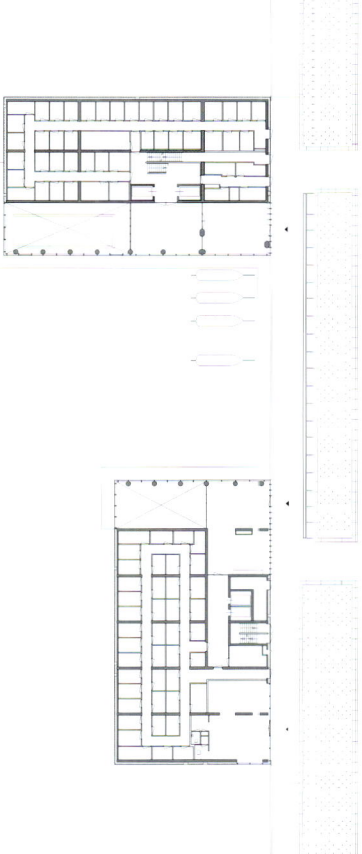

UG   EG

01

↘

Lelystad wurde ab 1967 auf dem Polder Flevoland, einer fast 1 000 Quadratkilometer großen, der Zuidersee abgerungenen Landfläche erbaut. Das nur 30 Kilometer südöstlich gelegene Almere kam wenige Jahre später als Entlastungsort für Amsterdam hinzu. Die räumliche Nähe zu Amsterdam begünstigte die Entwicklung von Almere. Gleichwohl, wenn es Almere gut geht, profitiert auch Lelystadt: Wenn es in Almere regnet, tröpfelt es in Lelystad, sagen die Einheimischen, die – fragt man nach – sehr gerne in Lelystadt leben. Im Gegensatz zu Amsterdam und Almere sind die Preise und Mieten hier noch moderat, und mit der Bahn fährt man nur etwas mehr als eine halbe Stunde nach Amsterdam.

Das heute rund 75 000 Einwohner zählende Lelystad ist der Verwaltungssitz der Provinz Flevoland und noch immer eine wachsende Stadt. Nach den Vorgaben eines Masterplans von West 8 wird das im Stil der Moderne als offene Struktur geplante Stadtzentrum der zeit radikal umgekrempelt. Lücken werden geschlossen, der Stadtraum verdichtet und die kulturelle und städtebauliche Identität durch einprägsame Architekturen gestärkt. Die neue, prägnante Skyline der Zilverparkkade markiert dabei die südliche Grenze des Stadtzentrums. Der Prospekt von zwölf unterschiedlich hohen und von verschiedenen Architekten gestalteten Wohn- und Geschäftshäusern

57 PROJEKT
WOHN- UND GESCHÄFTSHAUS IDENTL

DICHTE : EXKLUSIVITÄT : FAMILIENWOHNEN : FLEXIBILITÄT
GESCHOSSWOHNUNGSBAU : HAUS IM HAUS : INNENSTADT : INNOVATION
LOFT : MISCHNUTZUNG : STADTUMBAU : WOHNUNGSMIX

Im Rahmen des Groninger Bauprogramms »De intense stad« werden seit 2004 innerhalb des bestehenden Stadtgebiets 10 000 neue Wohneinheiten, oft in Kombination mit öffentlichen Einrichtungen, entwickelt. Mit dem Palladiumflat haben Johannes Kappler Architekten das erste Gebäude des Programms realisiert. Das im Stadtteil Vinkhuizen, einem weitgehend gesichtslosen Wohngebiet aus der Nachkriegszeit, gelegene Gebäude gehört zu der Kategorie Wohnen 50+. Viele junge Senioren, deren Kinder aus dem Haus sind, verkaufen ihr Einfamilienhaus im Grünen und ziehen zurück in die Stadt, wo alle Infrastruktureinrichtungen bequem zu Fuß erreichbar sind. Dementsprechend wünschte der Auftraggeber ein Gebäude, das die Qualitäten eines Einfamilienhauses auch im Geschosswohnungsbau bieten kann. Als Baugrund bot sich ein bislang untergenutztes, prominentes Grundstück an der Hauptstraße an. Der Neubau erregt schon durch seine ungewöhnlichen Proportionen Aufmerksamkeit. Bei einer Länge von rund 69 und einer Höhe von 37 Metern irritiert zunächst die geringe Tiefe von nur 8,70 Metern. Ein Blick auf die Grundrisse erklärt das Entwurfskonzept: Im Grunde handelt es sich um 44 gestapelte Bungalows, so Johannes Kappler. Typologisch ist die Palladiumflat ein gereihter Zweispänner, jeweils ein Treppenhaus erschließt zwei Wohneinheiten pro Geschoss. Zwar ist diese Erschließungsart für ein Gebäude dieser Größe eher unüblich, doch liegen die Vorteile auf der Hand: die Wohnungen orientieren sich sowohl zur belebten Straße im Norden als auch zur ruhigen gemeinschaftlichen Grünfläche im Süden. Dank der geringen Grundrisstiefe sind alle Räume natürlich belichtet. Durch Spiegelung der Grundrisse ergaben sich insgesamt acht leicht variierte Wohnungstypen, die sich auf die elf Obergeschosse verteilen. Die Vielfalt im Inneren zeichnet sich auch an der belebten Fassade ab: Die großen Wohnzimmerfenster wechseln sich, geschossweise versetzt, mit den kleineren Fenstern der Schlaf- und Nebenräume ab. Als öffentliche Einrichtungen sind im Erdgeschoss ein Seniorentreff für den gesamten Stadtteil sowie das Büro der Seniorenorganisation SOOG integriert.

04

01 Dank der geringen Grundrisstiefe sind
   alle Räume natürlich belichtet.

02 Wohnzimmer mit vorgeschaltetem
   Wintergarten

03 Entwurfsskizze

04 Die belebten Fassaden spiegeln die
   Vielfalt im Inneren wider.

ORT/STRASSE
GRONINGEN, SIERSTEENLAAN

FERTIGSTELLUNG
2007

ARCHITEKT
JOHANNES KAPPLER ARCHITEKTEN, NÜRNBERG (D) | WWW.JOHANNESKAPPLER.DE

PROJEKTARCHITEKTEN
JACCO POLEIJ, FRANK KORTHUIS

MITARBEITER
BRUNO EBERSBACH, LUTZ MÜRAU, HANS ZOMER

BAULEITUNG
OVING ARCHITEKTEN, GRONINGEN

AUFTRAGGEBER
CHRISTELIJKE WONINGSTICHTING PATRIMONIUM, GRONINGEN

HOCHHAUS
TURM

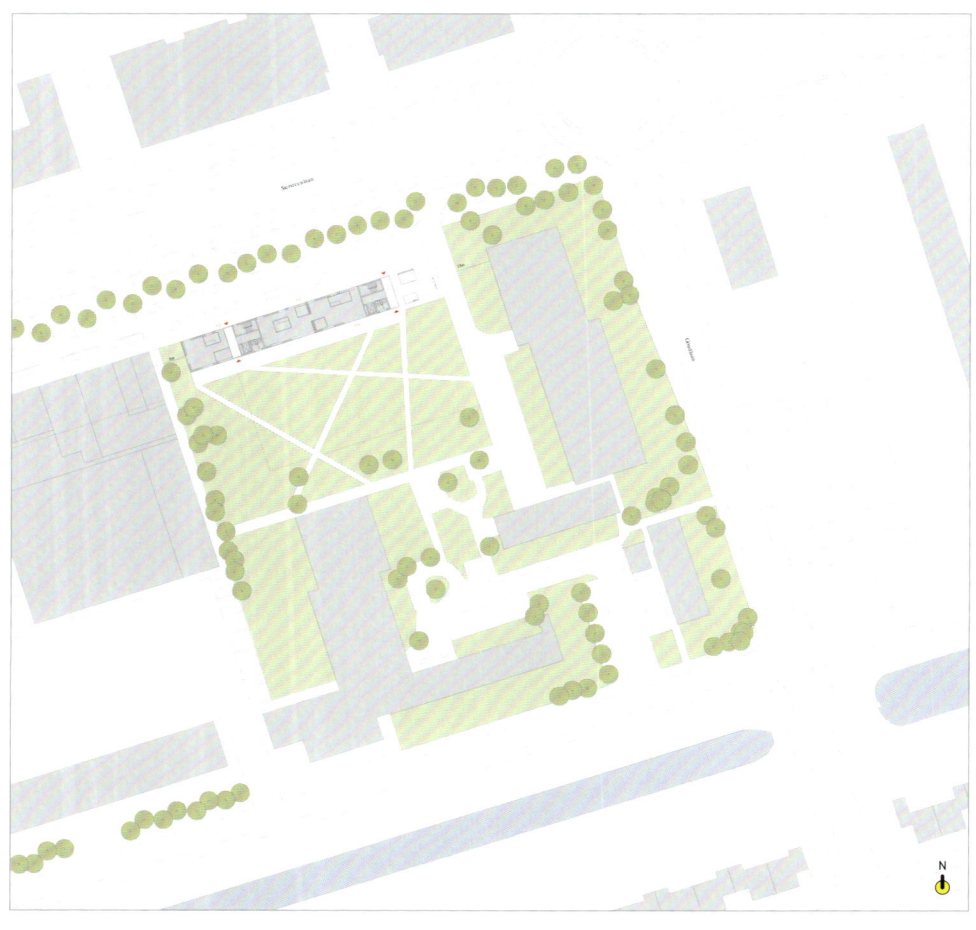

LAGEPLAN

01

02

01 Blick von der Gartenseite

02 Städtebauliches Modell

58 PALLADIUMFLAT

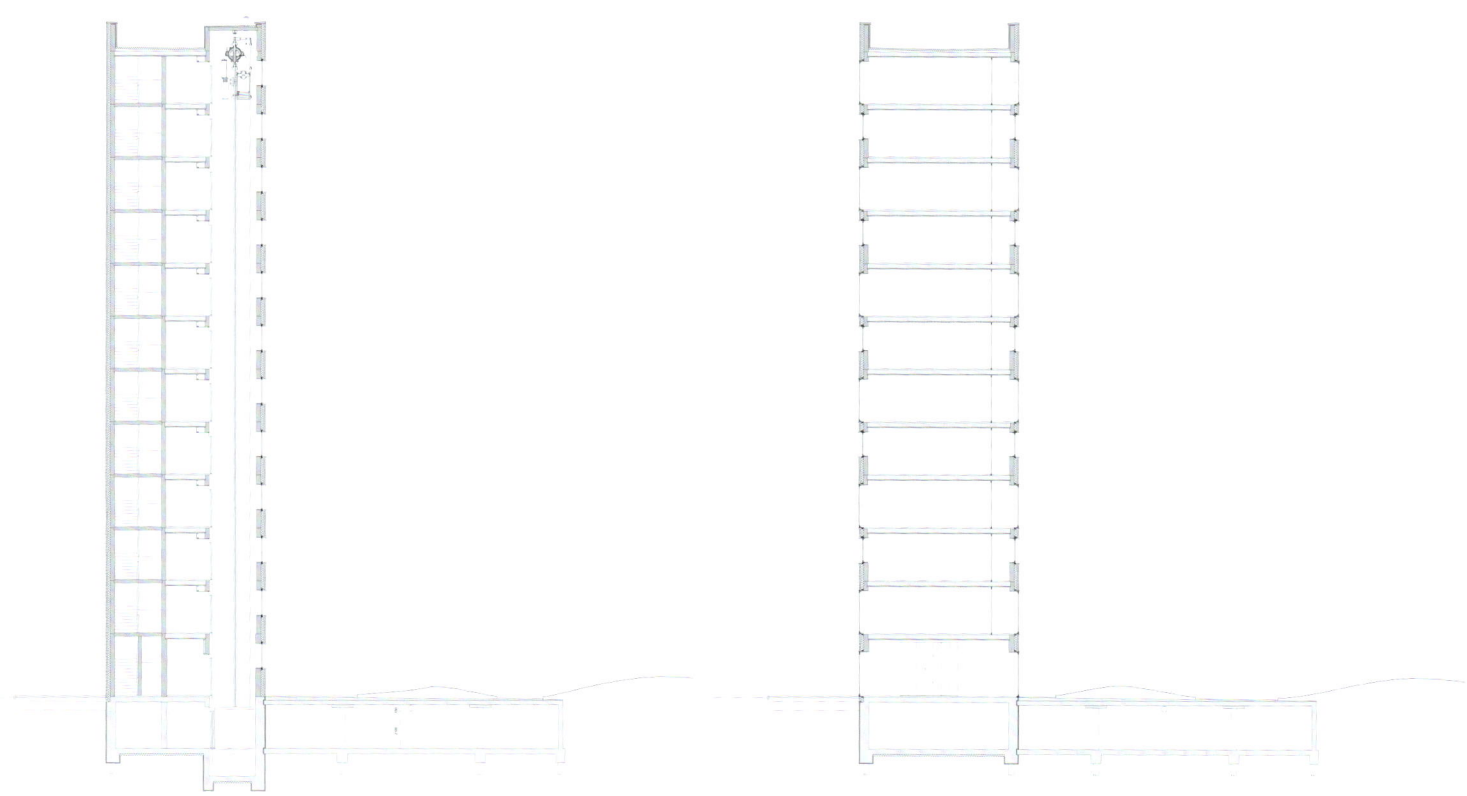

SCHNITT ERSCHLIESSUNG   SCHNITT WOHNUNGEN

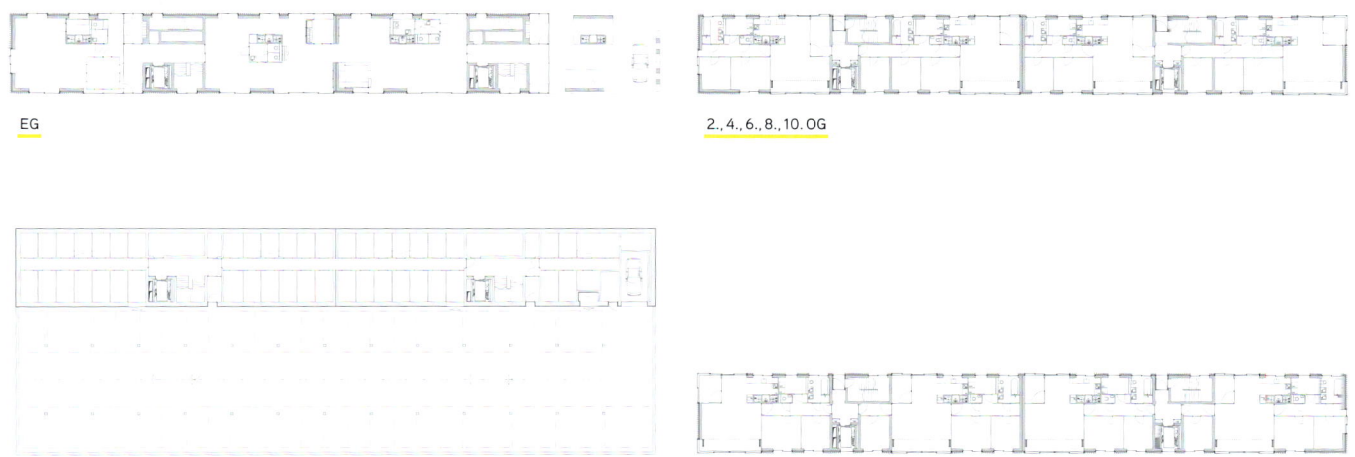

EG   2., 4., 6., 8., 10. OG

UG   1., 3., 5., 7., 9., 11. OG

HOCHHAUS
TURM

Der Prinsenhof wurde von drei Büros in einem Workshopverfahren entworfen und ist Teil des auf Basis eines Masterplans von Joan Busquets transformierten Beatrix-Quartiers in Den Haag. Der hochverdichtete, multifunktionale Gebäudekomplex mit Büros, Läden, einem Hotel, 207 Wohneinheiten und einer gemeinsamen Garage mit 1000 Parkplätzen ist in kurzer Distanz vom Hauptbahnhof gelegen. Das Büro RIJNBOUTT, das den Workshop leitete und für den Wohnungsbau verantwortlich war, organisierte die Wohnungen in drei schlanken, 72 Meter hohen Türmen auf einer fünfgeschossigen Blockrandbebauung. Die Türme greifen, jeweils auf unterschiedlicher Höhe, mit einem »Rucksack« über die gemischt genutzten Querriegel im Blockinnenbereich. Hier liegen drei tagsüber öffentlich zugängliche Themengärten.

Die Fassaden sind je nach Lage unterschiedlich farbig gestaltet, ein dunkler, roter Klinker betont die städtische Fassade an der Carolina

01

PROJEKT

59 WOHNTÜRME PRINSENHOF BEATRIXKWARTIER

ATELIERWOHNEN ⋮ DICHTE ⋮ EXKLUSIVITÄT ⋮ FLEXIBILITÄT
GESCHOSSWOHNUNGSBAU ⋮ HAUS IM HAUS ⋮ INNENSTADT ⋮ INNOVATION
MISCHNUTZUNG ⋮ WOHNUNGSMIX

02   03

van Nassaustraat, die nach innen gerichteten Fassaden zeigen einen
hellen, lichtreflektierenden Klinker, der die Belichtung in den Höfen
optimiert.

Dem Wunsch des Auftraggebers nach einem möglichst breit gefä-
cherten Angebot an Wohnungen entsprachen die Architekten mit der
Entwicklung von 63 unterschiedlichen, ein- bis dreigeschossigen,
60 bis 170 Quadratmeter großen Wohnungen. Wie in einem dreidimen-
sionalen Puzzle sind die Wohnungen ineinander verzahnt. Zweigeschossige Lufträume lassen vergessen, dass man sich in einem
Geschosswohnungsbau aufhält. Durch die Verdrehung der Maiso-
nettegrundrisse entstehen überraschende Wechsel in der Richtung
des Ausblicks. Ermöglicht wird diese innere Vielfalt durch die Auf
lösung der Seitenwände der Türme in freistehende ovale Betonstüt-
zen und durch eine vorgehängte, frei komponierte Klinkerfassade.
Je nach Bedarf gibt es Fenster- oder geschlossene Wandflächen.

01   Die verklinkerten Fassaden sind je nach Aus-
     richtung in einem hellen oder dunklen
     Farbton ausgeführt.

02   Das Gebäude ist Teil eines hochverdichteten,
     multifunktionalen Gebäudekomplexes.

03   Innenraum einer zweigeschossigen Wohnung

LAGEPLAN

ORT/STRASSE
DEN HAAG, CAROLINA VAN NASSAUSTRAAT

FERTIGSTELLUNG
2006

ARCHITEKT
RIJNBOUTT, AMSTERDAM | WWW.RIJNBOUTT.NL

PROJEKTARCHITEKT
IR. KEES RIJNBOUTT

MITARBEITER
BART VAN DER VOSSEN, RENÉE LIEFTING, THOMAS DILL, CARLA WIEMAN, RÜDIGER MEISSNER, MARTIJN KUYS,
ANDRÉ MEULENBELT, ERIK SMID, BOB WILLEMSE, YIFAT DE BEAUFORT-LEVRON

LANDSCHAFTSARCHITEKT
BUREAU B+B / MATHIEU DERCKX, AMSTERDAM

AUFTRAGGEBER
BPF BOUWINVEST BV, AMSTERDAM

HOCHHAUS
TURM

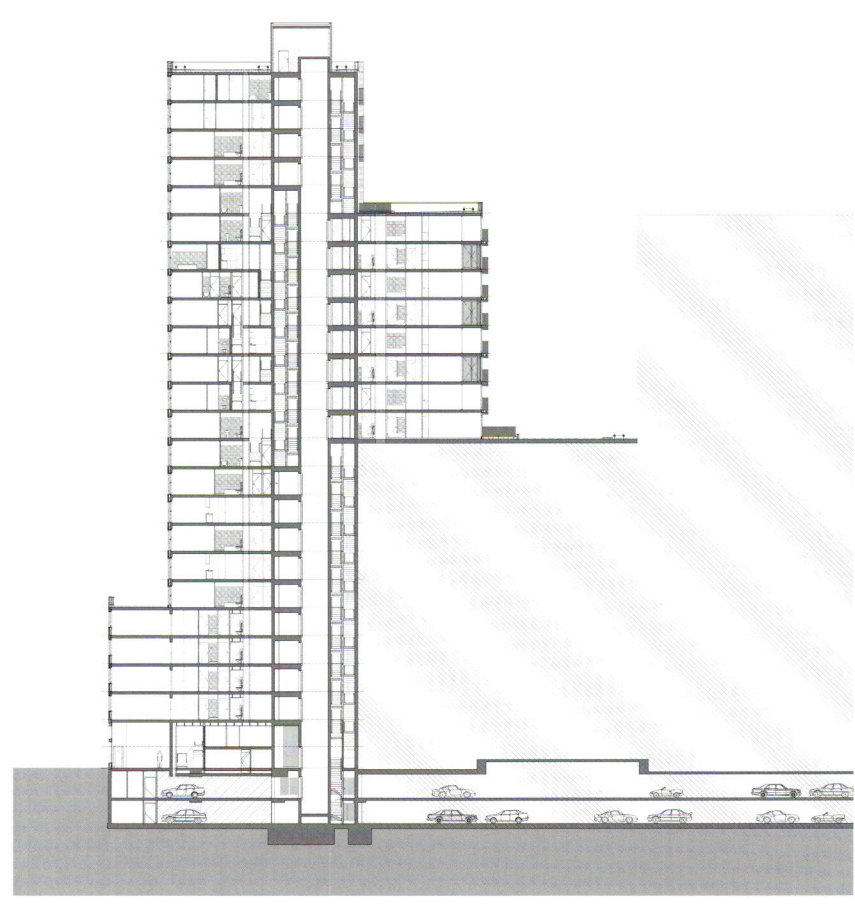

SCHNITT WESTTURM

01 Darstellung unterschiedlicher
    Wohnungstypen

59 WOHNTÜRME PRINSENHOF BEATRIXKWARTIER

02 Verteilung der Wohneinheiten

15. OG

3. OG

EG

REGISTER

PROJEKTÜBERSICHT

ANMERKUNGEN

1 Taute, Ilona: Kein Platz – kein Problem?
In: Wielenga, Friso, und Ilona Taute: Länderbericht Niederlande.
Bonn 2004, S.439.

2 www.unimuenster.de/HausDerNiederlande/zentrum/Pro-
jekte/NiederlandeNet/Dossiers/Kultur/Architektur/index.html,
Zugriff am 02.11.2009.

3 www.architectuurfonds.nl/subsidies/, Zugriff am 14.11.2009.

4 vgl. Schutte, Gerrit J.: Eine calvinistische Nation?
In: Wielenga, Taute: Länderbericht Niederlande. Bonn 2004, S.439.

5 www.minbuza.nl/de/Die_Niederlande/Die_Niederlande_auf_einen_Blick,
Zugriff am 02.10.2009.

6 VROM Ministerium: Nota Wonen – Mensen, Wensen, Wonen –
Wonen in de 21e eeuw. Den Haag 2000.

7 vgl. van Gool, Rob, Lars Hertelt, Frank-Bertolt Raith und Leonhard Schenk:
Das niederländische Reihenhaus. Serie und Vielfalt.
Stuttgart/München 2000.

8 Taute: Kein Platz – kein Problem? S.439.

9 Bakker, Daan, u.a.: Architectuur in Nederland – Jaarboek 2006/07.
Rotterdam 2007, S.14.

10 Spieker, Heinrich: Holland. München 1958, S.5.

11 http://de.euronews.net/2009/05/11/
amphibische-haeuser-steigen-mit-dem-meeresspiegel/,
Zugriff am 14.11.2009.

12 Venhuizen, Hans: Amfibisch Wonen. Rotterdam 2000.

13 van Gool, Rob, Lars Hertelt und Frank-Bertolt Raith:
Inszenierte Architektur. Wohnungsbau jenseits des Standards.
Stuttgart/München 2003, S.85 ff.

14 http://de.euronews.net/2009/05/11/
amphibische-haeuser-steigen-mit-dem-meeresspiegel/,
Zugriff am 14.11.2009.

15 Laumanns, Hans, u.a.: Gewild Wonen – Bouwexpo Almere 2001.
Almere 2000, S.70 ff.

16 van Gool, Hertelt, Raith: Inszenierte Architektur, S.85 ff.

17 ebd.

18 www.heerhugowaard.nl/web/show/id=78631/Stad_van_de_Zon.html,
Zugriff am 14.11.2009.

19 www.kuiper.nl/index.php?section=Projects&id=7,
Zugriff am 02.11.2009.

20 van Gool, Hertelt, Raith, Schenk: Das niederländische Reihenhaus, S.28.

21 www.energie-cites.eu/IMG/pdf/urban_decentralization_evalanxmeer.
pdf, Zugriff am 02.11.2009,
und www.eva-lanxmeer.nl, Zugriff am 02. 11. 2009.

22 Stimpel, Roland: Schwitzen gegen die Erderwärmung.
In: Deutsches Architektenblatt 10/09.

23 Brandevoort wird ausführlich vorgestellt in: Raith, Hertelt, van Gool:
Inszenierte Architektur, S.46 ff.

24 Stadstuin wird ausführlich vorgestellt in: van Gool, Hertelt, Raith,
Inszenierte Architektur, S.104 ff.

25 McGrane, Sally: The circle of life. In: The New York Times,
Ausgabe New York vom 11.09.2008, S.4.

26 vgl. Schenk, Leonhard: Amsterdams neuer Stadtteil IJburg –
Neues Land im Meer (im Gespräch mit Ton Schaap, Amsterdam).
In: Deutsche Bauzeitung 04/02.

27 Bereits 1995 haben die Architekten im Amsterdamer Stadterweiterungs-
gebiet »de Aker« Reihenhäuser realisiert, die gekoppelt wie freistehende
Villen erscheinen. Vgl. hierzu: van Gool, Hertelt, Raith, Schenk:
Das niederländische Reihenhaus, S.64 ff.

28 Der Chassé-Park und die ursprüngliche Planung werden ausführlich
vorgestellt in: van Gool, Hertelt, Raith: Inszenierte Architektur, S.88 ff.

29 vgl. Schenk: Amsterdams neuer Stadtteil IJburg

LITERATUR UND LINKS

WEITERFÜHRENDE LITERATUR

Baeten, Jean-Paul (Hg.), und Jaapjan Berg (Hg.): Living in the Lowlands. The Dutch Domestic Scene 1850–2004. Rotterdam 2004

Bauwelt, Themenheft: NormalDutch. Niederländisches Baugeschehen ohne Aufregung, Heft 28–29/2007

Boeijenga, Jelte, und Jeroen Mensink: Vinex Atlas. Rotterdam 2008

Buch, Joseph: Ein Jahrhundert niederländischer Architektur 1890–1990. München 1997

Ibelings, Hans (Hg.): Die gebaute Landschaft. Zeitgenössische Architektur, Landschaftsarchitektur und Städtebau in den Niederlanden. München 2000

Lootsma; Bart: SuperDutch. Neue niederländische Architektur. Stuttgart/München 2002

van Gool, Rob, Lars Hertelt und Frank-Bertolt Raith: Inszenierte Architektur. Wohnungsbau jenseits des Standards. Stuttgart/München 2003

van Gool, Rob, Lars Hertelt, Frank-Bertolt Raith und Leonhard Schenk: Das niederländische Reihenhaus. Serie und Vielfalt. Stuttgart/München 2000

SCHRIFTENREIHEN

ARCAM (Hg.): Amsterdamse Architectuur, erscheint (i.d.R. in dreijährigem Turnus) bei ARCAM/Architectura & Natura Press, Amsterdam

NAI Uitgevers (Hg.): Architectuur in Nederland. Jaarboek, erscheint jährlich bei NAI Uitgevers, Rotterdam

WEBLINKS

www.arcam.nl
Architekturzentrum Amsterdam

www.architectenweb.nl
Umfangreiche Projektsammlung zur zeitgenössischen niederländischen Architektur

www.architectuur.nl
Umfangreiche Projektsammlung zur zeitgenössischen niederländischen Architektur

www.architectuurfonds.nl
Niederländischer Stimulierungsfond für Architektur

www.arch-lokaal.nl
Informations- und Beratungszentrum der Stiftung Architectuur Lokaal in Amsterdam

www.casla.nl
Lokales Architekturzentrum der Stadt Almere

www.cbs.nl
Homepage des Niederländischen Zentralamts für Statistik

www.iisg.nl/volkshuisvesting/
Digitales Museum zur Geschichte des sozialen Wohnungsbaus der Niederlande

www.rijksbouwmeester.nl
Homepage des Niederländischen Reichsbaumeisters

www.vrom.nl
Homepage des Niederländischen Ministeriums für Wohnungswesen, Raumordnung, Nachbarschaften und Integration

ABBILDUNGSNACHWEIS

Die Pläne, Zeichnungen und Skizzen wurden uns freundlicherweise von den jeweiligen Architekten zur Verfügung gestellt.

© der abgebildeten Werke von Klunder BV Architecten und MVRDV bei VG Bild-Kunst, Bonn 2009.

Die Fotos stammen von

S.3 Allard van der Hoek, Amsterdam

S.11 Leonhard Schenk, Stuttgart (D)

S.15 (02) Jeroen Musch, Rotterdam

S.15 (03) Paul Smulders, Poolen Architekten, Amersfoort

S.16 Rob van Gool, Schaidt (D)

S.17 Valentin Wormbs, Stuttgart (D)

S.19 (06) Kuiper Compagnons, Rotterdam

S.19 (07) Rob van Gool, Schaidt (D)

S.21 (01) Archiv Rob Krier und Christoph Kohl Architekten, Berlin

S.21 (02) Kees Hummel, Amsterdam

S.22 JAM* architecten, Amsterdam und 010 publishers, Rotterdam

S.25 (01) JAM* architecten, Amsterdam

S.25 (02) Urbanizer Architects & Contractors, Utrecht

S.25 (03) Valentin Wormbs, Stuttgart (D)

S.28–29 Kim Zwarts, Maastricht

S.30–31 Christian Richters, Münster (D)

S.32–33 Constantin Meyer, Köln (D)

S.34–35 Ruud Strobbe, Vught

S.36–37 John Timmer architect AvB, Groningen

S.38–39 (01, 03, 04, 06) Rob de Jong SAPh, Feernwerd

S.39 (05) Onix bv, Groningen

S.40–42 Luuk Kramer, Amsterdam

S.44–45 Katja Effting, Amsterdam

S.46–49 Jan de Vries, Arnhem

S.50 Leonhard Schenk, Stuttgart

S.52–53 (01, 02, 03) Ger van der Vlugt, Amsterdam

S.53 (04) Markéta Jiroušková, Amsterdam

S.54–55 (01, 02) Johan Brouwer, Joure

S.55 (03) Architektenburo Rein de Valk, Drachten

S.56–57 (01, 04) Leonhard Schenk, Stuttgart (D)

S.57 (03) Rob van Gool, Schaidt (D)

S.58–59 (01, 03, 05) Christian Richters, Münster (D)

S.58 (04) Dick van Gameren architecten, Amsterdam

S.60 (01) Leonhard Schenk, Stuttgart (D)

S.60–61 (02, 03) Peter Cuypers, Amsterdam

S.62–65 Studio Haak, Lelystad

S.66–67 Luuk Kramer, Amsterdam

S.68–69 (01, 02), S.70 (01) Luuk Kramer, Amsterdam

S.70 (03) NEXT architects, Amsterdam

S.72–75 Norbert van Onna, Veldhoven

S.76–78 Allard van der Hoek, Amsterdam

S.80–83 Sjaak Henselmans, Amsterdam

S.84 Michel Kievits, Breda

S.86–89 Allard van der Hoek, Amsterdam

S.90–91 Michel Kievits, Breda

S.92 Jeroen Musch, Rotterdam

S.94–95 Kees Hummel, Amsterdam

S.96, S.97 (03) Joost Brouwers, Rotterdam

S.97 (02) KWSA architecten ingenieurs v.o.f., Culemborg

S.98–99, S.100 (02, 03) Jeroen Musch, Rotterdam

S.100 (01) Mei Architecten en stedenbouwers, Rotterdam

S.102–103 Daria Scagliola & Stijn Brakkee, Rotterdam

S.104–106 Rolf Bastiaans, Amsterdam

S.108 (01, 03) De Zworte Hond, Groningen

S.108 (02) René Post, Delfgauw

S.110–112 Arthur Bagen, Eindhoven

S.114, S.115 (03) Floris Lok, Amsterdam

S.115 (04, 05) Christian Richters, Münster (D)

S.116–117 Michel Kievits, Breda

S.118–121 Jeroen Musch, Rotterdam

S.122–123 Luuk Kramer, Amsterdam

S.126 (01, 02) Leonhard Schenk, Stuttgart (D)

S.126 (03) Rob van Gool, Schaidt (D)

S.128, S.129 (03, 04) Paul Smulders, Poolen Architekten, Amersfoort

S.129 (05) Robert Oerlemans, Huizen

S.132 Fotopersbureau Heerenveen, Heerenveen

S.134 Luuk Kramer, Amsterdam

S.136–139 Valentin Wormbs, Stuttgart (D)

S.140–141 Hans Morren, Ermelo

S.142–143 Oski Collado, Amsterdam

S.144–145 (01, 02, 03) Christian Richters, Münster (D)

S.144–145 (Fotomontage) Dick van Gameren architecten, Amsterdam

S.146 (01, 03), S. 148 Evert van Reijswoud, Dordrecht

S.146 (02) Leonhard Schenk, Stuttgart (D)

S.147 Kees Christiaanse Architects and Planners, Rotterdam

S.150–151 (01, 02, 03), S.152 Luuk Kramer, Amsterdam

S.151 (04) JSA, Rotterdam

S.154–157 Kees Balen, Rotterdam

S.158–160 Rob 't Hart, Rotterdam

S.162–163, S.164 (02) Valentin Wormbs, Stuttgart (D)

S.164 (01) Leonhard Schenk, Stuttgart (D)

S.166–167 Christian Richters, Münster (D)

S.168 (01, 02, 03) Jeroen Musch, Rotterdam

S.169 (04) Rob Hoekstra, Kalmthout (B)

S.170–171 Allard van der Hoek, Amsterdam

S.172–177 Luuk Kramer, Amsterdam

S.178 (01), S.179–180 Rob 't Hart, Rotterdam

S.178 (02) Stephan Männer, Maulburg (D)

S.182–184 Gerard van Beek, Drachten

S.186–188 Eibe Sönnecken, Darmstadt (D)

S.190–191 Kees Hummel, Amsterdam

IMPRESSUM

Mix
Produktgruppe aus vorbildlich
bewirtschafteten Wäldern, kontrollierten
Herkünften und Recyclingholz oder -fasern
www.fsc.org Zert.-Nr. GFA-COC-001575
© 1996 Forest Stewardship Council

Verlagsgruppe Random House FSC-DEU-0100
Das für dieses Buch verwendete FSC-zertifizierte
Papier *Profisilk,* hergestellt von Sappi, Alfeld,
liefert IGEPA group.

1. Auflage
© 2010 Deutsche Verlags-Anstalt, München,
in der Verlagsgruppe Random House GmbH
Alle Rechte vorbehalten

Buchgestaltung, Layout und Satz
SOFAROBOTNIK, Augsburg & München

Lithografie
Helio Repro, München

Druck und Bindung
Offizin Andersen Nexö, Leipzig

Printed in Germany
ISBN 978-3-421-3732-7
www.dva.de